中华译学传主传家与

以中华为根译与学并重
弘扬优秀文传促进中外交流
拓展精神疆域驱动思想创新

丁酉年冬月许钧撰罗卫东书

中華譯學館·中华翻译研究文库

许 钧◎总主编

全球化背景下
翻译伦理模式研究

申连云◎著

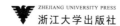
ZHEJIANG UNIVERSITY PRESS
浙江大学出版社

国家社科基金一般项目"中国翻译伦理学术话语体系构建研究"(17BYY059)

总　序

改革开放前后的一个时期,中国译界学人对翻译的思考大多基于对中国历史上出现的数次翻译高潮的考量与探讨。简言之,主要是对佛学译介、西学东渐与文学译介的主体、活动及结果的探索。

20 世纪 80 年代兴起的文化转向,让我们不断拓展视野,对影响译介活动的诸要素及翻译之为有了更加深入的认识。考察一国以往翻译之活动,必与该国的文化语境、民族兴亡和社会发展等诸维度相联系。三十多年来,国内译学界对清末民初的西学东渐与"五四"前后的文学译介的研究已取得相当丰硕的成果。但进入 21 世纪以来,随着中国国力的增强,中国的影响力不断扩大,中西古今关系发生了变化,其态势从总体上看,可以说与"五四"前后的情形完全相反:中西古今关系之变化在一定意义上,可以说是根本性的变化。在民族复兴的语境中,新世纪的中西关系,出现了以"中国文化走向世界"诉求中的文化自觉与文化输出为特征的新态势;而古今之变,则在民族复兴的语境中对中华民族的五千年文化传统与精华有了新的认识,完全不同于"五四"前后与"旧世界"和文化传统的彻底决裂与革命。于是,就我们译学界而言,对翻译的思考语境发生了根本性的变化,我们对翻译思考的路径和维度也不可能不发生变化。

变化之一,涉及中西,便是由西学东渐转向中国文化"走出去",呈东学西传之趋势。变化之二,涉及古今,便是从与"旧世界"的根本决裂转向对中国传统文化、中华民族价值观的重新认识与发扬。这两个根本性的转变给译学界提出了新的大问题:翻译在此转变中应承担怎样的责任? 翻译在此转变中如何定位? 翻译研究者应持有怎样的翻译观念? 以研究"外译中"翻译历史与活动为基础的中国译学研究是否要与时俱进,把目光投向"中译外"的活动? 中国文化"走出去",中国要向世界展示的是什么样的"中国文化"? 当中国一改"五四"前后的"革命"与"决裂"态势,将中国传统文化推向世界,在世界各地创建孔子学院、推广中国文化之时,"翻译什么"与"如何翻译"这双重之问也是我们译学界必须思考与回答的。

综观中华文化发展史,翻译发挥了不可忽视的作用,一如季羡林先生所言,"中华文化之所以能永葆青春","翻译之为用大矣哉"。翻译的社会价值、文化价值、语言价值、创造价值和历史价值在中国文化的形成与发展中表现尤为突出。从文化角度来考察翻译,我们可以看到,翻译活动在人类历史上一直存在,其形式与内涵在不断丰富,且与社会、经济、文化发展相联系,这种联系不是被动的联系,而是一种互动的关系、一种建构性的力量。因此,从这个意义上来说,翻译是推动世界文化发展的一种重大力量,我们应站在跨文化交流的高度对翻译活动进行思考,以维护文化多样性为目标来考察翻译活动的丰富性、复杂性与创造性。

基于这样的认识,也基于对翻译的重新定位和思考,浙江大学于 2018 年正式设立了"浙江大学中华译学馆",旨在"传承文化之脉,发挥翻译之用,促进中外交流,拓展思想疆域,驱动思想创新"。中华译学馆的任务主要体现在三个层面:在译的层面,推出包括文学、历史、哲学、社会科学的系列译丛,"译入"与"译出"互动,积极参与国家战略性的出版工程;在学的层面,就翻译活动所涉及的重大问题展开思考与探索,出版系列翻译研究丛书,举办翻译学术会议;在中外文化交流层面,举办具有社会影响力的翻译家论坛,思想家、作家与翻译家对话等,以翻译与文学为核心开展系列活动。正是在这样的发展思路下,我们与浙江大学出版社合作,集合全国译学界的力量,推出具有学术性与开拓性的"中华翻译研究文库"。

积累与创新是学问之道,也将是本文库坚持的发展路径。本文库为开放性文库,不拘形式,以思想性与学术性为其衡量标准。我们对专著和论文(集)的遴选原则主要有四:一是研究的独创性,要有新意和价值,对整体翻译研究或翻译研究的某个领域有深入的思考,有自己的学术洞见;二是研究的系统性,围绕某一研究话题或领域,有强烈的问题意识、合理的研究方法、有说服力的研究结论以及较大的后续研究空间;三是研究的社会性,鼓励密切关注社会现实的选题与研究,如中国文学与文化"走出去"研究、语言服务行业与译者的职业发展研究、中国典籍对外译介与影响研究、翻译教育改革研究等;

四是研究的(跨)学科性,鼓励深入系统地探索翻译学领域的任一分支领域,如元翻译理论研究、翻译史研究、翻译批评研究、翻译教学研究、翻译技术研究等,同时鼓励从跨学科视角探索翻译的规律与奥秘。

青年学者是学科发展的希望,我们特别欢迎青年翻译学者向本文库积极投稿,我们将及时遴选有价值的著作予以出版,集中展现青年学者的学术面貌。在青年学者和资深学者的共同支持下,我们有信心把"中华翻译研究文库"打造成翻译研究领域的精品丛书。

许 钧

2018 年春

目　录

导　言

　　20 世纪 90 年代，联合国前秘书长加利(Boutros Boutros-Ghali)宣布"世界进入全球化时代"。在这个全球化的时代，出现了各种各样跨越国界的流动，如资金、技术、货物、人员、服务、资讯流动等。学术上把这种跨越国界的流动称为"去领土化"(deterritorialization)，也就是全球化、一体化。在这种席卷全球的一体化浪潮中，据说有一种东西是不受影响，甚至是反向而动的，那就是文化。张宝珍是这么说的：

> 　　不加定语的全球化是不准确的，因为只有经济和科技全球化是一种现实趋势。其他如文化、宗教、政治制度、生活方式等虽有相互影响和吸收，但不可能实现全球化……文化的全球化伴随着文化的多元化……文化多元化是当代文化全球化中的重要标志和主要形态。①

　　这肯定代表了一派人的观点。但还有另一派意见，他们不仅认为文化正在经历全球化进程，而且认为文化处于全球变化或转型的中心地位。汤姆林森(John Tomlinson)是这么说的：

> 　　我们的时代所经历的巨大转型(即全球化，本书作者注)

---

① 张宝珍. 经济全球化需要研究的十大问题. 世界经济,1998(9):27.

所改变的恰恰就是文化体验的结构,它的的确确影响了我们的感觉。①

长期以来,文化作为一定语境中的适应性策略和意义建构,总是跟特殊性和地方性联系在一起的;但如今,据汤姆林森观察,"全球联结的增强"和"时空的压缩"正在改变文化这种意义与地点结合的概念方式。他认为这也不是什么坏事;与对同质化和霸权文化感到担心相反,他乐意看到文化之间差异和距离的消失。他认为,在克服有形的地理距离之后,文化距离的克服是衡量全球化成就的一个标准。因为"文化的差异是偶然的而非必然的联系","文化的职能并不仅仅是差异的确立",文化之间的差异"并非起于文化实践的目的,而不过是它的后果罢了";"文化没有在根本上与差异结合在一起,文化也不是普遍概念本身的对立面。人类可能存在着某种共同的、潜在的存在状况(生活方式),它对这个星球上的所有人都适用,在此基础上可能还有某种普遍的价值观"。"甚至可能出现这样的情形:人类利益的某些普遍的感受,在全球的现代性的地方认同感的再植入中,是内在所固有的。"②

我完全不能认同或接受汤姆林森对文化所抱有的这种普遍主义的立场和观点,也感受不到他对全球文化或霸权文化所抱有的乐观态度和好感,但我承认世界文化正在经历全球一体化这一现实。而且我认为,这一现实远比我们想象的严重。承认这一事实并不意味着对文化同质化的拥抱;相反,拒绝接受这一事实反而是文化多样化的最大危险。经济或政治的全球化并不必然意味着文化的多样化或地方化。地方化作为对全球化的抵制,正好反映了全球化这一残酷现实;没有文化的全球化、一体化,怎么会有对

---

① 汤姆林森. 全球化与文化. 郭英剑,译. 南京:南京大学出版社,2002:1.
② 汤姆林森. 全球化与文化. 郭英剑,译. 南京:南京大学出版社,2002:98.

全球化、一体化的抵抗?! 有关文化全球化的残酷现实,只要我们想想英语作为世界语言的霸权导致众多地方语言消亡的情况就一清二楚了。语言消亡的速度是触目惊心的;联合国前秘书长加利在 2002 年发表的题为"多语化与文化的多样性"的演讲中提到,每两个星期就会有一种语言从世界上消失。① 如果继续按照这种速度和趋势发展,我们很快就要进入前巴别塔时代了。

文化全球化显著体现在英语的霸权和地方语言的消亡之中。如果真正存在着文化全球化的现象,那么它自然表现为生活方式的全球化。表面上看,人们恪守着各自古老的传统。但其实,人们的心灵越来越空虚,精神越来越贫乏,所谓"穷得只剩下钱了"。在这贫乏、空虚和狭隘的心灵里充斥的是自我,而没有他人的位置;一切以自我为中心,一切以自我为尺度。对于人性的全面危机,弗罗姆(Erich Fromm)说我们已经从"超人"变成了"非人"②。从对神秘的自然秩序充满惊讶和敬畏感、与自然融为一体并和谐相处的正常人,变成了凌驾于世界之上、狂妄地要为整个宇宙万象立法的"超人";如今又从自以为无所不能的世界主宰,变成了没有灵魂、没有操守、受制于欲望和制度的"非人"。此中情形,正如弗罗姆所说:"自福音书问世以来,世界一直是按照魔鬼(撒旦)的法则发展的。"③

"魔鬼的法则"指的当然就是资本的法则。据弗罗姆观察,18世纪资本主义逐渐发生了一种深刻变化:经济行为与伦理学、经济行为与人的价值观念逐渐分离开来,经济活动被视为一个自主的整体,它不受人的需要和人的意志制约;也就是说,它是一个有着

---

① 加利. 多语化与文化的多样性——在接受南京大学名誉博士学位仪式上的演讲. 南京大学学报(哲学·人文科学·社会科学),2002(3):8.
② 弗罗姆. 占有还是生存——一个新社会的精神基础. 关山,译. 北京:生活·读书·新知三联书店,1989:5.
③ 弗罗姆. 占有还是生存——一个新社会的精神基础. 关山,译. 北京:生活·读书·新知三联书店,1989:63.

自己动力和规律的运动着的系统。于是,决定经济系统发展的问题不再是什么对人有益,而是什么对经济系统的增长有益。资本主义制度为了维持自身的生存,必须鼓励人的这种性格特征的发展。①

自私自利、自我中心、物欲膨胀等特征并不是自然的人性或人的本能,而是资本主义社会条件的产物。如今,资本主义经济模式和经济制度已然几乎覆盖全球,西方启蒙运动之后逐渐形成的以释放和广播物质贪欲、放弃和削弱精神的超越向度为特征的现代性规划正在全球得以实施;但这正是西方长期以来致力于把非西方文明纳入自身体系的结果,是历史的偶然发展而已,并不是人类的必然命运或人类发展的必由之路。鲍曼(Zygmunt Bauman)把这种全球化现状和人性的这种普遍恶化看成欧洲"园艺文化"对世界各地"荒野文化"进行血腥铲除的结果。②

无论如何,当今世界已然成为一个具有整体性和内驱力的全球经济结构,个人乃至单个国家在资本逻辑的裹挟下不由自主地走向深渊。面对全球一体的庞大的经济系统,我们可能无能为力;但我们可以改变自己,改变自己的人生态度和价值观。要是改变不了世界,就先改变世界观吧,也许世界因此而改变;因为毕竟一切罪恶的根源不在经济系统,而在人。应该从根本上改变人的心灵、意识,这应该成为一种共识。1993 年,美国芝加哥举行的世界宗教会议上发表的《走向全球伦理宣言》(Declaration Toward a Global Ethic)坚称:"除非我们在个人和公众的生活中达到一种意识上的改变,否则世界不可能变得更好。"弗罗姆也宣称:"在人类

---

① 弗罗姆. 占有还是生存——一个新社会的精神基础. 关山,译. 北京:生活·读书·新知三联书店,1989:9.

② 鲍曼. 立法者与阐释者:论现代性、后现代性与知识分子. 洪涛,译. 上海:上海人民出版社,2000:67.

历史上首次出现这样的情况,即人类肉体上的生存取决于人能否从根本上改变自己的心灵。"①

改变自己的心灵或意识,从自我的物质欲望中走出来,从自我的目的、意图、计划、期待的狭隘局限中走出来,让充斥着自我和物质贪欲的心灵得到解放,让充斥着自我的心灵为他人腾出位置和空间,直接、真诚、无比空灵地面对他人,泯忘物我界线,与天地万物融为一体。总之,从坚持主体性原则、以自我为尺度对他人进行框限和宰制的"操控论"向坚持利他性原则、尊重他人价值的"利他论"发生转变。

操控论是当前翻译研究中的主导话语、强势话语,也是翻译实践中普遍奉行的原则,以翻译目的论为典型代表,异化翻译理论、女性主义翻译理论及包括食人主义翻译理论在内的后殖民主义翻译理论都不能幸免。这些翻译理论的共同点是主张改写、操控原文来实现自身的目的或完成自身的政治议程(political agenda);且不管这些政治议程的合法性和正当性,但把自己的目的强加于原文之上,以自己的目的和好恶来对原文进行取舍的为所欲为的做法,导致的都只能是某种以自我为中心的极权主义。相反,放弃自己的目的和需要,放弃自己的宰制和操控,向原文的各种可能性开放,让原文原原本本地展现在读者面前,让读者直接参与到对原文的意义或真理的讨论中来,反对独白,坚持对话,这种民主的立场才是世界和平的希望,未来的希望。

当前,国内外有关翻译伦理模式的讨论多谈翻译策略、行为规范等,却很少特别关注道德彻底改变自然生命存在的气质和品格的一面。我所提倡的"利他性"伦理可以落实到具体的翻译方法、

---

① 弗罗姆. 占有还是生存——一个新社会的精神基础. 关山,译. 北京:生活·读书·新知三联书店,1989:12.

翻译策略上,但这不是本书的重点,本书的目的——也是翻译伦理学的最终目的——是实践性地影响译者和读者的内在生命品质。这种做法将从以"退出自身"为意蕴的列维纳斯(Emmanuel Levinas)他者伦理学中得到有力支撑,也从"向里用力"的中华伦理文化中获得充分印证。

与以上对德性伦理的强调相关的是,我把翻译伦理模式和生活伦理模式结合起来,或者说,把翻译模式放到生活模式中去考量,放到全球化的时代背景中去考量。我认为,一个翻译伦理模式应该解决的不仅是"怎么译"的问题,还是"怎么活"的问题。

如果让翻译研究回归生活世界,那么"忠实"标准就应该得到维护,因为它是翻译实践或翻译生活中普遍认可的价值。"忠实"之所以被解构,是因为以往的"忠实"还不够忠实,是因为在实践中译者往往以忠实之名,行操控之实。对"忠实"的解构其实是对翻译中所蕴含的操控逻辑和权力运作结构的解构,所追求的反而是更严格的忠实。

由此看来,利他性伦理不是无所作为的消极状态,而是忠实翻译的积极可能性,也是人生在世的积极可能性。读者的最大利益无须由译者来决定,而只能由读者自己来决定。

自私自利,自我中心,物欲膨胀,道德滑坡,意义丧失,这种人性的堕落和危机是当今全球化社会面临的一个十分严重的问题。如果说生活中人们普遍把通过对物(以及他人)的攫取、掠夺、利用、占有、消费以最大限度满足自己的欲望当作人生的主要甚至唯一意义,那么这一特征反映在翻译中,就是把通过对原文的改写、操控、挪用、盗用以实现自身目的的做法看作翻译的主要甚至唯一意义。这是狭隘的人生观和翻译观。人是有限的存在,也是理性的存在;人生的意义和翻译的意义在于对自身有限性的克服和超越,而不在于对自身有限性的坚持和维护。克服自私自利之心而心怀他人,放弃以自我为中心而走向他人,这是人类有别于工具理性的道德理性之所在。

从人性的角度来构建一个合理的翻译伦理模式,解决"怎么译"的问题,同时解决"怎么活"的问题,这是本书的核心内容和意欲达到的目标。全书分五章来论证自己的观点。第一章"翻译伦理研究的繁华景观"是对国内外翻译伦理研究现状的述评,是我写得十分辛苦的一章,也是颇为受益的一章。翻译伦理研究可谓异军突起,异彩纷呈而又众说纷纭。可以说,自 20 世纪 90 年代以来,国内外翻译研究的重要著作很少有不是有关或涉及翻译伦理话题的。对如此为数众多的资料进行收集、甄别、整理、阅读和评论,工作量是小不了的。我把国内的研究成果整理为四条线索,分别是:翻译伦理学的初步构想、国外翻译伦理观点的介绍和评论、翻译伦理理论的应用、翻译伦理观念的理论探讨。在这些成果中,重点对《和合翻译研究刍议》①、《翻译伦理问题的回归——由〈译者〉特刊之〈回归到伦理问题〉出发》②、《韦努蒂的"翻译伦理"及其自我解构》③和《翻译伦理的理论审视》④等文章进行评论,并提出了自己的看法。之所以选择这四个文本进行重点评论,原因有三:一是它们具有重要性,二是它们表达了独特的观点,三是它们与本书论述的观点密切相关或相左。选择申迎丽和仝亚辉的文章,还因为他们是国内首次介绍国外翻译伦理研究动态的人。

对国外研究现状的评述,我以研究者和他们所提出的伦理模式为线索,因为这些人物或他们的观点是为大家所熟悉的。如果

---

① 吴志杰. 和合翻译研究刍议. 中国翻译,2011(4):5.
② 申迎丽,仝亚辉. 翻译伦理问题的回归——由《译者》特刊之《回归到伦理问题》出发. 四川外语学院学报,2005(3):94.
③ 刘亚猛. 韦努蒂的"翻译伦理"及其自我解构. 中国翻译,2005(5):40.
④ 汤君. 翻译伦理的理论审视. 外国语(上海外国语大学学报),2007(4):57.

进行归类,可以将它们(他们)分为操控论(者)和反操控论(者)两类,其中操控论(者)也可被认为是忠实论(者),我将后者称为"利他论(者)",见表 1。

表 1 翻译伦理模式研究中的操控论与利他论

派别	代表人物	伦理模式
操控论	罗宾逊(Douglas Robinson)	想怎么译就怎么译(translating as one pleases)
	韦努蒂(Lawrence Venuti)	异化翻译和差异伦理(foreignizing translation and ethics of difference)
	莱斯(Katharina Reiss) 弗米尔(Hans J. Vermeer)	目的为手段提供合法性(the end justifies the means)
	诺德(Christiane Nord)	功能+忠诚(function plus loyalty)
	坎波斯(Harold de Campos)	"吃人"的伦理(ethics of cannibalism)
	铁木志科(Maria Tymoczko) 见克(Mona Baker)	政治卷入(political engagement)
	切斯特曼(Andrew Chesterman)	承诺的伦理(ethics of commitment)
利他论	贝尔曼(Antoine Berman)	对原文原原本本的接受(receiving the Foreign as Foreign)
	皮姆(Anthony Pym)	职业伦理或文化间伦理(professional ethics or ethics of interculturality)
	斯皮瓦克(Gayatri Spivak)	投降和爱(surrender and love)
	刘易斯(Philip Lewis)	反常的忠实(abusive fidelity)
	阿皮亚(Kwane A. Appiah)	深度翻译(thick translation)
	梅肖尼克(Henri Meschonnic)	语言伦理(ethics of language)
	米勒(Joseph Hillis Miller) 克里切利 (Simon Critchley)	对他者承担无条件责任的解构伦理(translation ethics of Deconstruction: unconditional responsibility for the other)

　　从表 1 看,利他论与操控论旗鼓相当,但实际上,利他论远不如操控论影响大。这是因为,首先,利他论阵营里的许多主张不为人所熟悉,如斯皮瓦克的"投降和爱",梅肖尼克的"语言伦理",米勒的"阅读伦理";其次,不少利他论伦理模式被误解为操控论模式,如贝尔曼的伦理目标(receiving the Foreign as Foreign)往往被认为是跟韦努蒂的异化翻译理论相类似的,刘易斯的"反常的忠实"有不少误解①,解构主义翻译伦理观也见仁见智,众说纷纭;再次,严格的忠实往往比随心所欲的改写困难许多;最后,也是最关键的,改写和操控被正当化、合法化了——这当然跟当代社会物欲的释放或自私人性的正当化、合法化密切相关。

　　还需要做出说明的是切斯特曼的"承诺的伦理"的分类。我之所以把它放在操控论一栏中,是因为我认为他承诺的内容是倾向于操控的,比如第六条"I promise to respect deadlines and to follow clients' instructions"显然是把顾客的要求、命令凌驾于原文之上。当然,第四条"I swear that my translations will not represent their source texts in unfair ways"中,也提到对原文的忠实,但它是有条件的(in unfair ways)忠实。公平还是不公平到底谁说了算? 按照切斯特曼的逻辑,我想很可能由翻译当时所处的环境说了算,因此,再现原文也就成了无法落实的空话。

　　建构一个翻译或跨文化交往的合理模式是本书的核心内容。如果说第一章是对这一核心内容的翻译研究背景的描述,那么第二章"全球化文化状况:人生意义的丧失与寻求"则是把这一翻译伦理模式的探讨放到更大的时空背景下,是对它的时代背景和理论背景的描述和把握。

----

① 王东风. 译学关键词:abusive fidelity. 外国语(上海外国语大学学报),2008(4):73.

我的思路和逻辑粗略介绍如下：

全球化是我们这一时代的普遍状况，体现在方方面面，但文化的转型、变化处于全球化的中心。① 文化的全球化意味着生活方式的全球化和人性的全球化。生活方式的全球化体现在人们普遍把物质生活——把对物的占有和消费看成生活的主要甚至唯一的内容和意义。人性的全球化体现在自私自利、自我中心、物欲膨胀等成为人们占主导地位的性格特征。这种丧失了人生意义的生活方式和性格特征是由业已覆盖全球的资本主义制度的鼓励和提倡而发展起来的，是造成全球经济危机、环境污染、贫富悬殊、地区冲突的主要根源。改变人们的心灵，使人们从自私自利、自我中心和物质欲望中走出来，对他人（以及动物、植物、土地、天空，一切的一切）承担一份不求回报的绝对责任，这不失为缓解全球危机的一个良方。

放弃机心和算计，对他人的生命和灵魂承担一份不求回报的绝对责任；把自我交出去，绝对服从他者的权威：这正是列维纳斯他者伦理学的主要内涵。列维纳斯将自己的伦理学称为第一哲学，因为它与西方形而上学的唯我论传统决裂，将人生的意义定位在走向他者的原始的相遇。我认为，作为"服从""自我遗忘"和"退出自身"的"和平"是列维纳斯"作为第一哲学的伦理学"的特殊意蕴，是人类文化的特殊意蕴，是未来生活的特殊意蕴，自然也是全球化背景下包括翻译在内的跨文化交往活动的特殊意蕴。

第三章"'利他'：一个翻译伦理新模式"是在列维纳斯他者伦理学的理论框架里建构的一个翻译伦理模式。全章分三节：第一节"翻译伦理学的作为"为第二节中利他性伦理模式的提出进行准备和铺垫，第三节"'利他'的用心"是对利他性伦理模式的进一步

---

① 汤姆林森. 全球化与文化. 郭英剑，译. 南京：南京大学出版社，2002.

解释和说明。在第一节里,我讨论了翻译模式与生活模式的关系,认为前者是为后者着想的,至少不能与后者背道而驰;也就是说,翻译模式的构想不能是反生活的,它应该是关于好翻译的道理,也应该是关于好生活的道理。以此为标准,以往翻译伦理模式的是非曲直就一目了然了。在生活中,我想人们很难否定"忠实"的价值,也很难认可"背叛"和"为了目的不择手段"(the end justifies the means)这一翻译目的论法则的价值。在这一节里,我还讨论了翻译伦理研究中重视外在规则建设、忽视内在心性修为的弊端。我认为,翻译伦理模式必须建立在有关人性的见解的基础上,必须使人成为好人,使人类德性得以增强;翻译伦理模式的讨论如果不能触及人性,那只能是政治学、经济学、法学或别的什么学问,而不能是伦理学。接下来,我从翻译的角度,讨论了伦理学与政治学的关系。翻译研究文化转向之后,翻译与政治的关联得到揭示,也得到过分强调。以往翻译伦理模式的讨论往往具有一定的政治立场或政治议程,如韦努蒂的异化翻译理论、包括食人主义翻译理论在内的大多数后殖民主义翻译理论和女性主义翻译理论等。这样具有一定立场或方向的伦理模式不符合伦理价值的普遍性要求,而且政治议程的外在性也容易造成对翻译本体研究的取消。①

　　第三章第二节"怎么译:从'操控改写'到'克己利他'"是以我2010年发表在《外国语(上海外国语大学学报)》上的《怎么译:从"操控"到"投降"》这篇文章为基础和主体的。在本书中,我把"投降"这个核心术语改成了"利他"。之所以这么改,一是因为"投降"这一词语根深蒂固的负面意义是我这样人微言轻的小人物很难改变的;二是因为"利他性伦理"这样的提法能更好地概括和表达我

---

① 吕俊. 论翻译研究的本体回归:对翻译研究"文化转向"的反思. 外国语(上海外国语大学学报),2004(4):53.

意欲建构的全球化背景下的翻译伦理模式。我所建构的利他性翻译伦理模式既有深厚的中国传统伦理特质,又与西方后现代伦理精神高度契合。利他性伦理的内涵,一言以蔽之,就是克己利人。它的深刻性在于提出:克服翻译主体的主见、先见、偏见,敞开自己,向他者开放,尊重他者,尊重差异,克服冲突,从独我论的操控、改写走向对话式的理解、协商、包容。翻译因异而起,为异而生,容忍差异、传达差异是翻译的本质要求,也应该是翻译坚守的伦理原则。以自我为中心的各自为政只能导致冲突,世界的希望、和平的希望在于克己利他。因为利他、开放,所以就会导向借鉴,丰富自身,利他的同时实现利己,达到共同繁荣、提高。当前中国文化"走出去"就是这一伦理的深刻体现。①

第三章第三节"'利他'的用心"是对利他性伦理含义、用意、意义和价值的进一步阐明;还对利他的必要性和合理性进行了更为深入的探讨,分别从原文的客观性、翻译的创造性、翻译活动中"偏见"的地位及翻译的人生意义四个方面进行了较为充分的论证。

第四章"'利他':新的精神自由状态"所表达的主要观点是:利他不是无所作为的消极状态,而是翻译的积极可能性,也是人生在世的积极可能性。对此观点,从正反两个方面予以论述。第一节"傲慢与偏见:翻译目的论批判"先从反面对一种典型且十分流行的操控论——翻译目的论的基本观点和思想根源进行分析和评价,指出它所隐含的精英主义、自我中心和主体性思维。第二节"翻译与人生"是在存在论意义上对"怎么译"的问题的探讨,指出翻译不应该仅仅被看成一种工具、手段、途径,而应该成为这么一个场所,在这里,译者的内在精神因为自己的翻译行动而得到提升

---

① 我从"投降"到"利他"的术语重大变化和一些观点的调整是与浙江大学外国语言文化与国际交流学院许钧教授多次深入探讨、交流的结果,在此对许教授的指导和帮助表示衷心的感谢。

和超越,达到一种新的精神自由状态。

第五章"'想到上帝的虚己':德里达的寄望"是对利他性伦理的一次应用。我采用自己的理论视角——利他性伦理,对德里达(Jacques Derrida)的三个论述翻译或跟翻译相关的文本进行分析。本章分三节。第一节"译者的任务:德里达对话本雅明"分析的是德里达的《巴别塔》("Des Tours de Babel")。通过与本雅明(Walter Benjamin)的对话,或者通过对本雅明《译者的任务》("The Task of the Translator")一文的解读,德里达认为译者的任务,或者说,译者作为原文谱系的后继者命中注定的对于原文的任务、使命、责任、义务、债务和承诺等,只有"想到上帝"(a thought of God)才能与之对应或响应。德里达如是说:"在这种狭隘的语境中,也有物的语言与人的语言、沉默与言说、无名与有名之间的关系问题,但毫无疑问,这个公理是适应一切翻译的,即'翻译的客观性是在上帝那里得到保证的';从一开始,这种债务就是在'想到上帝'的虚己中形成的。"①

第二节"翻译与好客:德里达的深情"分析的是德里达和杜弗勒芒特尔的著作《论好客》(Of Hospitality：Anne Dufourmantelle Invites Jacques Derrida to Respond)。如果说在前一节里我们认为德里达专注于论证翻译的可能性问题,那么在这一节里我们认为他将目光投向更广泛的人际交往和跨文化交往的领域。好客——绝对的、无条件的好客何以可能,这是德里达意欲解决的问题。绝对、无条件好客的可能性就在于对当前普遍奉行的以自我为中心的好客的解构和违反,就在于对自我的彻底放弃,而为他者承担一份无条件的责任。德里达是这么说的:"让我们对出现的人或物说'是'(say yes),在做出任何决定之前,在怀抱任

---

① Derrida, J. *Acts of Religion*. London & New York：Routledge, 2002：117.

何期待之前,在做出任何辨认之前,不管那是外国人(foreigner)、移民、应邀之客,还是不速之客,不管新来的是人类、动物还是神圣之物,也不管是死是活,是男是女,是公是母。"①

　　本章第三节"翻译的神学:德里达的深意"分析的是德里达一篇题为《翻译的神学》("The Theology of Translation")的文章。翻译如果只是起一个信息传递的工具作用——这是普遍的看法,那么它是毫无神性可言的。翻译的神圣维度在于它对人的教化功能,在于它对善良人性的促进作用,在于它对真实人生的示范作用。这是德里达以《翻译的神学》为题而大谈大学教育的一个原因。教育一般是指一定社会根据自己的要求,有目的、有计划、有组织地对受教育者的身心施加影响,把他们培养(驯化、归化、同化)成一定社会所需要的人。在按照自己的目的和计划对他人进行培养、改造、改写、同化、归化、驯化、简化这一方面,教育与翻译相通了。这由此引发了德里达对教育目的和翻译目的(译者的任务)的深层思考,或者说,对教育和翻译神圣目的的思考。

---

① Derrida, J. & Dufourmantelle, A. *Of Hospitality: Anne Dufourmantelle Invites Jacques Derrida to Respond*. Bowlby, R. (trans.). Stanford: Stanford University Press, 2000: 77.

第一章　翻译伦理研究的繁华景观

　　在很长时间里,翻译研究很少——甚至根本不从伦理道德的角度对翻译活动和翻译现象进行考察和批评。规定性翻译研究把翻译看成纯技术性操作,看成对客观意义的发现,自然不存在伦理道德问题。规定性翻译研究也力图建立起指导译事活动的一般原则和方法,但它不把违背这些原则和方法的翻译实践看成不道德的行为。人们就算坚持"信、达、雅"应该作为评价翻译质量的标准,也只是认为若是译者这三个方面都做到了,便尽了译书的能事;遵循和违背是水平高低问题,而不是道德与不道德的问题。以往有关翻译伦理层面的零星认识多集中在译者与目的语读者的关系上:译者如果胡译、乱译,或者不求甚解,那么就对不起读者,有违译者的职业道德。①

　　翻译研究学派、操控学派、多元系统论及描写翻译学都是以呼吁停止对翻译进行好与坏的价值评判而进入人们视线的。他们把翻译研究看成经验科学,只满足于描写和解释制约译者选择的种种社会的、文化的因素,似乎也谈不上伦理批评。但很快,事情就发生了变化。

---

① 　申连云,高春天. 翻译伦理批评的理论审视. 浙江外国语学院学报,2010(6):35.

第一节　异军突起:国内翻译伦理研究现状述评

国内较为广泛的有关翻译伦理问题的讨论大约以 2005 年申迎丽、全亚辉发表在《四川外语学院学报》的《翻译伦理问题的回归——由〈译者〉特刊之〈回归到伦理问题〉出发》一文为起点。在此之前,很少有关于翻译伦理问题的讨论;在此之后,参与讨论的人越来越多,至今翻译伦理俨然成为热门话题。在众语喧哗声中,大致可以理出以下四条线索。

1. 翻译伦理学的初步构想

这可以看作翻译伦理研究的草创或原创阶段,是对翻译伦理研究必要性、重要性的论证,以及对翻译学或翻译伦理模式的大致构想。

一个有趣的现象是,国内有关翻译伦理问题的讨论并不完全是步国外研究的后尘。早在 2001 年,吕俊就提议将哈贝马斯(Jürgen Habermas)的商谈伦理或交往行为理论引入翻译研究中,使翻译伦理学成为"翻译学的一个组成部分和研究内容"。他论证的理由是:"翻译活动是一种对话和交往,是一种不同文化间的言语交往行为,这就要求人们遵守一些准则和规范。因为是不同文化间的交往,涉及的问题要更多,更复杂……这就是说它更需要伦理学的指导。这是翻译活动自身对伦理学的需要。"①无独有偶,许钧于 2002 年在《论翻译活动的三个层面》一文中也提到了翻译伦理这一层面。他说,"若我们细心地考察一下翻译活动的全过程,就能看到从翻译对象的选择、翻译方法的采用,包括翻译作品的编撰与加工,无不受到'该怎么译'这一道德层面的约束和影

---

① 吕俊. 跨越文化障碍——巴比塔的重建. 南京:东南大学出版社,2001:272.

响",每一个有责任的译者都必须认真考虑和严格对待"意愿""现实"和"道德"这三个层面所提出的问题。① 2006年,吕俊、侯向群在《翻译学——一个建构主义的视角》一书中专辟"翻译伦理学"一章,将翻译伦理学当作建构主义翻译学的重要组成部分。在这个重要的章节中,作者肯定了实践理性或"道德理性"在翻译活动中的基础地位。他们是这么说的:"翻译活动是文化间交往的社会实践性活动,它还应受道德理性的制约,没有道德理性作为基础,这种交往活动就会失范,就会被歪曲或被恶意地利用,从而造成不平等的交往关系。因此,在国际文化交流中应有为各国都能接受的普遍性道德标准,即翻译的伦理学。"②这么一种普遍翻译伦理学的构想以"建立跨文化交往活动的行为准则"为宗旨,"以承认文化差异性并尊重异文化为基础,以平等对话为交往原则,以建立良性的不同文化间互动关系为目的"③。这么一种宏大的普遍翻译伦理学的构想也许带有些许乌托邦色彩,但伦理学的价值正在于它的理想性质。

《关于开展翻译伦理研究的思考》④一文指出了翻译伦理研究的必要性,并分析了西方具有代表性的翻译伦理思想。

《以诚立译——论翻译的伦理学转向》⑤一文认为,在翻译活动中,最先确定的并不是译什么与怎么译,而是译者与作者、读者等他者之间的以"诚"为基础的伦理关系。"诚"是一切翻译活动得

---

① 许钧. 论翻译活动的三个层面//张柏然,许钧,主编. 面向21世纪的译学研究. 北京:商务印书馆,2002.

② 吕俊,侯向群. 翻译学——一个建构主义的视角. 上海:上海外语教育出版社, 2006:247.

③ 吕俊,侯向群. 翻译学——一个建构主义的视角. 上海:上海外语教育出版社, 2006:272.

④ 王大智. 关于开展翻译伦理研究的思考. 外语与外语教学,2005(12):44.

⑤ 吴志杰,王育平. 以诚立译——论翻译的伦理学转向. 南京社会科学,2008(8):136.

以进行的态度预设，也是确保翻译顺利完成的伦理基础。作者认为，译者只有诚于译事，才能解决好翻译中的各种矛盾，才能处理好与作者、读者、赞助人等多个主体之间的关系。但什么是"诚"？"诚"的具体内涵是什么？或者说，究竟如何做、如何译才算"诚于译事"？这些问题一直到吴志杰 2011 年在《中国翻译》第 4 期上发表了《和合翻译研究刍议》一文之后才较为明朗、具体。

《尊重差异——当代翻译研究的伦理观》①一文提出，寻求差异、发掘差异、尊重差异应该成为当代翻译研究的伦理观。

《怎么译：从"操控"到"投降"》②一文认为，翻译方法应该从传统的追求自身意图、目的、计划或功利的实现的操控式翻译中走出来，转而采用以原文自身为目的、尊重原文自身价值的投降式翻译，这才是全球化背景下包括翻译在内的跨文化交往的合理模式。

《和合翻译研究刍议》③提出在"和合学"④的基础上建立和合翻译学的构想。这是一个怎样的理论体系呢？作者用据称体现中国传统文化和合精神与和合价值的"意""诚""心""神""适"五个词来概括；它们分别对应于和合翻译学的本体观、伦理观、认识观、审美观及文化观。代表和合翻译学本体论的"意"指翻译过程中意义的流变增生的性质，"诚"（伦理观）即要求译者诚于译事，与作者、读者、赞助人等多个主体建立真诚的关系，"心"（认识论）指中国传统思维重体悟和整体的"心性特征"，"神"（审美观）指强调审美主体与客体的物我交融（神交）的境界，"适"（文化观）即适量、适宜、适度，指文化交往过程中"适当比例的异质因子的'和合'有利于新

---

① 申连云. 尊重差异——当代翻译研究的伦理观. 中国翻译，2008(2)：16.
② 申连云. 怎么译：从"操控"到"投降". 外国语（上海外国语大学学报），2010(2)：44.
③ 吴志杰. 和合翻译研究刍议. 中国翻译，2011(4)：5.
④ 张立文. 和合学——21 世纪文化战略的构想. 北京：中国人民大学出版社，2006.

事物的产生",有利于文化之间的多元共生。

在和合翻译学的这五个维度中,前面四项(本体观、伦理观、认识观、审美观)好像只是出于构建理论体系的需要而与翻译实践没有多少实质相关性,最后那个"适宜""适度"的文化观才是和合翻译学的主要内容。什么是和合翻译学? 作者在做出界定之前,先区分了替代型翻译和吸收型翻译。"全面排挤甚至完全取代目的语文化生态系统"的翻译被称为替代型翻译,而"译入语文化主动吸收与借鉴另一文化生态系统的文化因子"的翻译被称为吸收型翻译。和合翻译学则是"适量"和"适宜"的吸收型翻译,也即"适译"。这种合适的程度如何把握、拿捏呢? 作者分别对"适量的翻译"和"适宜的翻译"做出规定:

> 适量的翻译,是"适译"在量的方面的要求,就是指翻译要从本土文化生态系统的稳定性与和谐性出发,在通过翻译进行的对外文化活动中做到"适量吸收、以我为主",捍卫民族文化的主权与完整,保证本土文化的稳定与繁荣,在一定程度上实现本土文化的创新,抵制与反对强势文化的侵略与殖民;适宜的翻译,是"适译"在质的方面的要求,就是指翻译要引进有利于目的语文化生态系统的发展与创新的文化因子,避免引进容易导致目的语文化生态系统产生极大混乱或巨大破坏的内容。①

如此表述和界定的和合翻译学,在我看来,是一种构筑堡垒、划定界限的努力,即把自我构筑成一个坚不可摧的堡垒,以对抗外来的"侵略与殖民"。这是一种冲突的学说,与中国传统的"和文化""天人合一"思想及列维纳斯(文章不少篇幅谈到列维纳斯的伦

---

① 吴志杰. 和合翻译研究刍议. 中国翻译,2011(4):12.

理学)的"和平原则"背道而驰。要践行"和平原则"和"天人合一"思想,与世间万物合而为一,唯一的途径就是放弃自我(忘我、无我、克己),走向他者,承担对他者的无条件的责任,而不是对自我的坚持和强化,也不是以自我为中心的对他者的同化和吸收。一切文化,作为种种生活方式和适应策略,没有高低之分,都是值得尊重的。对于翻译或其他跨文化交往活动来说,对一种文化的尊重体现在对它的意义系统的承认和解释上。也就是说,译者的伦理职责只在于对异域文化的如实介绍和传达,即贝尔曼所说的"对原文原原本本的接受"(receiving the Foreign as Foreign),而不是对它进行加工处理,以便接受文化能够更好地吸收和同化异域文化。至于这种异域文化会对接受文化造成多大冲击和"破坏",或对接受文化带来多少繁荣和创新,这都不是译者的意志所能决定的。认为译者能够通过自己的操控来决定、左右文化的发展,这是一种无知的狂妄。认为一种文化的"生态系统"会因为另一文化的引入而受到挑战和"破坏",这也是杞人忧天和庸人自扰。弱势文化所受到的威胁来自强势文化的遮蔽、无视和不承认,而不是来自强势文化的引入和冲击。文化之间的冲击和碰撞只会激发出文化的活力,无论是对于强势文化还是弱势文化,情况都是如此。中国文化的历史经历也能证明这一点:处于严密保护的封闭状态的时候,它是最羸弱、最萎靡的;而开放胸襟迎接外来文化的时候,它却能迸发出无比强大的自信和生命力。

不管所谓的"和合翻译学"有多么不精致,这种从富含丰富伦理思想的中国传统文化中汲取养分、开陈出新、构建现代翻译伦理模式的尝试还是值得鼓励的。

2. 国外翻译伦理观点的介绍和评论

上文提到,申迎丽、仝亚辉的《翻译伦理问题的回归——由〈译者〉特刊之〈回归到伦理问题〉出发》①一文率先介绍了国外翻译研究伦理转向的动态。对中国翻译界来说,这是一篇重要的论文,首先因为它首次介绍了国外翻译伦理动态,并向国人指出,"对翻译伦理问题的研究是一个大有可为的领域";其次因为它率先用某种伦理模式对翻译基本问题,包括翻译本质、翻译主体、翻译原则和翻译标准等开展讨论,如用再现的伦理讨论原文意义的确定性和"忠实"问题,用交际的伦理讨论翻译主体性问题等。尽管文章有点前后矛盾,但作者的主要观点还是非常鲜明的,那就是:文本的意义是确定的,翻译忠实是应该坚持的。他们说,"翻译活动应该始终贯穿这样一条原则:尊重原作者,尊重原作者包含在文本中的意义,并尽最大可能忠实地在目的语中再现原文文本的意义";并引用纽马克(Peter Newmark)的话说,"翻译是'一种高尚的、求真的职业',翻译可以最简单地定义为:'取出某个文本意义,再把它放入另外一种语言中,为新的(有时不同的)读者服务。'翻译所要寻'求'的'真'就是作者包含在原文文本中的意义,这种'真'只可能存在于作者的文本中,而不在于译者的多种可能的阐释;翻译所要再现于另一种语言中的,也只可能是包含在原文文本中的这种意义"。不难看出,这么一种自以为是的独白式的、傲慢的"求真"姿态与伦理学的"求善"是格格不入的。伦理学是以自由意志为前提的,这种因果决定论取消了伦理道德的地盘。如果把国外当前翻译伦理问题的探讨看成翻译研究在经历描写阶段之后对第一阶段规定性翻译研究的简单回归或重复,那就难免是倒退和肤浅的了,正如该文所批评的那样,是在进行术语翻新,是"在追求'命名',追求能够被写入翻译研究的历史,给现在的翻译研究冠上一

---

① 申迎丽,仝亚辉. 翻译伦理问题的回归——由《译者》特刊之《回归到伦理问题》出发. 四川外语学院学报,2005(2):94.

个不同前代的全新字眼,以表明脱离历史的决心"了。作者在翻译研究从规定走向描写之后不避讳意义的确定性和忠实问题,虽然勇气可嘉,但切不可把翻译研究狭隘化。翻译伦理问题的提出有广阔的学术和时代背景,现实面向、反思的人文精神,以及对人类命运的深切关怀,这些是国内翻译伦理研究涉及不多也不深的。

《韦努蒂的"翻译伦理"及其自我解构》①这篇文章对韦努蒂理论观点的介绍很少,而是以评论为主的。作者的见解是:韦努蒂的翻译伦理在构筑"存异伦理"和"化同伦理"这一对二元对立概念(前者优于后者)的同时对它进行了解构,这一做法表明韦努蒂遵循的是后结构主义"分两步走"的基本话语策略,即首先将二元对立中处于支配地位与被支配地位的两项颠倒过来,"使其反面转为正面,然后通过新建对立的自我解构最终革除二元对立思维本身";也就是说,"在将传统的'归化/异化'对立颠倒过来的同时,他开始挖因此而形成的'异化/归化'对立的'墙脚',最终将翻译伦理原则定于'一尊',即不管是归化还是异化翻译,凡能因地制宜促进文化更新和变化的就是好翻译"。作者最后认为:"就翻译涉及的伦理原则而言,韦努蒂的理论与其说提供了任何答案,不如说提出了一大堆亟待我们思考和解决的问题。"在对"异化伦理"的喝彩声中,这种观点是独到和颇具勇气的;但刘文的逻辑和观点至少存在三个问题。第一,二元对立是不是如刘文所说的那样,即把二元对立中支配与被支配的一方颠倒过来就自行解构了?众所周知,在物质与精神的二元对立中,唯心主义坚持精神第一性,而唯物主义则坚持精神第二性。难道说唯物主义就自行解构了物质与精神之间的二元对立?第二,韦努蒂是以标榜异化而著称的,他是不是挖了异化的墙脚?又是怎么挖的?第三,韦努蒂的异化翻译、少数化

---

① 刘亚猛. 韦努蒂的"翻译伦理"及其自我解构. 中国翻译,2005(5):40.

翻译或阻抗式翻译的政治议程是针对性极强的,即反对英美种族中心主义和英语的霸权,他的"一尊"是不是宽泛的"因地制宜促进文化更新和变化"? 对于刘文来说,这三个问题中的任何一个都是致命的。

《翻译伦理的回归与重构》[①]这篇文章在分析、介绍西方当前五种翻译伦理模式(再现伦理、服务伦理、交际伦理、规范伦理和承诺伦理)的基础上,提出应在交互主体性的视域下将其予以整合。因为这五种伦理模式"其实只是同一伦理问题的不同侧面,在翻译过程中译者所受到的伦理约束是一个整体概念,我们不能简单地以其中之一种来排斥其他的伦理约束,它们在不同的阶段、不同的环节发挥着各自不同的作用,同时它们之间却又互为联系、互为牵制、互为作用。交互主体性研究的是交往主体间的内在关系,强调主体与主体之间的相互独立、相互联系、相互制约。从交互主体性的角度将当前盛行的五种伦理予以整合,无疑可以从整体上把握翻译伦理的研究,将翻译的伦理研究进一步推向深入"。对这篇文章我感兴趣和期待的是作者要从交互主体性的角度,对当前五种盛行的翻译伦理模式进行重构,但作者一直不厌其烦地说明自己重构的必要性、重要性,至于重构之后的翻译伦理模式是什么,则一直找不到答案。

《切斯特曼伦理模型与德国功能学派的翻译理论》[②]一文把切斯特曼总结的翻译伦理模式与德国功能学派的翻译理论进行比较,发现功能学派的翻译主张中蕴含了切斯特曼的再现伦理、服务伦理和交际伦理思想。

---

① 刘卫东. 翻译伦理的回归与重构. 中国外语,2008(6):95.
② 康宁. 切斯特曼伦理模型与德国功能学派的翻译理论. 重庆科技学院学报(社会科学版),2007(5):125-126.

《西方翻译伦理模式探讨》①一文把西方翻译伦理模式概括为五种，分别是对等伦理模式、功能伦理模式、对话伦理模式、规范伦理模式和差异伦理模式。这种概括还是比较准确的。

《析翻译伦理的四种模式》②一文从纽马克的"五项中间真理"、诺德的"功能加忠诚"原则、皮姆的"跨文化空间"概念及切斯特曼的"四种价值"伦理思想的视角探讨现行西方翻译伦理模式，并运用伦理学思想对这些伦理模式及其所代表的伦理思想进行对比分析，指出它们各自的伦理学理论基础、适用范围、局限性，以期构建翻译伦理学的研究范式。

《安托瓦纳·贝尔曼翻译理论中的"伦理"问题》③一文分析了贝尔曼的翻译伦理理论，认为贝尔曼是个"直译派"理论家，他的"直译"观与其"翻译伦理"有着紧密联系：后者为前者的出发点，前者为后者的旨归。作者对贝尔曼的直译观与他的翻译伦理观的关系谈得好像很玄奥，我有点绕不清楚："前者为后者的旨归"是什么意思？难道贝尔曼的翻译伦理观（后者）就是简单地主张直译（前者），或以直译为宗旨？伦理观建立在价值的基础之上，而直译不是价值，是一种翻译方法。

《罗比涅荷-哈伍德的翻译伦理观探析》④一文是对加拿大女性主义者罗比涅荷-哈伍德（Susanne de Lotbinière-Harwood）翻译伦理观的介绍。作者介绍说：罗比涅荷-哈伍德放弃了狭隘的忠实观，将翻译行为置于一个更大的语境之中，认为翻译伦理由一系列责任构成，可大致分为两类：一方面是翻译职业道德所要求的对雇主的责任，另一方面是，女性主义译者身为女性主义政治活动家，

① 陈瑛. 西方翻译伦理模式探讨. 湖南文理学院学报(社会科学版),2008(5):98-100.
② 王莉娜. 析翻译伦理的四种模式. 外语研究,2008(6):84.
③ 徐普. 安托瓦纳·贝尔曼翻译理论中的"伦理"问题. 法国研究,2011(2):67.
④ 陈喜荣. 罗比涅荷-哈伍德的翻译伦理观探析. 外国语文,2012(1):106-110.

需要肩负一份政治使命,即在文字领域彰显女性经验,维护女性道德形象,促进文化和社会进步。

《安东尼·皮姆翻译思想研究》①一文从翻译伦理与风险控制、翻译与新技术及皮姆对当代西方翻译理论的新阐释三个方面,对其翻译思想研究进行了梳理。皮姆是国外当代翻译伦理研究中十分活跃的一个人物,以上三个方面远远不能概括他的翻译伦理思想,更不用说他的翻译思想的全部。

3.翻译伦理理论的应用

这条线索的研究采用翻译伦理理论来解决实际翻译问题或审视翻译现象。

《从翻译伦理透视文学翻译中的文化误读》②一文采用切斯特曼的五种翻译伦理模式理论,分析文学翻译中误读现象产生的原因。作者认为:"文化误读映射出不同历史背景下译者对不同伦理模式的遵从,误读现象的历时变化体现了译者伦理观念的动态变化和译者自觉意识的增强。"

《译者的职责》③一文参照切斯特曼对翻译伦理模式的分类,明确规定并详细阐述了译者的五种翻译职责,分别是:再现原作、完成委托人的要求、符合目的语社会文化规范、满足目的语读者的需求及恪守职业道德。译者的职责固然明确了,但这里的问题是:如果这几种职责,比如再现原作与符合目的语社会文化规范相互冲突,那么译者该怎么办,到底该履行哪一种职责?

---

① 管兴忠. 安东尼·皮姆翻译思想研究. 解放军外国语学院学报,2012(2):86-91.
② 唐培. 从翻译伦理透视文学翻译中的文化误读. 解放军外国语学院学报,2006(1):64-68.
③ 孙致礼. 译者的职责. 中国翻译,2007(4):14-18.

《宏观与微观翻译伦理视角下译者的主观和客观操控》①一文是从翻译伦理的角度对翻译中操控现象进行的解释。作者认为,切斯特曼所归纳总结的四种流行的翻译伦理模式中再现的伦理和交际伦理"主要体现在对文本处理的微观技巧上",而"服务、规范的伦理会左右译者的意图,从宏观上决定了译者对文本的诠释方式"。

《翻译伦理与翻译实践——谈我国部分英文版专业期刊的编辑和翻译质量》②一文对上海出版的部分英文版学术期刊的编辑和翻译质量做了调查。在此基础上,从翻译伦理的视角,对语言转换、专业期待、服务意识和译德诸方面进行了举例分析。文章认为,我国英文版期刊译者和编辑的伦理素养有待提高,期刊的质量还有较大的上升空间。

《从翻译伦理视角论译者有意识的"不忠"——以电影〈叶问Ⅰ〉和〈翻译风波〉为例》③一文认为,翻译伦理所涉及的道德、价值、规范等因素往往是造成译文"不忠"的原因。基于这个认识,作者具体分析了《叶问Ⅰ》和《翻译风波》两部汉语电影英译中的"不忠"现象,言之成理。

《翻译伦理对误译评价的启示》④一文从翻译伦理(切斯特曼关于翻译伦理的五种模式,即再现伦理、服务伦理、交际伦理、规范伦理和承诺伦理)的角度,对误译现象进行了有趣的评价和分类:如果译者因违背所有翻译伦理而产生了误译,这可以统称为消极误译;如果译者遵循了一个或多个伦理模式而对原文有所叛逆,说

---

① 于艳华. 宏观与微观翻译伦理视角下译者的主观和客观操控. 外语与外语教学, 2011(3):69-72.

② 方梦之. 翻译伦理与翻译实践——谈我国部分英文版专业期刊的编辑和翻译质量. 中国翻译,2012(2):92-94.

③ 臧夏雨. 从翻译伦理视角论译者有意识的"不忠"——以电影《叶问Ⅰ》和《翻译风波》为例. 中国翻译,2012(2):95-97.

④ 郑敏宇. 翻译伦理对误译评价的启示. 中国比较文学,2012(3):88-97.

明他在翻译活动中始终是有行为准绳的,对源语文化的不忠实书写也是经过道德观拷问的,以此为基础的策略性背叛行为或由此生成的译本即有意误译,它们至少经得起"事实、忠诚、理解、信任"等价值观中的一种的考验。因此,有理由将至少遵循了一个伦理模式的误译称为"积极误译"。

《中国当代文学译介伦理探讨——以白睿文、陈毓贤英译〈长恨歌〉为例》①一文以翻译的操作伦理为视角,以王安忆《长恨歌》的英译本为研究个案,考察此译本的两位汉学家译者——白睿文、陈毓贤的翻译策略,最后得出结论:"唯有充分尊重文本承载的文化差异,努力寻求异质性和可读性的平衡,才能真正实现文化交流的本源宗旨和翻译行为的终极使命。"

4. 翻译伦理观念的理论探讨

《论"忠实"作为文学翻译范畴的伦理性》②一文指出:文学没有固定的意义和价值,因此翻译中的"忠实"本质上不是哲学概念,而是伦理概念,它强调翻译者的道德意识,而不是科学意识。

《翻译与伦理规范》③是一篇描写性的文章。作者发现:当译入语伦理规范强大时,译者在译介过程中往往顺应译入语伦理规范而改写原文;当译入语伦理规范处于弱势时,译者则会引进新的伦理规范。

《翻译伦理的理论审视》④一文从职业伦理和个人伦理两个层面,探讨翻译伦理研究的理论价值与社会意义。这篇文章还花大量篇幅试图厘清职业伦理研究和从业者个人伦理研究的界限和特

---

① 吴赟. 中国当代文学译介伦理探讨——以白睿文、陈毓贤英译《长恨歌》为例. 中国翻译,2012 (3):98-102.
② 高玉. 论"忠实"作为文学翻译范畴的伦理性. 外国文学,2004(2):89-95.
③ 吴建国,魏清光. 翻译与伦理规范. 上海翻译,2006 (2):1-6.
④ 汤君. 翻译伦理的理论审视. 外国语,2007(4):57-64.

色,认为"前者可谓主体间(或人际)伦理研究,后者可谓主体伦理研究";前者"是将翻译作为职业或专业活动,将译者视为职业或专业从业者,从抽象的角度讨论该职业或从业者群体的群体理念"的研究,后者是对"译者个体对翻译职责、方法、标准等的认定"或对"译者个人的职业理念和行为操守"的研究。这种区分是似是而非甚至荒唐可笑的。伦理学从来都是对人与人或人与别的东西之间的关系的研究,而不是对个体的理念、观念、信念或行为操守的研究。换个角度看,伦理规范建立在某种普遍认可的价值之上,单个人的观念(idiosyncrasy)不可能成为具有普遍约束力的道德规范。如果你专注于对某个人的观念、信仰和行为操守进行研究,可能的结果是写出一篇不错的人物传记,而不可能写出一部伦理学著作。再换个角度看,以往的伦理学著作,不管是亚里士多德的、康德的还是孔子的,有哪一部是针对个体理念、标准或行为操守的研究?难道他们的伦理学都是职业伦理研究?那么,又有谁的伦理学属于个人伦理研究呢?按照我的理解,所谓的"职业伦理学"(professional ethics)是指致力于建立某一职业或行业的行为准则和道德规范的研究,而"个人伦理学"(personal ethics)则是致力于提高人们的德性或道德修养的伦理研究。前者属于规范伦理学,后者属于德性伦理学,或美德伦理学。

《翻译研究的实然世界与应然世界》①一文认为,翻译研究应该划分出一个"实然世界"和一个"应然世界",前者致力于对翻译事实规律的认识,后者则是有关翻译价值和信仰的谈论。前者求真,后者求善;前者是事实,后者是理想;前者是客体尺度,后者是主体尺度。两者具有独立性,不能用一方的研究否定另一方的研究。

---

① 申连云. 翻译研究的实然世界与应然世界. 外语学刊,2007(4):100-102.

《趋向"他者的翻译"——德里达翻译思想的伦理指向研究》①是一篇对德里达的翻译思想进行全面研究的博士论文。文章指出,德里达的翻译思想本质上是一种从"自我的翻译"趋向"他者的翻译"的伦理思想,是一种无条件肯定他者他异性的"他者伦理"思想。

《"忠实"的嬗变——翻译伦理的多元定位》②是一篇难得的好文章。作者指出:在翻译伦理问题的探讨中,"忠实"总是"绕不过去的首选关键词";形形色色的翻译伦理主张往往不过是忠实论的翻版,是忠实论的"改写和再定义",如功能目的论的"忠诚"、所谓的"僭越的忠实"(abusive fidelity)及"颠覆性的忠实"等。

《西方当代伦理学的发展与译学研究——翻译研究中的伦理性问题》③一文重点梳理和分析西方当代伦理思想的主要发展阶段,并详细分析其对几种译学研究范式发展的影响。

《翻译与伦理学》④一文试图解决翻译与伦理学的关系。作者在伦理学视域下对翻译什么、为什么翻译、翻译给谁看、用什么策略来进行翻译、谁有翻译活动的决定权等问题进行了探讨。在此基础上,作者试图对翻译伦理学是什么学问或者翻译伦理学建立之后将对翻译活动和翻译研究起到什么样的作用等问题做出回答。最后,作者的答案是:翻译伦理学的目的就是探讨翻译伦理规则的合理性与有效性,并建构一个由翻译道德行为组成的明显的道德秩序。

---

① 乔颖. 趋向"他者的翻译"——德里达翻译思想的伦理指向研究. 开封:河南大学博士学位论文, 2007.
② 曾记. "忠实"的嬗变——翻译伦理的多元定位. 外语研究, 2008(6):79-83.
③ 杜玉生. 西方当代伦理学的发展与译学研究——翻译研究中的伦理性问题. 广东外语外贸大学学报, 2008(1):25-29.
④ 王克明. 翻译与伦理学. 外语与外语教学, 2009(5):45-48.

《中国传统翻译伦理思想的基本特点及其启示》①一文试图"从传统中国对翻译行为的伦理诉求、翻译伦理与翻译政治的关系、译者道德问题以及翻译伦理思想的阐述方法等四个方面揭示中国传统翻译伦理思想的基本特点",发现中国传统翻译伦理思想具有"维护华夏文化主体地位"、"与翻译政治合流"、强调译者的道德理性以及"借用传统诗学或哲学话语阐释翻译伦理原则"四个特点。

第二节　众声喧哗:国外翻译伦理研究现状述评

翻译伦理模式(models of translation ethics)是指人们用伦理道德眼光来衡量的进行翻译活动或执行翻译任务时应该采取的方式。切斯特曼②归纳了四种现行的模式(再现伦理、服务伦理、交际伦理、基于规范的伦理),并分析其存在的问题,最后提出自己的模式——承诺伦理,即建议翻译从业者宣誓忠于职守。这种归纳比较抽象,而且也不是很全面,比如众所周知的韦努蒂的异化的伦理都没有囊括进去。再者,自这篇文章发表,已经十多年过去了,而这十多年是翻译伦理研究持续发展的时期。

我对国外翻译伦理模式研究现状的评述将以研究者和他们所提出的伦理模式为线索,因为这样比较具体,而且这些人物或他们的观点是为大家所熟悉的。但在总结主要的翻译伦理模式和梳理翻译伦理发展脉络之前,有必要简单交代一下翻译伦理研究的前一阶段——包括描写翻译学在内的操控学派的情况,希望借此将操控学派与操控论区别开来。

---

① 王大智,于辉. 中国传统翻译伦理思想的基本特点及其启示. 外语与外语教学,2012(2):70-73.

② Chesterman, A. Proposal for a Hieronymic oath. *The Translator*, 2001 (2): 139-154.

1. 操控学派：价值中立

操控学派(the Manipulation School)坚持的是一条翻译研究的文学途径，把翻译研究看作比较文学的一个分支，是对语言学派的拒斥和反动。赫曼斯(Theo Hermans)1985 年出版的文集《文学的操控：文学翻译研究》(*The Manipulation of Literature*：*Studies in Literary Translation*)标志着操控学派的出现，"操控学派"也由此而得名。在文集引言中，赫曼斯写道："从目的语文学的角度来看，一切翻译为了实现一定目的都包含一定程度的对源语文本的操控。"①因此，翻译研究的出发点就不是语言学派所致力、所意欲达到的与原文的对等，而是被目的语读者所认可的操控。而且，为了同前一阶段语言学派的学科命名的"翻译学"或"翻译科学"相区别，他们把这一独立学科称作"翻译研究"。

操控学派翻译研究的理论基础可以追溯到俄国形式主义和布拉格结构主义，他们的"多元系统"(polysystem)概念经过以色列学者佐哈尔(Itamar Even-Zohar)的丰富、发展而成为描写和说明发生在某一历史时期的某一社会或文化中的翻译现象的理论框架。佐哈尔与同事们认为，某一社会中的"文学"是各种系统的集合，是一个系统的系统，即多元系统；其中各种体裁、文类、学派、潮流以及一切的一切不停地为地位而操控，不仅为了读者，也为了权力和影响而彼此争斗。从这种观点来看，"文学"不再是传统学者眼中什么了不起的东西，也不是什么一成不变的东西，而是一个各种事物不断变化的高度活跃的场所。文学翻译，或翻译文学，作为一个独立的文类，自然也参与到这种为争夺影响和生存而进行的斗争中去，根据特定文学多元系统自身的状况，起着或边缘或中心

---

① Hermans，T. *The Manipulation of Literature*：*Studies in Literary Translation*. London：Croom Helm，1985.

的作用。当翻译文学居于主导、主要地位的时候,因为翻译承担着为接受文化引进新的文学样式或语言形式的任务,译本倾向于忠实传达原文的形式。如果翻译在多元系统中只起次要的作用,那么目的语文化中早已确立的强大的审美规范就会要求原文就范,因而牺牲原文的形式。①

如此看来,怎么译的问题更大程度上是由接受社会的历史、文化(包括文学)、政治甚至经济因素决定的,而不是由传统翻译理论或语言学派翻译学所认定的原文理所当然地决定的。这就是翻译研究领域所发生的从源语中心到目的语中心的重心转移或范式转移。以目的语为中心的翻译研究呼吁停止对翻译做出好与坏、对与错的价值评判,而只满足于对某一时期、某一社会所发生的翻译现象进行经验描写,看某一现实的翻译活动或翻译决定到底受到哪些历史因素的影响和制约。作为描写的结果,人们发现任何翻译都是在一定的意识形态和价值观念影响下的对原文的改写和操控。这一结果给翻译研究带来两个现实的后果。一个是沿着描写的路径继续往前走,试图穷尽所有的制约因素,并确立它们之间的等级关系,主要代表成果有图里(Gideon Toury)②的翻译规范论和切斯特曼③的翻译模因论。二是接受有关改写和操控的结论但偏离了描写的道路,蜕变成主张操控的理论和实践,这就是形形色色的操控论,以翻译目的论、食人主义翻译理论为典型,女性主义、除了食人主义翻译理论以外的后殖民主义翻译理论都未能幸免。

---

① Gentzler, E. *Contemporary Translation Theories*. Clevedon, Buffalo, Toronto & Sydney: Multilingual Matters Ltd, 2001: 118.

② Toury, G. *In Search of a Theory of Translation*. Tel Aviv: The Porter Institute for Poetics and Semiotics, 1980.

③ Chesterman, A. *Memes of Translation: The Spread of Ideas in Translation Theory*. Amsterdam & Philadelphia: John Benjamins Publishing Company, 2000.

翻译规范应该跟翻译伦理问题息息相关,但操控学派和后来的描写翻译学是尽量避免价值之争的,他们的经验研究思路从图里的工作中可见一斑。在图里看来,译者充当一定的社会角色,承担一定的社会作用,因此为了能胜任翻译工作,仅仅掌握语言技巧是不够的,还要掌握决定翻译行为合适与否的社会规范。图里提出的"翻译规范"概念,指建立在一定的价值基础之上、流行于一定社会和一定历史时期、对译本和具体翻译方法的选择,以及译本的接受起着制约和决定作用的观念。[1] 它介于明文规定的规则(rule)和对群体缺乏制约作用的个人偏好(idiosyncrasy)两极之间。因此,规范有强有弱,越接近规则那一极的就强,越接近个人偏好那一极的就弱。规范的强弱也是变化的和相对的,比如个人偏好的东西也有可能变成规范。图里区分了三种翻译规范:决定译本和总的翻译策略的选择的"基础规范"(preliminary norms)、决定以原文语言和文化为中心还是以译文语言和文化为中心的"起始规范"(initial norms),以及决定具体翻译过程的"操作规范"(operational norms)。有关"规范"概念在翻译研究中的作用问题,他还与赫曼斯及纽马克等人展开讨论[2],争论的焦点是到底应该坚持规范概念还是等值(equivalence)概念的重要性。图里把规范视为翻译行为或事件中的核心概念,或者说,是对翻译现象进行描写研究的一个重要概念。这无疑是对的,因为描写的层面和制约翻译活动的外部因素确实是传统翻译研究或翻译学所忽略的;但这只是一种研究重心的转移或研究范式的转换,后一阶段研究并不构成对前一阶段研究有效性的取消。也就是说,规范与等值

---

[1]　Toury, G. *In Search of a Theory of Translation*. Tel Aviv: The Porter Institute for Poetics and Semiotics, 1980: 51.

[2]　Schaffner, C. *Translation and Norms*. Clevedon, Buffalo, Toronto & Sydney: Multilingual Matters Ltd, 1999.

并不矛盾。我认为,争论双方之所以争执不下,是因为没有划定规范和等值的明确界线;规范只能停留在描写层面,如果它超越描写界线而进入规定领域,试图取代等值而成为衡量甚至指导翻译的标准,那么它就走向谬误。同样,等值也只能停留在规定或理想层面,它显然不具有对以往的或者以后的翻译现象的概括力;因为任何翻译都不是发生在真空中的,必然受到一定社会规范的制约。但承认规范的制约或操控作用并不意味着规范的合法化,正如承认自私的普遍性并不意味着自私的合法化一样。

下文先以翻译伦理研究主要人物所建构的翻译伦理模式为线索进行评述,然后简单提一些有代表性的评论文献。

2. 贝尔曼:"对原文原原本本的接受"(receiving the Foreign as Foreign)

讨论翻译伦理问题时,贝尔曼发表于 1984 年的文章《翻译与异的考验》("Translation and the Trials of the Foreign")是绕不过去的重要文献,它里面的一些观点对于解决当前众说纷纭的翻译伦理问题仍具有重要的启示意义。我甚至认为,对近三十年前的这篇文章的回顾还能起到正本清源的作用。

文章一开篇便直入主题,指出翻译具有跨越疆界、打破封闭的解放作用。它说,翻译是来自异语的拷问,也是对异语的拷问。①"trial"的意思是"令人讨厌的、令人感到麻烦的、令人伤脑筋的人或事"。我想凡是做过翻译的人,都不难体会到翻译工作的这一恼人性质。但也正是这一恼人的处境让我们看到了在单一语言中无法看到的东西,正是异语的这种异质特性打破了译语原本封闭的安稳状态和同质性。因此,翻译就应该强化(accentuate)异语本有

---

① Berman, A. Translation and the trials of the foreign. In Venuti, L. *The Translation Studies Reader*. London & New York: Routledge, 2004: 284.

的异质性和陌生性(strangeness),只有这样才能对译语产生强大的冲击力和震撼效果。这种翻译的任务不是用大家熟悉的语言对某一个意义或风格进行的寻求,不是向自身的回归,而是用原文本身的原原本本的语言,即陌生的、怪异的语言来冲击译入语,把源语像标枪一样投向译入语,使之偏离常规。①

误会或理论的变异常常发生在这个地方。贝尔曼认为,翻译的基本伦理目的是把外国当外国看待(receiving the Foreign as Foreign),坚持把原文原原本本地呈现在读者面前,为了做到这一点,甚至不妨字字对译(直译);他明确反对超越、脱离文本的(hypertextual)改译、仿译、改编、改写(pastiche, imitation, adaptation, free rewriting)等,认为这是一种以种族为中心的吞并的愿望,已成为一股强大的势力,几乎每一个译者都不能幸免,甚至已经成为译者存在的一部分。② 贝尔曼的这一观点是十分明确的,但后来许多从他所开创的道路出发的翻译伦理探索者却走向他的反面:从坚持对原文原原本本的呈现,变成了对原文的任意改写和操控。贝尔曼的本意是说不应该把原文的异质特征抹除、掩盖掉,当然也不是故意无中生有地为原文添加异质特性。凡是做过翻译的人都知道,原文不好懂、与译入语有差异的地方比比皆是,别把这些"有麻烦"的地方消除、掩盖掉就行了。

在贝尔曼看来,翻译,尤其是文学翻译,应该是两种语言之间的碰撞和搏击(collision and somehow couple),但翻译史上盛行的"让译文读起来不像译文"的通顺、通达、顺应、归化等策略遮蔽和忽略了文学翻译这种搅局的特性或文学语言的创造性和个体性特

---

① Berman, A. Translation and the trials of the foreign. In Venuti, L. *The Translation Studies Reader*. London & New York : Routledge, 2004:285.

② Berman, A. Translation and the trials of the foreign. In Venuti, L. *The Translation Studies Reader*. London & New York : Routledge, 2004:286.

征。因此,有必要反思翻译行为或翻译任务的伦理目的,考察长久以来这个目的被偏离、被歪曲的方式和原因。最后,文章详细归纳和分析了十二种对原文进行歪曲、使原文发生变形(deform)的负面的(negative)翻译方法或趋势分别是:

(1)理性化(rationalization),指按照常规或常理对句子结构(包括标点)的重组。

(2)清晰化(clarification),即显性化,把原文的含蓄、多义平淡化、单义化。

(3)扩展(expansion),即增译或过度翻译,它掩盖原文自己的声音,而且把原本深沉、深刻的东西浅化或扁平化。

(4)古典化与通俗化(ennoblement and popularization),古典化相当于严复的"雅"或"古雅"。

(5)质的贫瘠化(qualitative impoverishment),也可以翻译成"淡化",意思是原文被冲淡了。

(6)量的贫瘠化(quantitative impoverishment),不是指原文字数、篇幅的减少,而是指原文词汇量、词汇丰富性的减少,比如把因纽特人丰富的有关雪的词汇、中国人繁复的称谓词汇等减少了。

(7)节奏的破坏(the destruction of rhythms),包括对原文标点符号的改变和句子的重组等。

(8)潜在的意指系统的破坏(the destruction of underlying networks of signification),指对源语符号隐含的联想意义的破坏。

(9)语言型式的破坏(the destruction of linguistic patternings),指对语言风格的破坏。

(10)方言网络和方言异域特性的破坏(the destruction of vernacular networks or their exoticization)。

(11)习惯表达和习语的破坏(the destruction of expressions and idioms),即在自己语言中寻找与源语对应的表达和习语,这种行径是民族中心主义的,是对原作品的破坏。不这样做的话,我们的世界将会因为新的谚语而扩大和丰富。

（12）语言叠加效果的抹除（the effacement of the superimposition of languages）,语言叠加指源语与源语文化系统中语言——方言或共同语之间相互联系、相互联想的情况。①

贝尔曼指出,以上趋势导致了一个共同的结果,那就是译文比原文更加"清楚"、更加"文雅"、更加"通顺"、更加"纯粹",这是为了传达意义而不惜牺牲原文形式的柏拉图式的简化或还原,但它成为翻译的常态和唯一可能性。贝尔曼认为,翻译的任务不是对意义的寻求或恢复——因为原作不只是传达一个意义而是直译（literal translation）,即忠实于原文的字面表达,他致力于恢复或重构原文的表达过程和方式（the signifying process）,只有这种努力才为译入语注入活力,才让我们的世界得以丰富和扩大。②

3. 罗宾逊:想怎么译就怎么译（translating as one pleases）

罗宾逊的《译者登场》（*The Translator's Turn*）这本书讨论怎么译的问题,主张译者的权利,反对忠实,包含着非常明确的伦理主张。据我所知,在英语界明确主张操控、把操控合法化并为操控合法化做出论证的首推这本著作。我国外语教学与研究出版社于2006年将其作为"优秀的翻译理论著作"予以引进,汉译书名为《译者登场》。原书名中的"turn"（对应于拉丁语"ver"）是作者大做文章的地方,在此有两层含义。一是具体的含义,如翻转、转向、转变等,作者自己也说"我书名中的'turn'是各种各样的翻转（versions,也有'版本''译本'的意思）"。二是由具体含义引申而

---

① Berman, A. Translation and the trials of the foreign. In Venuti, L. *The Translation Studies Reader*. London & New York : Routledge, 2004:288-296.

② Berman, A. Translation and the trials of the foreign. In Venuti, L. *The Translation Studies Reader*. London & New York : Routledge, 2004:287.

来的抽象含义,指运气、机会、权利等的运转、周转、轮转,相当于"风水轮流转"中的"转";中文书名富有创造性地、准确地译出了这层主要意思。通过这两层意思,作者在这里要表达的观点是:传统翻译理论都把忠实原文或原义作为翻译追求的目标,约束了译者的自由发挥;现在该轮到译者来决定如何翻译了。他是这么说的:

> 按照传统的教导,译者把自己的伦理任务想成一个自我抑制、自我抹除的过程,充当源语文本和目的语接受者之间的窗户而已;即便是作为窗户,还要让接受者看不出是窗户。没有个性,没有自我展示。这自然是译者地位低下的又一个原因……在翻译理论中,现在该轮到译者说话了,不再需要理论家自以为是地认为只有他们才能为译者制定有用的法则……①

罗宾逊在这里排斥的当然不是整个翻译理论,因为他自己就是一个野心勃勃的理论家。他这样宣布自己的理论构想:

> 我要取代主流翻译理论的全部修辞方式和意识形态,因为它们在根源上是中世纪神学的,目的上是集权主义的,效果上是反自然本性和神秘主义的……②

罗宾逊在此要取而代之的其实就是对等论或忠实论。因为忠实论是出于忠实传达神旨的需要而提出的,这是最初的根源。罗宾逊认为,对单一的神旨或原义的坚持自然是一种集权主义;放弃自我的目的、需要或利益等去追求某种忠实是反人类自然本性的,因为人类的自然本性就是自私自利、以自我为中心的。最后,忠实

---

① Robinson, D. *The Translator's Turn*. Baltimore & London: Johns Hopkins University Press, 1991: xvi.

② 转引自:Payne, J. Book reviews: *The Translator's Turn* by Douglas Robinson. *Comparative Literature*, 1995(Winter): 85.

是无法实现的理论家的构想，因而是一个神话。在罗宾逊看来，忠实是一种扼杀译者创造性的虚假要求；因此，把译者从忠实要求的桎梏下解放出来就成为他的当务之急。他说：

> 现在不是为译者提供规则的时候，而是为译者提供工具的时候了。工具无法自基督教神学而来，无法从《圣经》翻译中的教条式要求而来——西方翻译理论的大体情况一直是教条主义的，而只能从译者实际的翻译实践中来。

> 在这种意义上，这是译者的时代，实际上也是理论家的时代，是我们共同摆脱僧侣式的角色的时候，摆脱我们一直视为我们的唯一任务的僧侣式的戒律和限制而成为我们原本就是的俗人的时候。总而言之，现在是我们成为与大家一样的普通人的时候。①

这么一种放弃理想和崇高的自甘堕落并不是孤立现象，它是不是与一定的政治、经济形式存在关联，我暂时不予讨论。在这里，我只想指出一个简单的事实，那就是：忠实并不是理论家强加给译者的要求或规则，也就是说，忠实的价值不是理论或理论家杜撰或虚构的，而是生活本身所赋予的，是人们普遍认可的。操控学派和描写翻译学停止对翻译做出是非、好坏的价值评判，只是为了从以往盛行的规范的（normative）和规定的（prescriptive）研究范式中走出来，他们揭示翻译实践中的种种操控或不忠现象并不意味着对操控的提倡。解构主义之所以解构忠实，是因为以往的"忠实"还不够忠实，是因为在实践中译者往往以忠实之名，行操控之实。

成为俗人或普通人的译者具体是怎么翻译的？他们是怎么对

---

① Robinson, D. *The Translator's Turn.* Baltimore & London: Johns Hopkins University Press, 1991: xvi.

待原文的？罗宾逊引用卡斯（James P. Carse）在《有限与无限的游戏》（*Finite and Infinite Games*）中的话做出回答：

> 你的话一旦说给我听就成了我的，我想怎么玩就怎么玩。你是你的话的作者，但你丧失了对于它们的权威。（Spoken to men，your words become mine to do with as I please. As the genius of your words，you lose all authority.）①

想怎么玩就怎么玩，想怎么译就怎么译，这就是罗宾逊所设想的译者登场之后的自由创造状况，这就是他取代所有主流翻译理论的方式方法。

在取消理论之后，罗宾逊也无事可干，只好大玩文字游戏。在该书第三和第四两章（尤其第四章还冠以"翻译伦理"的标题），作者分别用借喻、提喻等修辞方式和"version"的一系列同根词对"想怎么玩就怎么玩"进行进一步发挥。比如，第四章用"conversion""subversion""perversion""diversion"等同根词阐述他的翻译伦理新主张。他是这么说的：

> 如果译者把他们的伦理任务设想成与以往的伦理任务（即忠实，本书作者注）不同，那会怎样呢？比如设想成conversion（转变，尤指改变宗教信仰），或者subversion（颠覆，破坏），或者perversion（堕落，变态，曲解，误用），或者inversion（颠倒，倒置，逆转），或者reversion（返转，返回）？这种提议会使大多数翻译理论家（和大多数译者）不安，但它并不是完全闻所未闻的；在某些场合，闻所未闻的东西反倒是具有创造性的。diversion（转移，消遣）怎样？把译者当作娱乐

---

① Robinson, D. *The Translator's Turn*. Baltimore & London：Johns Hopkins University Press，1991：xvii.

者,这不很好吗？ 或者 aversion(厌恶)——把译者当作生气的、恼怒的父母,用译文去责骂没有看过原文的读者。[①]

对于原文,对于翻译,罗宾逊是怎么玩的,从以上引述中可见一斑。如果说"想怎么玩就怎么玩"是一句操控论的口号,那么全书结论部分就是操控论宣言了。限于篇幅,只摘录几条典型的:

> 本书观点可以归结为几个简单的、通俗的提议:
>
> (1)译者觉得怎么好就怎么选择目的语的词汇、句子。
>
> ············
>
> (4)译者通过多种多样的方式作用于目的语读者并对目的语读者施加影响。
>
> ············
>
> (6)对语义对等的寻求是以对源语文本的简化和意识形态解读为基础的,它只有在翻译比较无趣的文本,如乏味的科技、学术文本时才管用,大多数源语文本要求更高、更富创造性的翻译。
>
> (7)试图制约译者选择的规范、规则不仅与翻译实践无关,而且,当它们把译者与他们对文本的良好直觉分隔开来的时候是十分有害的。[②]

4.皮姆:"职业伦理"或"文化间伦理"(professional ethics or ethics of interculturality)

皮姆是当代翻译界非常活跃的一位作者,也是最早开展翻译伦理问题讨论的人之一。

---

① Robinson, D. *The Translator's Turn*. Baltimore & London: Johns Hopkins University Press, 1991: xvi.

② Robinson, D. *The Translator's Turn*. Baltimore & London: Johns Hopkins University Press, 1991: 259-260.

《翻译与文本转换：论跨文化交际的原则》(*Translation and Text Transfer*：*An Essay on the Principles of Intercultural Communication*)是皮姆较早谈论翻译伦理的一部重要著作。

谈论皮姆的翻译伦理观点和主张，可以从他对美国《圣经》翻译家奈达(Eugene Nida)提出的"等值"(equivalence)这一概念的维护和坚持说起。他认为，"等值"这一概念虽然受到翻译理论家的广泛批评，但它并没有在翻译界消失[①]；意思是说，人们在自己进行翻译实践或评判别人翻译质量的时候，总是把等值作为标准。他认为，用等值来界定翻译(理想的翻译)是根本正确的[②]；因为等值不是一个数学概念，并非表达一个等式，而是一个经济学术语[③]。在商品交换中，两个被认为等值的东西并不是一模一样或者相等的；也就是说，两个商品之间的等值是人为建构的，是虚构的。比如，一张钞票的价值就是人为规定的，并不代表实际存在的财富。但这种人为的规定或虚构对于商品交换和共同的经济活动是必不可少的。与此类似，在翻译这种跨文化"交换"中，等值的概念也是必要的。

这确实是对等值概念与众不同的解释和维护。由这种另类解释引出他的"职业伦理"(ethics of profession)概念。职业伦理与个人伦理相对。他认为等值是翻译者群体，或者翻译这个职业，或

---

① Pym，A. *Translation and Text Transfer*：*An Essay on the Principles of Intercultural Communication*. Frankfurt am Main，Berlin，Bern，New York，Paris & Wien：Peter Lang，1992：48.

② Pym，A. *Translation and Text Transfer*：*An Essay on the Principles of Intercultural Communication*. Frankfurt am Main，Berlin，Bern，New York，Paris & Wien：Peter Lang，1992：37.

③ Pym，A. *Translation and Text Transfer*：*An Essay on the Principles of Intercultural Communication*. Frankfurt am Main，Berlin，Bern，New York，Paris & Wien：Peter Lang，1992：44.

者这个跨文化交往活动共同、集体的理想,追求和信仰,就像它是商品交换活动中人们的共同信仰。没有这种信仰,经济活动无从开展。个人的某一次买卖可能没有等值——卖贵了或卖贱了,但人们的整个经济活动不会因此而放弃对等值交换的信仰。同样,整个翻译活动、整个翻译行业也不会因个人不够等值的翻译而放弃对等值的信仰。在我看来,皮姆的研究是从"生活世界"或翻译实际出发的,与当前翻译伦理研究的主流不同。当前理论界大谈"解构忠实""创造性叛逆",大谈"改写""操控",但这只是理论家的空想或一厢情愿,翻译生活或翻译实践中人们并不会理会理论家的这种说教。如果没有对等值的信仰,整个商品交换活动将不复存在;同样,没有对等值的信仰,整个翻译活动或跨文化交际活动也将不复存在。

虽然皮姆说翻译的对等理论从结构主义语言学那里学不到什么[①],但如果深入追究,则可以在皮姆的职业伦理和索绪尔(Ferdinand de Saussure)的集体主义语言观[②]之间找到联系。索绪尔对语言和言语做出区分,前者是集体的、理想的,后者是个体的、不完善的。集体的、理想的语言是一种人为的虚构,因为人们见到的只有不完善的言语。正如不能因为不完善的个人言语(口误、不连贯、重复、语法错误等)而否定理想的语言、提倡"怎么说都行"一样,我们也不能因为个人翻译的不理想而否定等值、提倡"怎么译都行"。

正是因为看到了这一点,皮姆认为,译者的首要伦理职责就是

---

① Pym, A. *Translation and Text Transfer: An Essay on the Principles of Intercultural Communication*. Frankfurt am Main, Berlin, Bern, New York, Paris & Wien: Peter Lang, 1992: 41.

② Sampson, G. *Schools of Linguistics*. Stanford: Stanford University Press, 1980: 44, 49.

对作为一个跨文化交往领域的翻译职业的忠诚。① 翻译伦理应该是对整个翻译行业的考量和关怀,但以往有关翻译伦理问题的讨论几乎无一例外地聚焦于个体译者的翻译实践,比如他在某个场合的翻译中到底应该忠实于作者、读者、主顾还是赞助人。一仆多主,分身乏术,于是译者要么背负起"背叛者"的骂名,要么索性将这个背叛褒义化和合法化,如当前翻译理论界所做的那样。

翻译伦理的出发点必须是这个职业群体(集体),而不是译者个人。② 也就是说,翻译伦理的根本问题不是关于个体在某个特定场合怎么(how)译的问题,而是关于谁(who)来决定怎么译的问题。③ 那么是谁呢? 皮姆的回答当然就是整个翻译行业。这个结论是怎么得出的呢? 他从一个司空见惯的现象出发:国际峰会上两国领导人会晤时通常带着各自的翻译。一个翻译就够了,为什么要两个呢? 两个翻译相互监督,共同监督翻译正确与否。这种相互监督的集体翻译模式在古代的宗教翻译中就十分普遍。由此他得出结论:决定怎么译的就是整个翻译行业;因此,译者只要承担起对这个翻译职业的责任就行了,而无须考虑在具体的语境中到底应该忠于译者、读者还是别的什么人。这就是皮姆所说的"professional detachment",即与各方都保持距离,而与各方保持距离则是为了忠于翻译这个职业,即他所说的"Professional

---

① Pym, A. *Translation and Text Transfer : An Essay on the Principles of Intercultural Communication.* Frankfurt am Main, Berlin, Bern, New York, Paris & Wien: Peter Lang, 1992: 166.

② Pym, A. *Translation and Text Transfer : An Essay on the Principles of Intercultural Communication.* Frankfurt am Main, Berlin, Bern, New York, Paris & Wien: Peter Lang, 1992: 151.

③ Pym, A. *Translation and Text Transfer : An Essay on the Principles of Intercultural Communication.* Frankfurt am Main, Berlin, Bern, New York, Paris & Wien: Peter Lang, 1992: 152.

detachment is attachment to a profession"的含义。皮姆在这里坚持的,其实就是伦理的无立场、无方向的要求。

翻译总是应该带来好处的,否则就没有翻译的必要;但这个"好处"不能从某一方的立场和观点来看,因为译者——或者说整个翻译职业处于两种文化的中间地带。对"文化间"(interculturality)这个位置的坚持,其实就是对整个翻译职业的坚持。坚持自己文化间的位置和角色就不能偏向某一方。关于这个道理,皮姆打了一个有趣的比方。他说:假如你处于某对夫妻之间,你应该如何来促进他们之间的关系呢?当然既不能按照丈夫的标准站在丈夫一方,也不能按照妻子的标准站在妻子一方。如果让丈夫和妻子按照各自的标准去行事,这就无异于说最好的婚姻就是离婚。① 在这里,皮姆无疑是对的,因为对某一方立场和利益的坚持,结果只能是冲突和对抗,而不是合作和共融。从伦理的角度看,韦努蒂所提倡的异化翻译、抵抗式翻译或少数化翻译的缺陷正在于此,在于它是一种对抗或反抗的理论,在于它的立场和方向性。

如果要让翻译为人类造福,带来实在的好处,译者首先应该把自己定位在文化之间这个位置,首先应该承担在这个位置上所应该承担的伦理责任;这就是皮姆所说的译者必须首先忠诚于自己处于不同文化之间的这个职业的含义,这就是他的职业伦理和译者伦理的特殊意蕴。

《施莱尔马赫与混杂人》("Schleiermacher and the Problem of 'Blendlinge'")②一文也是了解皮姆的翻译伦理思想,尤其是他的

① Pym, A. *Translation and Text Transfer : An Essay on the Principles of Intercultural Communication.* Frankfurt am Main, Berlin, Bern, New York, Paris & Wien: Peter Lang, 1992:166.

② Pym, A. Schleiermacher and the problem of "blendlinge". *Translation and Literature*, 1995(1):5-30.

跨文化伦理思想内涵的一个重要来源。施莱尔马赫(Friedrich Schleiermacher)于 1813 年在题为"论不同的翻译方法"(On the Different Methods of Translating)的演讲中所说的"要么作者安居不动,让读者向作者靠拢;要么读者安居不动,让作者向读者靠拢"这句话在翻译理论界几乎尽人皆知。在这个非此即彼的选择中,施莱尔马赫认同前者,认为理想的翻译应当保留原文本的异域性或陌生性(strangeness);施莱尔马赫的后继者也大多赞同异化,反对归化。

这两种翻译方法孰优孰劣,皮姆说,他不感兴趣。他感兴趣的是这个二元对立本身:为什么施莱尔马赫只发现这么两种有效的翻译方法?为什么这种成双成对的逻辑在施莱尔马赫之前和之后都大行其道?皮姆的基本假设是施莱尔马赫这个对立的两极(作者和读者)压制、掩盖了一个中间范畴,即现实中的译者,而施莱尔马赫演讲的目的也就是掩盖这个中间的领域。他还怀疑施莱尔马赫的演讲主要谈论的究竟是不是翻译问题,或许施莱尔马赫别有所指。他假设施莱尔马赫的主要关注点不是翻译活动本身,而是人的社会归属(belonging)、认同问题。在拿破仑刚刚征服德国的1813 年,德国人的身份和归属感也确实成了问题。皮姆认为,施莱尔马赫用异化翻译的比喻所反对的与其说是当时法国翻译界普遍奉行的归化翻译,不如说是法国对德国的吞并。皮姆认为,这种非此即彼的翻译方法如果这样应用到地缘政治中来,那么它就意味着没有中立、没有中间地带、没有骑墙、没有人能处于法德两国的边境上这么一种情况。你只能属于这个国家或那个国家,你只能说这种语言或那种语言。这种翻译主张反对多语主义(multilingualism),反对语言、文化的混合,因而是一种极端的民族主义。长期以来,人们一边倒地把文化的历史看成民族文化的历史,因此跨文化的群体(intercultural community)或混杂人

(blendlinge)的地位和作用被忽略了;翻译能够改变这种现状。最后他说,他要关注混杂人、中间人、跨文化群体、调解者,只有这些人的存在才使翻译成为可能。好像这些人的翻译活动中就不存在翻译方法问题,就不存在归化与异化、好翻译与坏翻译的分别问题似的。我不清楚施莱尔马赫的整个哲学和翻译思想,我也不否认他的演讲与当时的现实问题的关联;但把异化翻译同权力和民族主义画等号(他甚至说希特勒也是坚持异化主张的),这是难以让人信服的。如果异化导致的是民族主义或霸权,那么归化是不是对民族主义和霸权的抵制呢? 可后来韦努蒂的研究却表明,外译英中的异化方法能够削弱英美的霸权和民族中心主义。① 如果说非此即彼的归化和异化强化了国与国之间、文化与文化之间的隔阂,抑制和掩盖了中间地带,那么位于中间地带或文化间(interculturality)的译者又是或又该采用什么翻译方法呢? 或许皮姆关注的不是翻译问题,而是归属问题,那么否定了"归化 vs. 异化""直译 vs. 意译""语义翻译 vs. 交际翻译"这样的二元对立之后,采用什么样的有效方法才能促进文化间的融合与合作呢? 他后来在《译者伦理》(Pour une éthique du traducteur)中提出的文化间合作的伦理又有什么具体内容呢? 皮姆对他自己与施莱尔马赫不同的地方做了一番总结,引述如下:

> 施莱尔马赫关注的是心灵(mind)而不是物(object)的运作,我认为文本是物,它们正因为是物质才能运动;他说谈判(negotiation)只适用于商业(活动),我把它看成一切跨文化关系的基础;他不承认多语主义(multilingualism)能有效取代翻译,我相信它常常是一种更好的办法;他说中间地带是不

① Venuti, L. *The Scandals of Translation*: *Towards an Ethics of Difference*. London & New York: Routledge, 1998.

愉快的、无足轻重的,我要设法证明它们是重要的、优越的,甚至令人愉快的;他把翻译比作人员的流动,我认为人员的流动才使翻译成为现实。①

《译者伦理》②是皮姆另一部引用率极高的有关翻译伦理的专篇。从书名看,这里显然是要为译者确立伦理原则,而不是为翻译质量的好坏确立评价的标准。皮姆认为,以前的翻译伦理理论总是把译者置于一定的文化之中,即先给译者设定立场;而他认为,译者是处于两种文化之间的中间人。如果围绕译者的文化间性(interculturality)来思考怎么译的问题,那么人们在翻译的时候就应该促进文化间的合作(one should translate to facilitate cooperation)。这也未免太抽象、宽泛了,无异于说:翻译应该增进人类的福祉。这等于没说。我想,具体怎么译才能促进文化间合作的问题才是合适的翻译伦理问题。

谈到皮姆对翻译伦理研究的贡献和影响,还得顺便提一下他为《译者》(The Translator)杂志2001年"回到翻译伦理"专刊所做的一个介绍("Introduction:The Return to Ethics in Translation Studies")。在描写翻译学还盛极一时以及许多人对规定性翻译研究不抱好感之时,他就断然宣布:翻译研究已返回伦理问题。在他看来,这种回归是一种广泛社会潮流的一部分,也是对社会现实的回应。克隆技术、安乐死、全球化、互联网、民族主义和地方冲突等不断涌现的新事物、新情况无不呼唤对伦理问题的思考或再思考,而且这种思考或再思考需要在全球范围内或在跨国界和跨文化的层面上来进行。皮姆指出,翻译伦理问题的提出有其外部的大气

---

① Pym,A. Schleiermacher and the problem of "blendlinge". *Translation and Literature*,1995(1):5-30.

② Pym,A. *Pour une éthique du traducteur*. Arras:Artois Presses Université & Ottawa:Presses de l'Université d'Ottawa,1997.

候,这无疑是对的;但我认为,这也是翻译研究内部发展的必然结果,描写翻译学所揭示的种种问题如果要得到解决,必然走向对翻译伦理问题的思考。

5. 韦努蒂:异化翻译和差异伦理(foreignizing translation and ethics of difference)

韦努蒂的《译者的隐形》(*Translator's Invisibility:A History of Translation*)①一书堪称当代翻译研究的经典之作,一版再版,多次印刷,并被译成包括中文在内的多种语言,影响巨大。书中"隐形"(invisibility)、"异化"(foreignization)和"透明"(transparency)等词汇已成为翻译理论的核心术语。该书的主要观点大致是:至少从 17 世纪(John Dryden 的时代)以来英美外—英翻译史是一部译者隐形的历史。隐形既是英美文化中译者的生存状况(地位低下、酬劳过低,在版权制度里翻译被定义为派生的、伪造的甚至可能是假的)②,也是翻译活动的状况(通顺、透明、读起来不像翻译等成为人们对翻译的普遍要求)。译者的这种隐形状态"反映出英美文化在与其他文化的关系中的一种自满情绪,这种自满情绪——可以毫不夸张地说——对外是一种帝国主义行径,对内是一种仇外心理"③。为了改变这种现状,为了克服英语翻译中的种族中心主义暴力、文化自恋情节和英美文化霸权,韦努蒂号召译者行动起来(call to action),采用与归化、通顺、透明相反的异化的、阻抗式的、搅局式的翻译方法。

---

① Venuti,L. *The Translator's Invisibility:A History of Translation*. London & New York:Routledge,1995.

② Venuti,L. *The Translator's Invisibility:A History of Translation*. London & New York:Routledge,1995:7.

③ Venuti,L. *The Translator's Invisibility:A History of Translation*. London & New York:Routledge,1995:17.

中国有句老话："盛名之下,其实难副。"韦努蒂的翻译理论就属于这种情况。他的异化翻译主张的影响更多是由广泛的、反对同质和共识的后现代思潮所赋予的,而不是由他的理论主张的实际作用和解释力所赋予的。他的理论主张的局限在于以下几个方面:

(1)把通顺(fluency)与欺骗、掩盖等同起来,把通顺与忠实对立起来。他把一系列问题,如译者地位低下、英美文化霸权、种族中心主义等,看成"通顺"或"透明"的产物,这种因果关系能否成立,并没有得到有力论证。① 事实上,据我所知,至少有中国学者②和巴西学者③④指出或抱怨中国或巴西的文学翻译都是以归化为主调的。为什么为数众多的归化的、透明的、隐形的英译外没有形成外语的霸权,而为数极少的外译英却形成了英语的霸权(英语是世界上最大的译出语和最小的译入语⑤)? 在这部著作中,韦努蒂把他的范围限定在英美国家外译英(translating into English)现象上,那么英美的英译外(translating out of English)又是怎样的情况,是否也是通顺和透明占统治地位?

(2)谈论怎么译的问题,首先应该解决的是原文的客观性、统一性问题;但原文到底是否具有客观性或统一性的问题被韦努蒂迫切的政治议程掩盖了。

(3)韦努蒂把异化翻译和 1998 年在《翻译的丑闻》(*The*

---

① Pym, A. Venuti's visibility. *Target*, 1996(1): 165.

② 孙致礼. 译者的职责. 中国翻译, 2007(4): 14-15.

③ Vieira, P. Liberating Calibans: Readings of Antropofagia and Haroldo de Campos' *Poetics of Translation*. In Bassnett, S. & Trivedi, H. *Post-colonial Translation: Theory and Practice*. London & New York: Routledge, 1999.

④ Pym, A. Venuti's visibility. *Target*, 1996 (1): 165.

⑤ Venuti, L. *The Translator's Invisibility: A History of Translation*. London & New York: Routledge, 1995: 12-14.

Scandals of Translation: Towards an Ethics of Difference)中提出的少数化翻译(minoritizing translation)看成一种伦理立场,但他提出的观点不具有伦理学的普适性要求,而是一种政治主张,一种反抗统治和霸权的政治主张。

(4)异化或少数化翻译反抗霸权的效果究竟如何,也是人们普遍怀疑的。① 不过,对于自己翻译主张的不切实际的乌托邦性质,韦努蒂倒是有些自知之明的;他说他的这种抵抗的、搅局的翻译是出于一种认为翻译能改造世界的乌托邦信仰的。②

且不管异化、少数化或抵抗式翻译反抗霸权、争取民主的效果如何,这种翻译研究,正如吕俊所说,不属于翻译的本体研究,这种非本体的外部研究的泛滥将造成对翻译的内部或本体研究的剥夺,使翻译研究丧失其作为独立学科的本体地位,最终导致翻译研究的终结。③ 这种预言并非危言耸听,因为在韦努蒂看来,翻译只是他用来实现政治主张的工具,衡量翻译好坏的标准则看它是否服从他的政治需要。他是这么说的:

> 对源语文化的了解,不管如何精通,都不足以翻出既具可读性又能抵制简化式的归化的译文。译者还必须熟练掌握目的语中的各种文化话语(cultural discourses),无论是过去的还是现代的……译本的选择和话语策略的创造(invention)必须建立在对目的语文化、它的等级制度、它所排斥的东西(exclusions),以及它与世界其他文化的关系的严格审视的基础之上。在选择外语文本之初,译者必须审视当前形势,审视

---

① Bennett, P. Book views: *Scandals of Translation*. *The Translator*, 1998(1): 127.

② Venuti, L. *The Translator's Invisibility: A History of Translation*. London & New York: Routledge, 1995: 313.

③ 吕俊. 论翻译研究的本体回归:对翻译研究"文化转向"的反思. 外国语(上海外国语大学学报),2004(4):53.

处于跨文化交流和地缘政治关系中的英语中的外国文学经典以及英美文学经典……译者既可以选择边缘的外语文本,用经典的话语(如透明的话语)去翻译,也可以选择目的语文化中被视为经典的外语文本用边缘的话语(如古旧语)去翻译。在这种异化的翻译实践中,外语文本或话语策略的价值视翻译当时所处的文化形势而定。①

这里已经说得十分明白:翻译的价值,包括你所选择的外语文本的价值和你所选用的或你所"创造"的翻译(话语)策略的价值,都是由它们服务政治需要的价值决定的。

由此可以看出,在韦努蒂的翻译理论和实践中原文自身的价值是不存在的。他的异化策略的目的其实只是让译者摆脱隐形状态,只是让译者显形,而不是对源语文本的语言和文化差异的尊重、发掘和传达;因为他把具体的异化手段或资源,包括古旧语体、方言俚语、文学典故和习俗传统等限制在目的语文化之内,是与原文语言和文化无关的东西。他是这么说的:

当代译者需要进行更加复杂的文学实践。在这种实践中,所谓的"文学",包括各种各样的英美文学传统和各种各样的英语方言。致力于改变自己文化边缘地位的译者只能在目的语文化的特定准则内部进行。②

韦努蒂反对翻译中的暴力,也就是所谓的"种族中心主义暴力"(ethnocentric violence),但他倡导的也正是暴力——对原文的暴力。他的暴力手段包括目的语中的古旧语体、方言俚语、文学典

---

① Venuti, L. *The Translator's Invisibility: A History of Translation*. London & New York: Routledge, 1995: 311.

② Venuti, L. *The Translator's Invisibility: A History of Translation*. London & New York: Routledge, 1995: 311.

故、习俗传统等。只要能够实现他的政治议程,即抵制英美文化霸权和改变翻译的从属地位,那么一切操控和改写都是合法的。

韦努蒂三年之后出版的另一部著作《翻译的丑闻》①致力于建立一个"差异的伦理学"(见书名副标题"Towards an Ethics of Difference"),但它具有与《译者的隐形》同样的政治议程,即反抗英美——这一次尤其是反抗美国的霸权、种族主义(racism)、文化自恋主义和帝国主义。不过,这一次韦努蒂把这个政治使命交给"少数化翻译"。少数化翻译与异化翻译意思差不多,但这个术语所表达的立场更鲜明。韦努蒂这样表达他的伦理立场:既然翻译总是一种不平等、不平衡的权力关系,总是强势文化对弱势文化的种族暴力,那么译者的伦理立场就是站在弱者一方。他说:

> 我倾向于翻译在自身文化中相较于经典文本处于次要地位的外语文本,或者我倾向于翻译能够用来次要化(即弱化,本书作者注)美国英语中的标准语言和占统治地位的文化形式的外语文本。这种偏好部分源于一个广泛的、民主的政治议程,即反对英语的霸权。美国的经济、政治优势已经使外国语言和文化相较于美国语言和文化成为次要。②

显然,韦努蒂所要建立的"差异的伦理学"或所倡导的差异伦理观是对占统治地位的美国语言和文化——或者是对广义的统治阶级和当权者的一种不合作的抵抗姿态,而不是对源语文本的差异和多种可能性的发掘和开放,也不是对源语文本自身价值的尊重。

我此前对《译者的隐形》的讨论基本上符合对这本书的讨论。

---

① Venuti, L. *The Scandals of Translation*:*Towards an Ethics of Difference*. London & New York:Routledge,1998.

② Venuti, L. *The Scandals of Translation*:*Towards an Ethics of Difference*. London & New York:Routledge,1998:10.

更多的对韦努蒂翻译伦理思想的评价和批评参见哈蒂姆(Basil Hatim)和梅森(Iran Mason)①、斯特奇(Kate Sturge)②、铁木志科③、莎马(Tarek Shamma)④、克里格特(Ida Klitgård)⑤、德拉巴斯蒂塔(Dirk Delabastita)⑥。在这里尤其值得一提的是莎马对异化翻译所做的一个准实证研究。作者考察了伯顿(Richard F. Burton)的《天方夜谭》(*Arabian Nights*),英译本,以及这个译本在英国维多利亚时代的接受情况。结果发现,伯顿采用的翻译策略完全是韦努蒂所倡导的异化策略,可这种异化的翻译非但没有挑战或颠覆种族主义和我族中心主义,反而强化了(往往是有意识地)东方主义者关于东方的刻板印象和西方殖民主义话语。

6. 切斯特曼:"承诺的伦理"(ethics of commitment)

切斯特曼有关翻译伦理的论述中最为中国学者所熟知的可能是《翻译模因论》(*Memes of Translation*:*The Spread of Ideas in Translation Theory*)和刊发在《译者》杂志 2001 年第 2 期(专刊)上的那篇题为《关于(翻译从业人员)入职宣誓的提议》("Proposal for a Hieronymic oath")的文章。《翻译模因论》最后一章涉及翻译伦理问题,其主要观点完全沿袭作者此前入编斯内尔-霍恩比(Mary Snell-Hornby)编辑的论文集《作为跨文化交际的翻译》的

---

① Hatim, B. & Mason, I. *The Translator as Communicator*. London & New York: Routledge, 1997.

② Sturge, K. Translation strategies in ethnography. *The Translator*, 1997(1): 21.

③ Tymoczko, M. Translation and political engagement: Activism, social change and the role of translation in geopolitical shifts. *The Translator*, 2000(1): 23.

④ Shamma, T. The exotic dimension of foreignizing strategies: Burton's translation of the *Arabian Nights*. *The Translator*, 2005(1): 51.

⑤ Klitgård, I. Review of *The Translator's Invisibility*. *English Studies*, 2009(3): 375.

⑥ Delabastita, D. Histories and Utopias: On Venuti's *The Translator's Invisibility*. *The Translator*, 2010(1): 125.

一篇题为《翻译的伦理》("Ethics of Translation")的论文。此文的主要内容如下：

作者首先指出，以往翻译研究中伦理问题的讨论一般不是集中在译者的权利上就是聚焦在译者的义务上，主要议题包括：忠实、忠诚（loyalty）问题，自由的限度问题，译者的隐形、中立（neutrality）、匿名（anonymity）问题，译者是否有权拒绝翻译他们认为"不道德的"（unethical）文本的问题，译者的知识产权或署名权的问题，翻译发起人的权利和决定译本取舍的意识形态问题等。然后采取一个不同于权利、义务的视角，把翻译伦理建立在比权利、义务更为根本的价值上。他的讨论只限于怎么译的问题，而不考虑译本的取舍选择问题，也不考虑知识产权问题和发起人的伦理问题。他采用的理论框架是行为理论（action theory）或规范（norms）理论。行为受规范制约，规范又受价值制约；人们接受或遵循一定的规范，归根结底是因为规范代表一定的价值。那么，制约翻译行为规范的价值有哪些呢？他先总结了四种翻译规范①，分别是期待规范（the expectancy norms），即符合读者的期待；关系规范（the relation norms），即译义与原文具有适当关系；交际规范（the communication norms），即翻译应该促进各方的交流；责任规范（the accountability norms），即译者对各方负责。每一规范又受一主要的伦理价值制约，分别是清楚（clarity）、真实（truth）、可信（trust）和理解（understanding）。清楚（clarity）规范相当于格莱斯（Paul Grice）合作原则中的"关系准则"或利奇（Geoffrey Leech）的"清楚原则"。真实（truth）是语言或文本之间的关系，因此有别于"fidelity"和"loyalty"，也有别于"equivalence"，同一或一模一样

①　Chesterman, A. From 'is' to 'ought'：Translation laws, norms and strategies. *Target*, 1993(1)：1.

无法达到。真实是真正的相像（a true likeness, a true resemblance），如护照上的照片是真的一样。真实规范相当于格莱斯合作原则中的"质的准则"，即一个人应该不说自己明知为假的话（one should forbear from saying what one knows is false）；但他又说，接受文化认可的翻译都是真的，不管译者如何增减，如何自由，因为翻译这块布丁的味道的好坏总是由吃布丁的人决定的，而不是由理论决定的，只要目标读者接受，译文与原文的关系就是真的。与责任规范对应的是信任、可信（trust）；它与"loyalty"的区别在于，前者是平等的人际关系，后者是上下级间的不平等人际关系。更重要的是，"loyalty"只是对译者的要求，而信任是对所有人的要求。理解（understanding）的含义就是增进理解、同情和爱，避免误解。这四种价值构成建立翻译伦理规范所需的基础。

《关于（翻译从业人员）入职宣誓的提议》的主要内容和观点几乎从标题上就一览无余，而它的号召效应似乎也不明显——十多年过去了，响应这一提议并采取具体行动的可谓寥若晨星；但这篇文章获得了巨大成功，至少在中国是这样。许多学者由此知道了切斯特曼这个人，一谈到翻译伦理问题，就好像他是一座绕不过去的丰碑。但具有讽刺意味的是，人们往往错误地把他同他在该文中归纳并认为存在不足的以往的四种翻译伦理模式（分别是"ethics of representation""ethics of service""ethics of communication"和"norm-based ethics"）联系起来，并纷纷用这几种模式来解决实际问题，而忽略了他亲自提出并认为有利于纠正以往模式偏差的第五种模式，即入职宣誓的伦理或职业承诺的伦理（ethics of professional commitment）。这也许就是他在《翻译模因论》里所说的模因（即思想观念）在传播过程中的变异情况吧。

平心而论，这篇文章确有可取之处。首先，它与皮姆的职业伦理形成呼应，认为译者的首要职责是忠诚于翻译这个职业。其次，它采用麦金泰尔(Alasdair MacIntyre)以行为者为中心的德性或美德(virtue)伦理学的路径,提议职业译者在从业前应该像医护人员一样进行入职宣誓。不管他的诺言或誓言的内容是什么,它都是对译者的要求,而不是对翻译行为的要求;这是切斯特曼不同于他人的地方。

7. 翻译目的论:"目的为手段提供合法性"(the end justifies the means)

在《翻译行为中的目的和委托》("Skopos and Commission in Translational Action")一文中,弗米尔(Hans J. Vermeer)从"目的"和"委托"两个方面对翻译目的论做了一个简单的概述。

目的论是行为理论的一部分。任何行为都有目的或意图,并会产生一个结果或新的事物、新的事件、新的情况;翻译行为的结果是一个目的语文本。目的语文本的产生过程中,目的是决定性因素。翻译行为的目标及目标的实现方式是译者同委托翻译任务的主顾(client)共同商议的结果;翻译之前需要对翻译的目标和这个目标的实现方式进行详细规定。但又强调,译者是翻译活动的专家,负责执行翻译任务,并对翻译结果负责;因此,译者的声音或意见必须得到尊重和执行。从目的语语境出发,或者以目的语语境为中心,原文只是一个实现目的的工具,是一个要素(constituent)。然后对两个彼此相关的反对意见做出回应:(1)不是所有的行为都有目的;(2)不是所有的翻译行为都有目的。

弗米尔把"委托"定义为"对执行一个特定任务(翻译任务)由自己或他人所做的规定"①,包括任务的目标和执行任务的条件;其实就是对某一次翻译所要达到的目标进行具体规定。总之,翻

---

① Vermeer, H. J. Skopos and commission in translational action. In Venuti, L. *The Translation Studies Reader*. London & New York: Routledge, 2004: 235.

译目的论强调的是某一次翻译活动在目的语语境下所要实现的目标或功能,是以目的语为中心的,源语处于非常次要的地位。

8. 诺德(Christiane Nord):"功能 + 忠诚"(function plus loyalty)

诺德在《功能加忠诚:职业翻译中的伦理》("Function plus Loyalty: Ethics in Professional Translation")[1]一文中把弗米尔在 1978 年提出的"翻译目的决定翻译的方法和策略"的目的法则(the skopos rule)称作"功能原则"(functionality principle),自己提出"忠诚"(loyalty)的概念,用于纠正极端功能主义的偏差,认为功能和忠诚合璧就完美无缺了,可以奉为翻译职业普遍遵守的伦理规范。那么"忠诚"的内涵是什么? 它是译者对合作伙伴——包括原文作者、读者或译本接受者、主顾或委托人及译者自己——承担的责任,以此区别于只对源语文本承担责任的传统的"忠实"标准。诺德认为,引入忠诚原则能够建立起翻译活动相关各方之间的信任关系。但是,忠诚原则如何具体地建立此种信任关系? 译者如何对合作伙伴承担责任,以及承担怎样的责任? 对合作伙伴的忠诚在彼此冲突的情况下又如何解决? 译者又是在何种意义上承担对自己的责任? 对所有这些问题诺德均语焉不详;或者,所有这些,对她来说,均不构成问题。

9. 刘易斯(Philip Lewis):"反常的忠实"(abusive fidelity)

《翻译效果的衡量》("The Measure of Translation Effects")一文是由法语翻译过来的,原来的法语标题是"Vers la traduction abusive",直译成英语是"Toward the Abusive Translation"。题中

---

[1] Nord, C. Function plus loyalty: Ethics in professional translation. *Génesis Revista Científica do ISAG*, 2007(6): 7.

的"abusive"由"abuse"而来，由前缀"ab-"加词根"use"构成。刘易斯用"use"指人们对语言的正常、常规使用，用"abuse"指人们意欲达到"语不惊人死不休"效果的那种反常的、创造性的使用。刘易斯认为，在传统的翻译观念或实际的翻译实践中有一种认可（accredit）、崇尚（privilege）"常规体系"（the us-system）的趋势。所谓"常规体系"，指以"us-"开头的一系列词，如"usage""usual""useful"等。① 按照这种趋势或价值观念，原文中反常的、怪异的、陌生的、多义的地方往往被正常化、归化、显性化、单义化或浅化了。这些做法当然为刘易斯所反对，他认为好翻译是保留了原文中反常用法的翻译，所谓"the strength of translation lies in its abuses"②或者"a good translation must always commit abuses"③。与传统的衡量"好"翻译的好读、易懂的标准不同，他提出一个新的忠实观，即反常的忠实（abusive fidelity）。这种翻译观要求传达"符号链、句法过程、话语结构、语言机制对思维的影响范围，以及现时构成等。与诗体文本的翻译一样，要求译者不仅忠实于语义内容，还要忠实于表达情态和修辞策略"④。这显然是一种更高的忠实要求，要求使正常翻译中丢失的部分通过反常的方法得到补偿。必须指出，这种方法并不是在某一次翻译中一用到底的，而只针对原文这棵树上结疤或长瘤的本来就不正常的地方⑤，即原文

---

① Lewis, P. The measure of translation effects. In Venuti, L. *The Translation Studies Reader*. London & New York: Routledge, 2004: 262.

② Lewis, P. The measure of translation effects. In Venuti, L. *The Translation Studies Reader*. London & New York: Routledge, 2004: 262.

③ Lewis, P. The measure of translation effects. In Venuti, L. *The Translation Studies Reader*. London & New York: Routledge, 2004: 263.

④ Lewis, P. The measure of translation effects. In Venuti, L. *The Translation Studies Reader*. London & New York: Routledge, 2004: 262-263.

⑤ Lewis, P. The measure of translation effects. In Venuti, L. *The Translation Studies Reader*. London & New York: Routledge, 2004: 263.

中本来就反常的地方。由此可见,所谓的反常的翻译或反常的忠实并不是为所欲为的操控、改写或滥译。

10. 阿皮亚:"深度翻译"(thick translation)

尽管"深度翻译"或者"厚重翻译"名噪一时,但我觉得阿皮亚的这篇文章无论是思想观点还是理论水平都比较平庸。深度翻译的提法来自阐释人类学;阿皮亚对自己的思想与阐释人类学的渊源交代得极不清楚,其观点也并不新颖,无非就是添加注释,交代原文的语言文化背景。文章唯一值得一提的是他对"怎么译"这个问题的一个论证过程。他说:我们应该放弃认识论的语言观,即不要再去讨论作品中是不是有一个固定的意义等待我们去认识、发现,而要问什么样的阅读方式是具有创造性的(productive);也就是说,我们需要问的是,一个作品中到底有什么东西是值得教给学生的。① 由"值得教"或"值得读"作为标准可以得出两种创造性的翻译方法,一种是把翻译打造成一个具有可读性或文学性的文学作品,像菲茨杰拉德(F. Scott Fitzgerald)所译的《鲁拜集》那样。② 如果说这种是以"值得读"为标准的,那么另一种更多地以"值得教"为标准,把译文打造成一个学术作品,通过添加注释,把原文本丰富的文化和语言背景都交代清楚。前者可称为文学翻译,后者可称为文化翻译。最后,阿皮亚简单交代了他提倡、鼓励(urge)文化翻译或深度翻译的意图,即尊重文化他者,增进学生对世界文化多样性的认识,培养学生的文化多元主义意识。显然,这也是没什么新意的。

---

① Appiah, K. A. Thick translation. In Venuti, L. *The Translation Studies Reader*. London & New York: Routledge, 2004: 398.

② Appiah, K. A. Thick translation. In Venuti, L. *The Translation Studies Reader*. London & New York: Routledge, 2004: 399.

11. 梅肖尼克:"语言伦理"(an ethics of language)

《翻译的伦理与政治》(*Ethics and Politics of Translating*)是一本从法语译成英语的艰涩的理论著作。作者梅肖尼克一生著译甚丰(60多部),但很少被译成英语或别的语言,这跟他天马行空、晦涩难懂的文风有很大关系。在《翻译的伦理与政治》一书中,作者认为翻译的问题其实不过是语言理论问题而已。[①] 他认为,我们以往翻译的都是书写符号,而不是活的语言——更准确地说,活生生的生活中的言语。由此,他对"translating the sign"与"translating the poem"进行了区分,并提倡一种以节奏(rhythm)和口头性(orality)为基础的诗学翻译模式。根据这一模式,翻译中应该得到传达的不仅是表面(书面)的文字(符号),还有当事人说话时轻重缓急的情势。这在我看来,不仅是一种更全面的忠实要求,而且是对他人生命和生活的尊重和关切。梅肖尼克认为,以往的语言理论把语言当成工具或物质外壳,割裂了语言与生命的联系;因此,翻译中最要紧的莫过于改变全部的语言理论。[②]

12. 坎波斯:"吃人"的伦理(an ethics of cannibalism)

吃人论(cannibalism),或译为食人论,是后殖民主义翻译理论的典型代表之一。它把翻译当作反抗、抵制、颠覆殖民霸权和殖民影响,进行政治干预和介入的重要手段。

---

① Meschonnic, H. *Ethics and Politics of Translating*. Boulanger, P-P. (trans.). Amsterdam & Philadelphia: John Benjamins Publishing Company, 2011: 58.

② Meschonnic, H. *Ethics and Politics of Translating*. Boulanger, P-P. (trans.). Amsterdam & Philadelphia: John Benjamins Publishing Company, 2011: 57.

后殖民主义翻译理论认为,翻译活动与殖民活动紧密相连,是殖民活动的帮凶和同谋。比如,尼南贾那(Tejaswini Niranjana)认为,殖民者与殖民地之间不平衡的权力关系是由翻译造成的[1];谢菲茨(Eric Cheyfitz)认为,翻译是"欧洲殖民主义和美国帝国主义的核心行为"[2];巴斯奈特(Susan Bassnett)和特里维蒂(Harish Trivedi)则认为,"殖民主义和翻译活动如影随形"[3]。不仅翻译活动、翻译实践如此,就连翻译理论、翻译观念甚至版权制度都与殖民主义、帝国主义呼应,译文与原文的关系俨然就是殖民地与殖民者关系的隐喻。长期以来,把原文(original)看成是源头,是原创的,把译文看成是原文的翻版、复制、派生,这种翻译观念与殖民扩张形成呼应。关于这些,巴斯奈特和特里维蒂是这么说的(为了较为完整地展现后殖民翻译研究者的逻辑,我把这一整段都翻译出来):

> 在翻译研究领域工作的人不得不面临的一个问题就是被称作"原文"(original)、源头的文本与翻译之间的关系问题。从前,原文被理所当然地看作高于译文,译文被降低到仅仅一复制品的位置,尽管语言是不同了。但对翻译史的研究表明,抬高原文地位只是一个相对近期的现象。中世纪的作者、译者就不受这种幻觉的困扰。它是印刷术发明、文字传播的结果,与把作者当作文本所有者的观念紧密相连。如果作者或者出版者拥有文本所有权,那么译者还有什么?作者与译者的这种差别也被编织进了翻译与所谓的原文的关系之中。原

---

[1] Niranjana, T. *Siting Translation: History, Post-structuralism, and the Colonial Context*. Berkeley, Los Angeles & Oxford: University of California Press, 1992: 2.

[2] Cheyfitz, E. *The Poetics of Imperialism: Translation and Colonization from the Tempest to Tarzan*. New York & Oxford: Oxford University Press, 1991: 104.

[3] Bassnett, S. & Trivedi, H. *Post-colonial Translation: Theory and Practice*. London & New York: Routledge, 1999: 3.

文这一观念的产生与欧洲开始把手伸到境外掠夺他人的早期殖民扩张是同时进行的,这一点意义重大。如今,原文的权力越来越受到质疑,挑战这一权威的一个主要声音来自欧洲安全的高墙之外的可怕的吃人族的领地。①

"吃人族的领地"指如今的巴西那块地方,16 世纪那里有个部落把一个欧洲天主教牧师吃了。这对欧洲人来说无疑是一个耸人听闻的事件,从此便把那块地方与吃人的恶俗、野蛮、不开化、落后等联系起来。为了颠覆这一殖民主义者对殖民地的刻板印象,当然也是为了摆脱殖民的阴影和长期以来的从属地位,建立自己独立的文化身份,巴西人安德拉德(Oswald de Andrade)于 1928 年 5 月在《吃人评论》(*Cannibalist Review*)杂志的创刊号上发表《吃人宣言》("The Cannibalist Manifesto"),为"吃人"正名,并在文艺领域开展一场轰轰烈烈的"吃人"运动。吃人运动的逻辑很简单,那就是:殖民地只有把殖民者"吃掉",才能摆脱欧洲殖民者强加给它的影响。

在翻译领域,"吃"也成为译者对待原文的策略;翻译就是把原文吃掉,转化成自己的营养。吃人翻译理论的代表人物坎波斯曾经把翻译比作输血,重点是为了保证译者的健康和营养,这样就颠覆了"忠实于原文"和"译者作为仆人"的传统翻译观念。这就是后殖民主义翻译理论的逻辑,显然它已超出吕俊②所说的"翻译本体研究"的范围,而成为争权夺利的政治斗争的工具和手段。如果我们停留在翻译本体研究范围之内,这里就有两个问题。首先,即便在殖民时期,翻译活动也是双向的,既有从欧洲语言到殖民地土著

---

① Bassnett, S. & Trivedi, H. *Post-colonial Translation: Theory and Practice*. London & New York: Routledge, 1999: 2.

② 吕俊. 论翻译研究的本体回归:对翻译研究"文化转向"的反思. 外国语(上海外国语大学学报),2004(4):53.

语言的翻译,也有从土著语言到欧洲语言的翻译,为什么传统翻译观念导致的是欧洲殖民者的统治和霸权,而不是殖民地的统治和霸权? 显然,后殖民主义翻译理论的荒谬之处在于把传统翻译观念及其指导下的翻译实践看成导致不平等权力关系的主要因素。我非常认同萨义德对"东方主义"的认识和见解,即认为欧洲殖民者为了配合和巩固对殖民地的武力、政治、经济统治,把自身的文化思想、意识形态、价值观念等经过各种伪装后撒播到包括翻译在内的学术领域;但这里的因果关系是经济基础决定上层建筑,而不是相反。其次,吃人式翻译是否具有普遍适应性? 如果它只针对从第一世界语言到第三世界语言的翻译,那么从第三世界语言到第一世界语言的翻译又采用什么方法呢,还是传统的忠实翻译方法吗? 我不是要替殖民行为辩护,而且我非常认同包括翻译在内的学术活动强化了殖民统治和影响的观点;但我不能认同的是,把殖民统治落实到传统的忠实的或归化的翻译观念和实践上。事实上,翻译之所以沦落为殖民者的帮凶和同谋,恰恰是因为殖民者不受忠实标准的约束而对殖民地原文任意宰制,恰恰是因为殖民者奉行吃人式翻译原则。① 由此可见,所谓的"吃人""译创"(transcreation),遵循的是与殖民主义翻译一样的逻辑。

13. 斯皮瓦克:投降和爱(surrender and love)

吃人论来自美洲最大的殖民地——巴西,后来亚洲最大的殖民地——印度也出现了颇具影响的后殖民翻译研究学者。尼南贾

---

① 巴斯奈特和特里维蒂在《后殖民翻译:理论与实践》(*Post-colonial Translation*:*Theory and Practice*)(Routledge,1999:7)一书中,分析了一个具有殖民主义行径的译例:威廉·琼斯爵士(1746—1796)在把一个梵文爱情故事译成英语的时候,把对坠入爱河的温柔的女主人公时常出汗的描写统统砍掉。虽然他在加尔各答生活多年,知道两种文化之间的差异,但他还是坚持自己西方的审美观念(出汗表示热、生病、害怕或工作卖劲等),而放弃传达传统印度文化中对出汗的欣赏态度,以及出汗与性欲和兴奋之间的联系。

那和斯皮瓦克是其中的佼佼者。前者在《为翻译定位：历史、后结构主义和殖民语境》（*Siting Translation：History, Post-Structuralism, and the Colonial Context*）一书中把翻译——更确切地说，西方殖民语境中的翻译——定位成一个建构、坚持和强化西方宗主国语言文化与非西方殖民地语言文化之间不平等权力关系的场所，是权力的帮凶和同谋；因此，翻译的任务就是通过重译，通过后结构主义的解构策略，打破这种不平等、不平衡的权力关系，重写历史。但这里的问题——也是后殖民及女性主义翻译理论的普遍问题是：真实的历史或真实的翻译何以可能？如果说现今的译本由于西方意识形态的操控和遮蔽而未能忠实、准确，那么怎么译才能得到一个准确、忠实的译本？反西方意识形态的操控式重译怎么能够保证不受自身反西方的意识形态的遮蔽？同样是对自身立场或意识形态的坚持，译本忠实与否究竟由谁说了算？翻译究竟还有没有忠实和客观的问题？解构策略或操控策略如何对待原文？解构、操控的限度，即与原文偏离的限度有多大？我的观点是：反对操控的最佳策略就是放弃操控，揭穿谎言的最佳利器就是事实，而不是一种相反的操控或谎言。如果说译文在西方利益和意识形态的操控下偏离了原文，那么反西方的最佳策略就是回归原文，让原文原原本本呈现在世界面前，而不是另一种操控或偏离。

对于翻译的操控性质，斯皮瓦克与尼南贾那有相同观点，但她对后殖民主义和女性主义学者的政治热情和精英立场抱有高度的警惕和意识。在《属下能说话吗?》（"Can the Subaltern Speak"）一文中，她怀疑后殖民学者和译者的报道和重译中的属下是自己在为自己说话；因此，为了让不说话的（mute）属下自己说话，有必要放弃学问（unlearn）。① 在《翻 译 的 政 治》（"The Politics of Translation"）一文中，她强烈反对西方女性主义译者和学者用统一的女性主义观点和眼光去分析、看待有关第三世界妇女的作品。她说：光有政治热情是不够的，还要具体情况具体分析，有必要对每一个文本的具体语言、形式及语境有足够重视。② 从文本本身出发，而不是从自己的政治立场或意识形态出发。为了把原文原原本本呈现出来，她要求译者必须熟悉"源语的历史、作者当下的历史以及译语的历史"③，还要求译者能用源语谈论"语言中的私密事情"④。据斯坦顿（Henry Staten）所说，在文学翻译研究有关翻译伦理的当代反思中走得最远的无疑当属对文化他性进行不懈追求的斯皮瓦克。⑤

斯皮瓦克与韦努蒂关注的都是从非英语（弱势语言）到英语（强势语言）的翻译情况（translating into English），但斯皮瓦克对文化他性的追求，对语言、文化差异的追求明显不同于韦努蒂用目的语（英语）中的古旧语、口语，甚至英式英语（针对美式英语）这些不属于原文本的东西去彰显译者存在的异化策略。她要求的是深入到文本的肌理中去，极度忠实地对待源语文本。她在翻译了18

---

① 转引自：Gentzler，E. *Contemporary Translation Theories*. Clevedon，Buffalo，Toronto & Sydney：Multilingual Matters Ltd，2001：183.
② 转引自：Gentzler，E. *Contemporary Translation Theories*. Clevedon，Buffalo，Toronto & Sydney：Multilingual Matters Ltd，2001：184.
③ Spivak，G. C. *Outside in the Teaching Machine*. London & New York：Routledge，1993：186.
④ Spivak，G. C. *Outside in the Teaching Machine*. London & New York：Routledge，1993：187.
⑤ 斯坦顿的原话是这么说的：Within or，at the boundaries of，literary studies，the most radical extension of the contemporary reflection on the "ethics of translation" is unquestionably that of Gayatri Spivak，with its relentless pursuit of inaccessible cultural otherness. 。

世纪晚期孟加拉语诗歌之后的"译者前言"中说到自己的译法：

> 我必须克服我在学校所受的教导：把最精确的一组同义
> 词用最近似于原文的句法串联起来以得到最高分。我既须抵
> 制纯洁的维多利亚诗体散文的庄重，也须抵制已经成为文法
> 典范的"简明英语"做作的朴素……翻译是最亲密的阅读行
> 为。我翻译的时候向文本投降。我对这些在尚不记事的孩提
> 时代在家庭合唱中日复一日吟唱的歌谣有一种特殊的亲近
> 感，这种时候阅读和投降呈现出新的意义，译者在尚不记事的
> 自我内心深处赢得了跨越他者踪迹的许可。①

在此，斯皮瓦克对待原文的态度似乎比马丁·布伯(Martin Buber)所倡导的"我—你"态度更进一层。她与原文的关系是一种与亲人的关系，与恋人的关系，对方的一举手一投足、一颦一笑、一声轻轻的叹息、言外之意话外之音、欲言又止的无尽意蕴等她都能心领神会，对方的每一细微之处她都给予高度留意和关注。译者应该建立起与原文语言的这种亲密关系，她在多处提到这个观点。她还说：

> 通过边译边学，我逐渐意识到，要是你与所译语言的关系

---

① 本书中出自英语文献的引文的汉译均为本书作者所为。对于可能存在不同解读的文字，则在脚注中提供英语原文以备查。以下类同，不再说明。本段译文的原文如下：I must overcome what I was taught in school: the highest mark for the most accurate collection of synonyms, strung together in the most proximate syntax. I must resist both the solemnity of chaste Victorian poetic prose and the forced simplicity of "plain English", that have imposed themselves as the norm... Translation is the most intimate act of reading. I surrender to the text when I translate. These songs, sung day after day in family chorus before clear memory began, have a peculiar intimacy for me. Reading and surrendering take on new meanings in such a case. The translator earns permission to transgress from the trace of the other—before memory—in the closest places of the self. 。

达到这么一种程度,即你有时选择它来说最私密的事情,那么这将(对翻译)有实际的帮助。①

与原文语言建立恋人般的私密关系当然是为了理解和感受原文语言的独特修辞和差异。她把这看成合格译者的条件。她说:

> 我认为,不能以某种大略为历史或词源学的方式感受语言的来龙去脉(paleonymy)的译者是不胜任其翻译工作的。②

对于翻译的任务,她说:

> 译者的任务就是促进(facilitate)原文与它的影子(即译文,本书作者注)之间的这种爱,一种允许磨损、限制译者的主体作用和她现实的或想象的读者的要求的爱。③

这显然是与翻译目的论的目的语中心相对立的源语中心。当然,她的源语是相对确定的,指世界上除英语以外的其他语言,尤其是第三世界的语言;她这篇关于翻译的政治的文章可以被看作对第三世界正在大量消亡的语言的一首挽歌。面对难逃死亡命运的第三世界语言,翻译能做些什么? 她在《外—英翻译》("Translating into English")一文中说:翻译——尤其是对正在死亡的语言的翻译的一个重要任务,就是让自己的译本能够作为发达国家(宗主国家)的教材(teaching text)。她是这么说的:

---

① Learning about translation on the job, I came to think that it would be a practical help if one's relationship with the language being translated was such that sometimes one preferred to speak in it about intimate things.

② It is my belief that unless the paleonymy of the language is felt in some rough historical or etymological way, the translator is unequal to her task.

③ The task of the translator is to facilitate this love between the original and its shadow, a love that permits fraying, holds the agency of the translator and the demands of her imagined or actual audience at bay.

在我们的特定情况下，我们这些翻译第三世界语言的译者应该把我们的译本准备成发达国家的教材；因为，无论是好是坏，这都是它们的命运。当然，这样做会使我们不受欢迎，因为人们明里暗里认为，第三世界文本需要的不过是一个梗概罢了。我本人翻译的时候，希望有朝一日它能落到某个懂得并热爱孟加拉语的教师手里，我以这样的方式翻译，以便她的学生知道阅读这个文本的最佳方法就是不畏困难去阅读原文。当然不可能所有学生都去学孟加拉语，但说不定有一两个呢！①

与韦努蒂为了理论而理论，甚至为了哗众取宠而理论不同，斯皮瓦克的情感和方法是真实的。试想，由你来把一种行将消失的语言译成英语，你会怎么做呢？你应该不会只去传达一个意义，或者只求"神似"吧？你也不会用它来实现你自己、读者或者主顾的目的吧？

为了说明要尊重和在乎原文的语言形式、修辞方式或每一细微之处，斯皮瓦克还用到一个形象，即把文本比作一个由千针万线编制而成的织物(language textile)。这么一个完整统一的织物，虽然在每一次的阅读和交际行为中都有磨损和松散的危险，但接受语的制度总是把这种风险降到最低。斯皮瓦克认为，翻译自然不能维持这种虚假的统一性，而是要允许磨损和解构的。这种磨

---

① In our particular circumstance, we translators from the languages of the global South should prepare our texts as metropolitan teaching texts because that, for better or for worse, is their destiny. Of course, this would make us unpopular, because the implicit assumption is that all that "third world" texts need is a glossary. I myself prepare my translations in the distant and unlikely hope that my texts will fall into the hands of a teacher who knows Bengali well enough to love it, so that the students will know that the best way to read this text is to push through to the original. Of course not everyone will learn the language, but one might, or two!

损和解构不是相对主义的为所欲为,而是出于对原文本本身,对它的身体、对它的纹理的爱,是一种爱的交流和阅读(communication and reading of love),是一种恋爱中的交流和阅读(communication and reading in love)。她说:没有对语言的纹理或修辞(rhetoricity)的感觉,对非西方景象的建构就难免是新殖民主义的变种。①

14. 铁木志科和贝克:翻译的政治卷入(political engagement)

铁木志科在其论文《翻译与政治卷入:激进主义、社会变革及翻译在地缘政治变迁中的作用》("Translation and Political Engagement:Activism, Social Change and the Role of Translation in Geopolitical Shifts")②和著作《扩大翻译领域,赋予译者权力》(*Enlarging Translation*, *Empowering Translators*)③中谈到翻译卷入政治的问题。通过以近一个世纪爱尔兰文学的英语翻译在爱尔兰文化民族运动和政治独立运动中所起的作用为案例,作者对翻译作为政治手段的可能性、迫切性和积极意义进行了探讨,提出"翻译运动"(translation movement)的口号,还总结了有利于促进翻译卷入社会政治和地缘政治变革的翻译运动的特征。尤其值得一提的是:作者认为翻译的政治使命并不必然意味着文本干预(textual intervention),也并不必然意味着译者对原文的改写和操控。

对此,贝克十分赞同,但她认为也不能排除文本干预。贝克在《翻译与冲突》(*Translation and Conflict:A Narrative Account*)

---

① Spivak, G. C. The politics of translation. In Venuti, L. *The Translation Studies Reader*. London & New York:Routledge, 2004:371.

② Tymoczko, M. Translation and political engagement:Activism, social change and the role of translation in geopolitical shifts. *The Translator*, 2000(1):23.

③ Tymoczko, M. *Enlarging Translation*, *Empowering Translators*. London & New York:Routledge, 2007.

一书引言中,交代了写作的背景和主旨:不管我们位于何处,也不管我们从事何种职业,我们如今都生活在一个充满冲突的全球氛围之中;因为如今的政治或其他冲突无法由地方机构单边解决,而必须放到国际舞台上来解决,所以翻译成为冲突各方表达立场和诉求的核心能力。该书采用叙事学理论,考察翻译(口、笔译)在这种冲突的场合中所起的作用,探讨相互冲突、彼此矛盾的叙事如何通过翻译被制造出来。① 但作者并不停留于对翻译中的叙事、操控和立场表达机制的描写,而坚持翻译应该介入现实、改变世界;这一点集中体现在第六章"为翻译叙事加边框"(Framing Narratives in Translation)和最后一章之中。"边框"(frame)是一个饶有趣味的新概念,指译者用来增强、削弱或改变原文叙事,从而参与到对现实的介入和对世界的改造中的种种方法、手段。就像画框在不改变原画的情况下对画起着限定、制约的作用一样,翻译也可以通过原文本以外的手段,如译序、译评,来表达自己的立场,而无须直接对原文进行干预。即使你不同意原文的叙述,你也可以原原本本地把它翻译过来,而后翻译更多与之相反的叙事,让读者自己做出判断。翻译历来肩负着重大的历史使命,但我认为完全有比对原文本身的直接操控、改写更好的方法来履行使命,伸张正义。

在第六章开篇,贝克写道:译者在每一个翻译任务中都面临一个根本的伦理选择,是再现编织在原文中的现存的意识形态,还是与这些意识形态保持距离。② 人是政治动物,译者当然也不例外,他们有自己的政治立场、诉求和议程,这是无可厚非的,甚至是正

---

① Baker, M. *Translation and Conflict*: *A Narrative Account*. London & New York: Routledge, 2006.

② Baker, M. *Translation and Conflict*: *A Narrative Account*. London & New York: Routledge, 2006: 105.

当的；但我认为这一切往往无须通过歪曲别人——哪怕是你所反对的人或敌人的话来实现。

15. 米勒和克里切利：对他者承担无条件责任的解构伦理

《阅读的伦理》(*The Ethics of Reading：Kant，De Man，Eliot，Trollope，James，and Benjamin*)是一本与翻译伦理十分相关的书。阅读似乎是一种以正确理解文本意义为目标的认识、认知活动，与伦理道德没有多大关系；本书作者——"耶鲁四人帮"(耶鲁解构主义批评学派)之一的米勒在书中却断言：在阅读行为中必然包含一个伦理时刻，一个不属于认知、政治、社会和人际关系而完全属于伦理的时刻。[①] 阅读行为中的伦理时刻是指阅读行为必须是对文本的回应(response)：对它负责(responsible)，与它应答(responsive)，对它充满敬意。其实，在任何伦理时刻中都包含一个命令(imperative)，一个"我必须"(I must)：我必须这样做，我不能那样做。如果这个回应不是建立在"必须"之上的，如果它是你想怎么做就怎么做、你想怎么理解就怎么理解的自由，那么它就不是伦理道德的(ethical)。[②] 对于米勒来说，所谓的伦理义务或责任不是出于自我的好恶而执行的行为，也不是出于对行为的后果或效果的算计而执行的行为，只有在排除了所有这些个人的和社会的目的和动机之后，只有让"我"的意志纯粹服从"我必须"的律令，"我"的行为才是伦理的。这种时候，除了这个律令之外，再也没有什么东西能够客观地决定"我"的意志；除了对这个律令的纯粹的尊重之外，再也没有什么东西能够主观地决定"我"的意志。这意味着对一切偶然的、经验的、地方的东西，比如一个特定时间、

① Miller，J. H. *The Ethics of Reading：Kant，De Man，Eliot，Trollope，James，and Benjamin*. New York：Columbia University Press，1987：1.
② Miller，J. H. *The Ethics of Reading：Kant，De Man，Eliot，Trollope，James，and Benjamin*. New York：Columbia University Press，1987：4.

地点、阶级、国家、文化的道德法规的排除。①

这种"我必须"的伦理时刻也不是对作品中的伦理主题或观点的回应，而是对语言文字本身的回应。米勒说："作为一个读者，我首先应当尊重文本，在我对于文本的汇报中，丝毫不偏离文本所说的。我阅读的时候，文本的文字必须成为我的法律。"②又说："我所说的'阅读的伦理'，是指阅读行为的这一方面，既必须对文本做出回应，这是一个无法拒绝的要求；也必须为我所做出的回应承担责任，对于它所产生的人际的、制度的（institutional）、政治的、历史的效果承担责任。"③

米勒坚持认为，阅读中存在一个不属于认知、政治、历史而只属于伦理的时刻，这显然是对用政治、历史、社会等外部的、非文本的或文本之外的因素来确定和衡量文本意义的做法的反对。把作品看成一定时间和地点的社会、历史和意识形态力量的反映和产物，这是一种普遍的阅读模式；米勒则认为，阅读中的伦理时刻无法由社会、历史的力量来解释。④ 他还认为，把社会、历史和政治条件看成作品的决定因素，把作品看成其历史背景的反映，或者把作品看成渗透了作者阶级社会观点和意识形态的做法是一种空泛的、模糊的、想当然的文本解读模式。他分析了这种阅读模式盛行的原

---

① Miller, J. H. *The Ethics of Reading*：*Kant*，*De Man*，*Eliot*，*Trollope*，*James*，*and Benjamin*. New York：Columbia University Press，1987：16.

② Miller, J. H. *The Ethics of Reading*：*Kant*，*De Man*，*Eliot*，*Trollope*，*James*，*and Benjamin*. New York：Columbia University Press，1987：10. 原文是：As a reader，so it seems，I should above all have respect for the text，not deviate by one iota in my report of the text from what it says. The letter of the text must become my law when I read it. 。

③ Miller, J. H. *The Ethics of Reading*：*Kant*，*De Man*，*Eliot*，*Trollope*，*James*，*and Benjamin*. New York：Columbia University Press，1987：43.

④ Miller, J. H. *The Ethics of Reading*：*Kant*，*De Man*，*Eliot*，*Trollope*，*James*，*and Benjamin*. New York：Columbia University Press，1987：8.

因和动机,包括:(1)文本费解,读者浮躁或精力不济,读不进去;
(2)觉得把力气花在与历史、政治或阶级斗争这么严肃的社会大事
情相比而微不足道的纸堆里有一种负疚感;(3)对文学所具有的某
些无政府或颠覆力量怀有恐惧心理;(4)受到各种宏大叙事的
诱惑。①

以上分析十分到位和深刻。虽然米勒谈的是阅读,但他也一
针见血地指出了当前翻译领域存在的问题:浮躁和想当然。人们
往往从理论出发,从自己的观念出发,或是从某一政治议程出发,
而不是从文本出发,对原文缺乏起码的回应和尊重。

《阅读的伦理》也回应了人们对解构主义的攻击。米勒认为,
赋予解构主义以虚无主义特征,全然否定和摧毁文学解读中的权
威和确定性基础,认为"怎么都行"(Anything goes)是对解构主义
的误解,无论德里达还是德曼(Paul de Man),都没有说过读者可
以随心所欲地解读文本的意义,两人所坚持的恰恰与此相反,解构
主义正是好的阅读本身,对解构主义的攻击才是真正意义上的虚
无主义。②

克里切利在《解构的伦理:德里达与列维纳斯》(*The Ethics of
Deconstruction:Derrida and Levinas*)③一书中表达的核心观点
是:解构主义不是虚无的符号游戏,而是一种伦理要求。克里切利
在不同地方反反复复地说:德里达式的解构主义能够——其实也
应当被理解为一种伦理要求,一种列维纳斯伦理学意义上的伦理

① Miller, J. H. *The Ethics of Reading:Kant,De Man,Eliot,Trollope,James,
and Benjamin*. New York:Columbia University Press,1987:5.
② Miller, J. H. *The Ethics of Reading:Kant,De Man,Eliot,Trollope,James,
and Benjamin*. New York:Columbia University Press,1987:9.
③ Critchley, S. *The Ethics of Deconstruction:Derrida and Levinas*. Edinburgh:
Edinburgh University Press,1999.

要求①;解构式阅读必然具有一个伦理时刻,或者说,伦理时刻对于解构式阅读是必不可少的;伦理是德里达致力达到的目标和前景(horizon)②。这当然不是说德里达致力于建构一个伦理学体系,而是说解构主义的阅读模式具有一个伦理结构。

16. 其他

下文我还简单列举了一些对以上主要的翻译伦理观点和翻译伦理模式的评论文献。《超越两难:后现代性和翻译伦理》("Beyond Ambivalence: Postmodernity and the Ethics of Translation")③是一篇博士论文。作者认为,20 世纪 90 年代翻译研究中有关翻译伦理和翻译任务的各种理论具有后现代特征和后现代背景。鲍曼把现代社会比喻成一个立法者的时代(an age of legislator),把后现代社会比喻为一个解释者的时代(an age of interpreter)。现代社会中,人们相信并致力于人人遵守的规则,统一行动,寻求同一性;而后现代社会对同一性、共识产生怀疑,寻求差异,尊重个人对世界的不同解释。后现代社会区别于现代社会的这一特征可以解释当代翻译研究领域的许多热点问题,如翻译主体性、异化翻译、翻译操控、翻译目的论、翻译的创造性叛逆等。

《翻译中的伦理问题:为什么我们最终还是可能需要斯坦纳》("Ethical Problems in Translation: Why We Might Need Steiner

---

① Critchley, S. *The Ethics of Deconstruction: Derrida and Levinas*. Edinburgh: Edinburgh University Press, 1999: 1.

② Critchley, S. *The Ethics of Deconstruction: Derrida and Levinas*. Edinburgh: Edinburgh University Press, 1999: 2.

③ Koskinen, K. Beyond ambivalence: Postmodernity and the ethics of translation. Tampere: University of Tampere, 2000.

After All")①一文从列维纳斯的伦理学出发,认为翻译在本质上是伦理的而不是技术的,是一个与他人相遇的伦理境况。以往的研究通过从外面、从别处引进伦理理论(比如权利理论、责任理论等)的方式,并没有让翻译伦理问题得到成功解决。事实上,翻译本身就是寻找翻译伦理模式的最佳所在。斯坦纳(George Steiner)的《巴别塔之后——语言与翻译面面观》(*After Babel: Aspects of Language and Translation*)一书中的解释学翻译模式本身包含了翻译伦理层面,因而经过修改,可以作为沟通列维纳斯伦理哲学与实际的翻译伦理问题的桥梁。

(第一章第二节的大部分内容以《翻译伦理模式研究中的操控论与投降论》为题,发表在《外国语》2016 年第 2 期)

---

① Goodwin, P. Ethical problems in translation: Why we might need Steiner after all. *The Translator*, 2010(1): 19.

第二章　全球化文化状况：人生意义的丧失与寻求

　　翻译研究文化转向无疑是翻译研究领域的重大事件，翻译研究由此步入一个与"翻译科学"迥异的后翻译学时代。后翻译学的一个显著特征是翻译研究与全球化世界和后现代文化紧密关联：一方面，全球事件、全球危机、后现代思潮等不断加大或挑战翻译研究的深度和广度，不断催生新的翻译理论和实践；另一方面，翻译研究和实践越来越具有问题意识、现实面向和人文关怀。

　　这个"回归生活世界"的后翻译学时代众声喧哗，异彩纷呈，但它表现为一个有限的时空限度。它的限度呈现出两条清楚可辨的线索，或两个界限分明的阶段，姑且称之为"解构"的线索和"建构"的线索。前者致力于对"翻译的丑闻"，即翻译的改写、操控、隐形、遮蔽、与权力同谋等性质的揭露和批判；后者致力于在"解构"的废墟上重建翻译的意义和价值。

　　在解构逻辑的逼视下，翻译不再尽是促进跨文化交流的善良举动，而总是同"盗用、挪用、虚构、想象、阴谋、遮蔽、操控、改写、侵越、过滤"等恶的形象紧密相连。翻译已然丧失意义和价值，翻译研究或翻译批评也陷入深深的危机当中，以至于"无论怎么译都行"。如何克服恣肆的虚无主义，让迷失了方向和废黜了意义的翻译传统重新恢复原初的意义和荣誉,这是一种建构,也是一种回归:从荒芜的沙漠回归温馨的家园。如果说解构主义的核心概念"延异"对确定意义的质疑和否定是将意义或存在放逐在永远的漂泊之中,那么"建构"寻求的就是一条回家的路。

对翻译之道的寻找,对翻译意义的建构,当然不是对已然隐藏在文本深处的某个确定不移的"本质""基础"或"真理"的期待和发现——文本的意义绝不是如本质主义或基础主义希望的那样可以一劳永逸地解决的,也不是像进步主义想象的那样可以被不断接近的——这种认识中心论是对生活世界的偏离,对存在的遮蔽。相反,对翻译之道的寻求、对翻译意义的建构是对美好的人类生活的寻求和寄望,是对古典德性伦理学的追怀和复兴。

第一节 生长的沙漠:人生意义的丧失

全球化是我们时代的普遍状况,但对于这么一种普遍现象的理论把握却是众说纷纭的。沃勒斯坦(Immanuel Wallerstein)把现代社会的转变归结为一种具有天然扩展特性的经济制度:资本主义。他说:"从一开始,资本主义就是一种世界性经济而非民族国家的内部经济……资本主义绝不会让民族国家的边界来限定自己的扩张欲望。"[①]吉登斯(Anthony Giddens)指出沃勒斯坦的不足,认为对跨国资本主义的经济分析不是把握全球化的唯一途径;相反,全球化具有四个维度,除了受资本主义经济制度支配的世界经济组织之外,还有另外三个维度:相互承认边界和主权的国家、具有毁灭全球能力的巨大现代军事力量和世界军事同盟、建立在

---

① Wallerstein, I. *The Capitalist World Economy*. Cambridge: Cambridge University Press, 1979: 19.

全球相互依赖的劳动分工基础上的现代工业,其中每一维度都不能由另一维度加以解释。吉登斯对全球化的这一概括是全面和准确的。他还指出,每一种不同的制度性维度的背后存在着可以被称作"文化全球化"的现象,这使得他对全球化的概括更加深刻。全球化是世界的全球化,归根结底是人的全球化,人性的全球化;全球化的危机或许诺也只能在这里。(下文还会一再回到这个问题上,目前还是先看更多的关于全球化的理论叙事。)因此,汤姆林森的如下观点是非常正确和深刻的,即文化转型不是全球化的附带现象,而是"处于全球化的中心地位"。他说:"我们的时代所经历的巨大转型(即全球化)所改变的恰恰就是文化体验的结构,它的的确确影响了我们的感觉。"①

长久以来,文化的含义一直都与固定的地方性概念结合在一起。作为一定语境中的适应性策略和意义建构,文化总是跟特殊性和地方联系在一起的。如今,"全球联结的增强"和"时空的压缩"正在威胁文化的这种意义与地点结合的概念方式。根据汤姆林森的观点,意义的跨越领土的流动,或曰"去领土化"(deterritorialization)也许不是危机和威胁,而是许诺和希望。因此,与对同质化和霸权文化感到担心相反,他乐意看到文化之间差异和距离的消失。他认为:在克服了有形的物理距离之后,文化距离的克服是衡量全球化成就的一个标准;因此,"考察全球化(复杂的联结)对文化的影响,就要看联结的加强是如何改变意义构成的语境的,它是如何参与到意义构成当中来的,即它如何影响认同感、对地方的体验及自我与地方的关系,怎样影响人们原有的、完全在地方定位的生活中发展而来的共享的理解力、价值观、欲望、神话、希望与恐惧的。要考察

---

① 汤姆林森. 全球化与文化. 郭英剑,译. 南京:南京大学出版社,2002:1.

的是我们最具地方性的、最亲密的日常体验的'世界'的转型"①。

在汤姆林森看来,丰富多彩的地方差异的转型、没落、消失对于人类并不是威胁(threat)和梦魇(nightmare),而是许诺(promise)和美梦(dream)成真;因为"文化的差异是偶然的而非必然的联系","文化的职能并不仅仅是差异的确立",文化之间的差异"并非起于文化实践的目的,而不过是它的后果罢了"。"文化没有在根本上与差异结合在一起,文化也不是普遍概念本身的对立面。人类可能存在着某种共同的、潜在的存在状况(生活方式),它对这个星球上的所有人都适用,在此基础上可能还有某种普遍的价值观","甚至可能出现这样的情形:人类利益的某些普遍的感受,在全球的现代性的地方认同感的再植入中,是内在所固有的。"②

而且,这么一种建立在人类共同存在状况和物质实践基础上的全球文化或世界文化不仅是可能的和潜在的,而且是现实的或实现了的。他说:"现在存在着一个世界文化(a world culture),这并不是说出现了意义体系和表述体系的全部同质化,也没有迹象表明它们在不久的将来会出现。但这个世界已经成为各种社会关系的一个网络了,而在世界不同的地区之间,除了人员和商品的流动外,还存在着意义的流动。"

全球一体、世界大同的美好梦想古已有之,并不只有在全球化加速发展的今天才成为可能。相反,当代社会陷入深深的不能自拔的矛盾和危险之中:全球变暖、资源匮乏、生态恶化、贫富悬殊、冲突不断……令人绝望的是,所有这些问题是无法通过发展或经济增长来解决的;也就是说,这些问题是业已覆盖全球的资本主义

---

① 汤姆林森. 全球化与文化. 郭英剑,译. 南京:南京大学出版社,2002:27.
② 汤姆林森. 全球化与文化. 郭英剑,译. 南京:南京大学出版社,2002:98.

商业文明基本文化模式所固有的。

汤姆林森说，如今全球社会关系网络中"存在着意义的流动"，这是他据以判断全球文化现实存在的根据。但这种意义的流动绝不是各种各样地方文化的平等、自由流动与和平、和谐共存，而是文化之间的政治博弈，是强势文化对弱势文化的主导甚至抹除。在全球化过程中，语言和文化的消亡是触目惊心的。

这个"意义的流动"也不能理解成现存语言和文化之间的词汇或语法借用。文化，按照汤姆林森的定义——也是普遍接受的定义，是全部的生活方式，包括日常实践的所有方式。他是这么解释的："每一个人，都在他们日常实践与体验之中做着常规性的言说。这些日常生活叙事并不比象征性的叙事①少富于意义，少接近人类生活情景的实质，少关注生活的重大问题，从展示自己对存在的感受这个角度而言，它们都是文化文本。比如广告文本，虽然被霍克海默、阿多尔诺贬为同资本主义的工具性目的相连接的'文化工业'的一部分，但依旧是很重要的文化文本。因为广告文本与电影等一样提供了相同的叙事：生活应该怎么过、'理想的'人类关系图景是什么样的、人类的成果与幸福的范例是什么等。"②如果以这样的文化定义来看待现阶段全球范围内"意义的流动"，那么由此形成的"世界文化"就不能不被看作西方的生活方式和世界观、价值观等在全球范围的单向扩散和投射。

西方崛起，成为全球的政治、经济和文化主导，这是不争事实；但欧洲中心主义和普遍主义的偏差和谬误在于把欧洲的现代化经济发展模式看成人类发展的必由之路，认为其特殊的文化发展和现行的生活方式带有普遍的合法性，应该成为全人类的生活范式，

---

① 指文学作品、电影、戏剧等通过象征性的再现实践来建构意义的精英文化实践。
② 汤姆林森. 全球化与文化. 郭英剑，译. 南京：南京大学出版社，2002：25.

他把自身的特殊利益装扮成全人类的普遍利益,把欧洲的特权看成历史的必然。黑格尔(Georg Hegel)认为,中国文明具有"一种天然植物的存在特性",这就是"亚洲帝国臣服于欧洲人的必然命运"①。这种历史目的论、宏大叙事和进步主义在欧洲具有悠久的传统。

从 19 世纪以来,以英国为首的西方列强以血腥和罪恶的方式开辟了一个又一个海外市场,如今西方资本主义自由市场业已覆盖全球;但这正是西方长期以来努力把非西方文明纳入自身体系的结果,是历史的偶然发展而已,并不是人类的必然命运。对于全球现代化的本质,叶维廉一针见血地指出:"全球化在本质上是过去殖民活动换汤不换药的重新部署,其行径亦步亦趋地翻版了工业革命时期货物过剩欲求打开世界市场而对第三世界展开的侵略,只不过采用了另一种瞒天过海的手段而已。"②

对普遍主义的批判,政治哲学家格雷(John Gray)的见解是深刻和具有代表性的。他说:有关人类普遍文明的观念是启蒙运动有关人类历史进步的普遍原则的一部分,它"把文化差异当作物种的昙花一现或附带现象,认为其是历史中的一个过渡阶段"③。他还说,普遍主义是西方知性传统中最"基础的"文化原则,它出现在"苏格拉底对受审视生活的规划中,出现在基督教对所有人类进行赎罪的使命中,出现在启蒙运动对普遍的人类文明进步的规划中";它是"西方知性传统中最无用,同时也是最危险的一种形而上的信仰",即相信"地方的西方价值观对所有文化和所有民族都具有权威性"。④

---

① 汤姆林森. 全球化与文化. 郭英剑,译. 南京:南京大学出版社,2002:108.

② 叶维廉. 道家美学与西方文化. 北京:北京大学出版社,2002:146.

③ Gray, J. *Endgames*:*Questions in Late Modern Political Thought*. Cambridge:Polity Press,1997:177.

④ Gray, J. *Endgames*:*Questions in Late Modern Political Thought*. Cambridge:Polity Press,1997:158.

欧洲中心论与普遍主义具有相同的信念和野心，它是西方人对自己生活方式的普遍性和绝对性信念，以及根据这个信念而对世界进行的文明化的规划。他们相信，18世纪的欧洲经过启蒙运动后形成的文明代表了人类进步的顶点，可以运用于所有民族、所有地方和所有时代，全人类最终都会被纳入他们的文明进程中。出于这种自信，欧洲的文化精英们无视所有其他各式各样的地方的、传统的生活方式的价值和意义，认为它们是落后的、野蛮的、未开化的、不成熟的、残缺的、畸形的，因而是可以随意铲除和消灭的。根据鲍曼的观点，文明化的实质就是要"铲除生活方式的相对性和多元性。它体现为'人类文明'这一绝对概念，一个统一的、一元的观念，它不容忍任何对立面，不考虑任何妥协，不反思自身的有限性"①。在这种将自身文明普遍化和绝对化的实践中，在这种进步与落后、文明与野蛮的等级制的二元对立中，并不是欧洲人审美趣味的偏颇，而是自身的私利，是为了"争夺时间和空间的控制权"，争夺"社会的主导权"，是"渴望掌握真正的历史进程"，甚至"拥有对历史的统治权"的野心，是一种"邪恶的、残忍而漫长的文化改造运动"②。鲍曼把这种文明化的进程看作"园艺文化"对"荒野文化"的铲除和取代；在这个过程中，作为园丁的欧洲文化精英们耕作、选种、播种、施肥、除草，进行一系列管理和操控活动，以确保自身利益的增产和丰收。③

正是出于对普遍主义和欧洲中心论的信仰，福山（Francis Fukuyama）认为世界历史将走向终结，终结于西方的资本主义市

---

① 鲍曼. 立法者与阐释者：论现代性、后现代性与知识分子. 洪涛，译. 上海：上海人民出版社，2000：124.

② 鲍曼. 立法者与阐释者：论现代性、后现代性与知识分子. 洪涛，译. 上海：上海人民出版社，2000：87.

③ 鲍曼. 立法者与阐释者：论现代性、后现代性与知识分子. 洪涛，译. 上海：上海人民出版社，2000：126.

场经济制度和自由民主的政治制度。

世界历史的终结也就是人类生活方式的终结，人类对美好生活和生活意义的追求的终结，也就是人的终结和世界本身的终结。"人的时代或者说历史的终结就是人的绝对灭绝，是自由和历史个体的灭绝。"这是德里达的老师科耶夫（Alexandre Kojève）的哀叹。德里达的学生南希（Jean-Luc Nancy）把全球化的这种状况称作"正在生长的沙漠"，在这种绝对的贫瘠和虚无中"再也没有……世界的意义"①。胡继华对南希"there is no longer ... "结构的分析也是别具一格的："'再也没有'，说明曾经具有，或者说先于我们存在而具有某种'意义'。具有悲剧意味的是，这种先于一切意义的意义随'世界化'（mondialization，becoming-worldwide），或曰'全球化'（globalization）的云烟而永远消散，而今人们徒作悲戚，忧郁地追怀而已。"②为什么世界、意义再也不存在了呢？他继续解释："从事实看，世界，大地，宇宙，方向，秩序，空间，本来就和我们共同存在，我们天天和它们照面，我们生存在它们之间。何以说'再也没有'？要知道，这里的'世界'、'大地'、'宇宙'是一些名词术语，是一些受西方文化范畴和指称体制决定的理念，而不是它们所指的现实本身……在西方文化的指称体制之中，再也没有可以指称'世界……意义'的概念了。'意义'在别处，在他者，在世界的另一个维度上。"③

种种危机，包括经济萧条、世界大战、环境污染，也促使欧洲人对自己的文化体制（和价值观念）进行深刻反思和检讨。"科学"的

---

① 胡继华. 后现代语境中伦理文化转向——论列维纳斯、德里达和南希. 北京：京华出版社，2005：153.

② 胡继华. 后现代语境中伦理文化转向——论列维纳斯、德里达和南希. 北京：京华出版社，2005：153.

③ 胡继华. 后现代语境中伦理文化转向——论列维纳斯、德里达和南希. 北京：京华出版社，2005：153-154.

观念和方法一般被认为是西方输往世界各地的最具价值和普遍性的东西,也是西方人觉得最能体现自身优越性的东西。胡塞尔(Edmund Husserl)就认为,理性主义的科学精神是西方文明的根本特征,现在世界各民族的欧洲化实际上就是向理性主义的科学精神的靠拢;所以,西方人只有高扬这种理性主义的科学精神,才能确保自己的光荣传统和优势地位。他如是说:"只有这样才能决定,是否欧洲人真正在自身中肩负着绝对观念,是否欧洲文明也不过是像中国或印度一样的经验的人类学的文明类型;以及只有这样才能决定,是否一切其他文明的欧洲化不是一种历史的荒唐胡闹,而具有绝对的世界意义。"①

这种黑格尔式的普遍的、绝对的历史目的论在很长时间里是不受质疑的,但与老师一起提出著名的"语言相对论"的沃尔夫(Benjamin Whorf)却清醒地认识到,"普遍绝对"的科学观念和思想只是"西方印欧语的产物"。它有两个特征。一是各个学科彼此隔离、自成一体。按照沃尔夫的说法,这种西方印欧语产物的科学理论(dialectics)说着各自的方言(dialects)。他的原话是:"我们称为'科学思想'的东西,是西方印欧语的产物。它不仅发展出了一系列的理论(dialectics),而且还发展出了一系列方言(dialects)。目前这些方言正变得相互之间无法理解。"②二是客观、价值无涉(value-free)成为科学的代名词,把一切有关主体的问题都排除在科学研究大门之外。两者相互联系,共同促使这种客观的、体制化的科学研究摆脱对生活世界的合法性的诉求,而具有一种自主性或内驱力。它受工具逻辑的支配,以自身为目的,自

---

① 胡塞尔. 欧洲科学危机和超验现象学. 张庆熊,译. 上海:上海译文出版社,1988:17.

② 沃尔夫. 论语言、思维和现实:沃尔夫文集. 卡罗尔,编. 高一虹,等译. 长沙:湖南教育出版社,2001:249.

我演进,自我服务。科学研究原本只是人类实现美好生活的工具,但现在工具遗失了最初服务人类的目的,它成为自身的目的,规定自身运动的步骤和方向。

这就是齐美尔(Georg Simmel)所谓的西方"文化的悲剧"。这是一个"悲剧",因为科学文化的发展并没有使人类更加完善,更加富于人性和德性;因为科学、技术这些在人类精神创造大踏步向前发展过程中产生出来的东西,与它们的创造者和初始目的愈来愈不相干,而这恰恰在于它们的成功。它们因自身的需要和内驱力而大量创造和繁殖,但创造的产品或所谓的"成果"对于美好生活而言已丧失意义。这种脱离生活世界的自我需要和自我循环,在一切现代学科中都是存在的,但齐美尔特别提到语言学。

> 在语言学中,技能之精巧,方法之精确,已经发展到了无法企及的高度。另一方面,真正对于思想文化有着重要意义的研究课题,却没有同样迅速地得到补充。这样,语言学研究经常变成了一种纠缠于细枝末节的烦琐研究,一种迂腐的研究,同时,那种无关宏旨的悉心钻研,变成了涉及其自身目的的方法研究,变成了一种自成一体的研究规范的膨胀,这种规范有其独立的路径,不再与作为一种圆满生活的文化相统一……①

齐美尔称作"文化悲剧"的东西,被同时代的胡塞尔看作"欧洲科学的危机"。科学陷于"危机"之中,这在于现代科学在其发展过程中产生出一种忽视人的存在意义的物理主义的客观主义,也就是实证主义。胡塞尔批判实证主义是一种残缺不全的科学观,因为它把科学局限于物理事实的范围内,拒绝回答超出纯粹客观事

---

① 鲍曼. 立法者与阐释者:论现代性、后现代性与知识分子. 洪涛,译. 上海:上海人民出版社,2000:208.

实范围而涉及主体的价值和意义问题。

无论是"科学的危机"还是"文化的悲剧",都表现为科学丧失生活意义,表现为真正的科学特征,它提出的任务和为之建立的方法竟成了问题,表现为高度发达的人文科学未能履行自己应尽的义务和职责:在科学理性一路高歌猛进中,人类却陷入不能自拔的矛盾和危险之中。

西方科学、文化的危机和悲剧,归根结底,是西方人性的危机和悲剧,是现代西方价值观的危机和悲剧。现代性是西方启蒙运动之后逐渐形成的主流思想和社会建设目标,它已成为今日世界的主流思想和社会建设目标,即现代性规划正在全球得以实施,尽管它也遭到各方面的严重质疑。杜维明和卢风在《现代性与物欲的释放》一书中认为,这种广播的现代性释放的是物质贪欲,放弃或削弱的是精神的超越向度。他们首先通俗地指出现代性的内涵:"就思想维度而言,现代性涵盖自由主义(其中蕴含个人主义)、经济主义、科学主义和人类中心主义;就社会建设目标而言,现代性统摄工业化、都市化、世俗化、民主政治和市场经济。现代性指导下的社会和文化改造(或变迁)过程就是现代化,完成了现代化任务的社会(和文明)就是现代社会(和文明)。"然后指出现代社会与所有前现代社会的根本区别:"现代社会把人的物质贪欲视为进步的动力和创新的源泉,而所有前现代社会都把人的物质贪欲视为洪水猛兽。"现代社会与前现代社会之所以有这种根本区别,是因为影响现代制度建设的主流意识形态和价值观念是"经济主义和消费主义,而经济主义和消费主义的实质是物质主义。物质主义认为,人生的根本意义在于尽可能多地占有'难得之货'(如科技含量高、造型精美的汽车)。这显然是极为粗俗的价值观(和人生观)"。如此粗俗的价值观居然能成为主流价值观,指导制度建设,影响绝大多数人的人生追求,原因在于:"自由主义的流行……物质主义是粗俗的,经济主义和消费主义也不够精致,但自由主义是经过无数思想家论证的精致的政治思想体系……现代制度建设的基本理据是由自由主义提供的,而不是直接由经济主义和消费主义提供的,更不是由粗俗的物质主义提供的。"从精致的自由主义到粗俗的物质主义,个中关系和来龙去脉是这样的:"自由主义标举自由与人权。自由主义及其制度的允诺是:给个人以最大自由!个人自由的界限就是他人的自由,即,只要你不侵犯他人的自由,怎么都行! 平等也是现代性张扬的基本价值……给每个人以同等的基本尊重,或给每个人以同等的基本权利,这就是平等。自由和平等都要求消除对不同族群的歧视……人们对人生意义(或人生价值)的不同理解也难分高下了,不同的生活方式也不允许再被区分为高贵的和卑下的,高雅和低俗之间的界限也趋于模糊了。这样一来,在传统社会一直受到压制和歧视的物质主义者和拜金主义者,在自由主义和现代社会制度的庇护之下,逐渐成为社会的中坚。于是,他们的生活方式成为典范,他们的价值观成为主流的价值观……'资本的逻辑'便逐渐成为指导一切社会生活的逻辑。于是,经济主义、消费主义和物质主义逐渐'大化流行'!"[1]

以上论证是令人信服的。鲍德里亚(Jean Baudrillard)也指出,在这么一个物的统治和物的狂欢的世界里,"人们无处可去,只有进商店",人生的意义和目的就在于对物的占有和消费。他说:"我们现在居于消费的中心,它是日常生活的整体组织,是完全的同质化。一切都跟消费联系起来,'幸福'被简化为消费。工作、娱乐、自然、文化最终变成购物这么一个单一的活动。"[2]

---

① 杜维明,卢风. 现代性与物欲的释放——杜维明先生访谈录. 北京:中国人民大学出版社,2009:2-4.

② 转引自:汤姆林森. 全球化与文化. 郭英剑,译. 南京:南京大学出版社,2002:125-126.

"我消费故我在",这是现代生活的写照。弗罗姆说:"现代的消费可以用这样一个公式来表示:我所占有和消费的东西等于我的生存。"①于是,人们购买衣服不再出于真实需要而是被新奇所诱惑,衣服的破旧(过时)似乎比品德的欠缺更可耻。《瓦尔登湖》作者,美国作家、哲学家梭罗(Henry Thoreau)说:"衣服不仅遮掩我们的身体,也渐渐掩盖住我们的内心,人消失在了衣服的背后。人与人之间的区别只存在于衣服的差别。人们穿衣服是为了被观看,而不是为了自身。所以他们首要的考虑不是适合自己,而是适合某个场合。在这样的社会里,人与人并不相知,而是一些衣服与一些裤子相识,连嗅觉敏锐的狗都认得衣服不认得人。动物换毛或蜕皮选在隐蔽的地点完成,只有人类才大张旗鼓地炫耀包在体外的这层皮;动物的换毛是因为'内在的运作和膨胀',而人类热衷于包裹自己的同时体内越来越失去生命力,内心生活日渐荒废。"②房屋、汽车则是体现人的存在和价值的更加外在的——也是人们更加在意的一张"皮"。

南希具有类似的观点和判断,他认为技术—资本的物化魔力"将世界变成一种全球结构,一个本质上是由资本主义、普遍主义和垄断主义组织独裁统治的网络空间。在这个空间,'劳动'已经终结,'主体'的作用已经弱化到了近似于零的程度,'意义'也耗散在普遍物化的碎片之中"③。

胡塞尔在《欧洲科学危机和超验现象学》(*The Crisis of European Science and Transcendental Phenomenology*)一书中也

---

① 弗罗姆. 占有还是生存——一个新社会的精神基础. 关山,译. 北京:生活·读书·新知三联书店,1989:32.

② 转引自:王诺. 欧美生态批评——生态文学研究概论. 上海:学林出版社,2008:193.

③ 胡继华. 后现代语境中伦理文化转向——论列维纳斯、德里达和南希. 北京:京华出版社,2005:155.

指出，欧洲科学的危机不是某一学科领域的个别危机，而是一个总的危机——人性的危机，人的世界观的危机。他说："欧洲的各民族正在患病，欧洲本身正如人们所说的处于危机中。"他希望发展"一种拯救各民族和超民族的共同体的医学"①。他认为，欧洲人性危机的祸根早在文艺复兴时期就埋下了，那时所产生的物理主义的客观主义(实证主义)的世界观要求研究者小心地排除一切做出价值判断的立场，主张把一切有关主体的问题都排除在科学研究的大门之外，认为科学的任务局限于研究"纯粹的"客观事实，而不应回答有关价值的问题，因为它们超出了纯粹客观事实的范围，而涉及主体的问题。这种把实在看作"自我封闭的物体世界"的新世界观或新自然观，是通过伽利略(Galileo Galilei)才宣告产生的。他"从几何的观点和从感性可见的和可数学化的东西的观点出发考虑世界的时候，抽象掉了作为过着人的生活的人的主体，抽象掉了一切精神的东西，一切在人的实践中物所附有的文化特性。这种抽象的结果使事物成为纯粹的物体，这些物体被当作具体的实在的对象，它们的总体被认为就是世界"②。因此，"伽利略这位物理学或物理学的自然的发现者，既是发现的天才，又是掩盖的天才"③。自此，世界一分为二，这就为二元论开辟了道路，不久，二元论便在笛卡儿(Rene Descartes)那儿产生了。

胡塞尔批判实证主义是残缺不全的科学观。面对深重的社会危机和急剧的时代变革，胡塞尔认为，必须立即对人生的意义和价值问题做出回答。事实上，对这一问题的深切忧思和苦心求索使

---

① 胡塞尔. 欧洲科学危机和超验现象学. 张庆熊，译. 上海：上海译文出版社，1988：4.
② 胡塞尔. 欧洲科学危机和超验现象学. 张庆熊，译. 上海：上海译文出版社，1988：71.
③ 胡塞尔. 欧洲科学危机和超验现象学. 张庆熊，译. 上海：上海译文出版社，1988：63.

他的后继者具有一种广泛的悲怆情怀和悲剧精神。

如果说胡塞尔对欧洲科学世界遗忘、遮蔽生活世界的危险感到忧虑,那么海德格尔(Martin Heidegger)忧思的则是西方人的整体生存状况:非诗意的"栖居状况"。在这里,"栖居"不是指人现实地占有住宅,"诗意"不表现为诗人非现实的、浪漫的想象和抒情;"诗意的栖居"也不是指从事某种文艺性的活动,而是指"人类此在的基本特征",即人的本真存在。这种诗意的本真存在被遗弃在人们的忙碌中、劳绩里,他们"为住房短缺所困扰……由于劳作而备受折磨,由于趋功逐利而不得安宁,由于娱乐和消遣活动而迷迷惑惑"①②。总之,他们的栖居与诗意格格不入。

人们的栖居与诗意格格不入是因为他们对待自然万物的科学技术或形而上学的态度。在这种态度里,水是两个氢原子和一个氧原子的混合物,月亮是一块荒凉的巨石,心是躯体的一个器官……这一切既是科学的发现,也是对物的掩盖和遮蔽。

人们的栖居与诗意格格不入还因为他们对待自然万物的功利性或工具性态度。在这种态度里,万物的意义就是它们的有用性,在于它们能否被开发、改造和利用,即所谓"见树只见木材"。

无论是对物的科技的态度还是工具的态度,都是对物自身的遗忘和遮蔽。与此相反,则是"走向事物本身"的对物的诗意的态度。在这种新的伦理态度里,人不再是万物的尺度,人不再为自然立法;相反,人要"进入物的生成之中,去经验物,倾听物。人在世界中与万物一起游戏,共同生成自身"。在这里,世界充满的不是人类克服、控制、征服、改造自然的活动,而是物自身遵循着"道"的运动。

---

① Heidegger, M. *Poetry*, *Language*, *Thought*. Hofstadter, A. (trans.). New York: Harper & Row, Publishers, Inc., 1971:213.

② 转引自:孙淑奇. 诗意、此在、栖居——解读海德格尔《人诗意的栖居》. 理论界, 2008(7):134.

海德格尔对物的"诗意"的态度与老庄哲学对物的"道"的态度是一致的,都是让物作为物自身——也就是让物是其所是地存在,而不是作为人的工具和手段而存在。海德格尔与庄子的一致不是巧合,而是前者受到后者启发。海德格尔在《传统的语言和技术的语言》一书中对庄子的《逍遥游》有过评论,涉及如下一段:

> 惠子谓庄子曰:"吾有大树,人谓之樗。其大本擁肿而不中绳墨,其小枝卷曲而不中规矩。立之涂,匠者不顾。今子之言,大而无用,众所同去也。"庄子曰:"子独不见狸狌乎?卑身而伏,以候敖者;东西跳梁,不避高下;中于机辟,死于网罟。今夫斄牛,其大若垂天之云。此能为大矣,而不能执鼠。今子有大树,患其无用,何不树之于无何有之乡,广莫之野,彷徨乎无为其侧,逍遥乎寝卧其下。不夭斤斧,物无害者;无所可用,安所困苦哉!"①

对此,海德格尔评论道:

> 它提供了这样的洞见:人对于无用者无须担忧。凭借其无用性,它具有了不可触犯性和坚固性。因此以有用性的标准来衡量无用者是错误的。此无用者正是通过让无物从自身制作而出,而拥有它本己的伟大和规定的力量。以此方式,无用乃是物的意义。②

万事万物"正是通过让无物从自身制作而出,而拥有它本己的伟大和规定的力量",或者说,"无用乃物的意义"。因此,人对物的态度决定物的意义是否被揭示,以及在何种程度上被揭示。

---

① 陈鼓应.庄子今注今译.北京:中华书局,1983:29-30.
② 转引自:彭富春.什么是物的意义?——庄子、海德格尔与我们的对话.哲学研究,2002(3):50.

对庄子来说，人物的正确态度是通过逍遥者与大树的关系来比拟和说明的："树之于无何有之乡，广莫之野，彷徨乎无为其侧，逍遥乎寝卧其下。"对此，彭富春解释得很明白："在此大树和人的关系完全脱离了手段和目的的关系。远离了人的世界，中断了任何一种对它的有用性或者无用性的判断，大树只是生长在自然之野中，而自然才是大树所归属的世界。在这样的自然的世界里，大树就是大树，它作为其自身是其自身。因此它是真正的物自身。它不来源于什么，也不为了什么。它自身就是自身的缘由和目的。如果说在自然中的大树回到了物自身的话，那么在大树边的逍遥者则回到了人自身……人回到自身与物回到自身是同一过程。"①

走出人与物的目的与手段关系，这是一种解放或"去蔽"；由此，物从人的奴役下解放出来，同时人也将自身解放出来——不为物累，从而获得自由。

解除了对物的有用性的欲望遮蔽的人生活在自然世界之中，他自由地游于自己的本性之中，也自由地游于物的本性之中，以至于"游于无穷"。这么一种遵循"道"的生活就是"诗意的栖居"。对于海德格尔来说，无穷的"道"就是"神性"，是永远不能被同化的绝对的他者。在他看来，人栖居包含四个要素或"维度"：天、地、神、人。凭借技术，人已经征服了大地，攫取和掠夺已使无物逃遁。但人在占有物的同时，物也占有了人；人和物纠缠不清，因此人无法在大地中认清自己。

在海德格尔看来，用诗意的——也就是用充满神圣、敬畏和惊异的目光打量世界，这时世间万物便具有神的属性。这时，天空不再是天文学家或物理学家眼中的景象，而是神的居所，在那里，"天

---

① 彭富春. 什么是物的意义？ ——庄子、海德格尔与我们的对话. 哲学研究，2002
　　(3)：50.

空是太阳的路径,月亮的轨迹,星星的闪耀,一年之节候,白昼之光明与昏茫,黑夜之阴暗与闪烁;是气候的无常,云朵的飘荡,以太的深蓝"①。

海德格尔所谓的"神性",也可以看作人的精神的超越向度,追求神性就是超越或放弃自我的目的和计划而走向他性,因为"神性是自我无法掌控的他性"。"神性",其实也就是人对自身善良人性(主张"性善论"的孟子称为人生而有之的"善端")的维持和培养。正如文章最后作者温和地说道:"只要这种善良之到达持续着,人就不无欢喜,以神性来度量自身。这种度量一旦发生,人就能人性地栖居在大地上,'人的生活'——恰如荷尔德林在其最后一首诗歌中所讲的那样——就是一种'栖居生活'。"②

如果说海德格尔只是温和、委婉地指出欧洲人性危机并提出建议,那么伦理学家弗罗姆就要直接、尖锐和迫切很多。他宣布:"我们已经从超人变成了非人,这一点我们必须要认识到,而且早就该认识到了。"③欧洲的变化从文艺复兴经由启蒙运动,到现代化的完成,绝不仅仅发生在经济、政治和军事领域。其中根本的、影响深远的改变是文化领域里人的改变,人性的改变。

现代人性具有什么样的特征?弗罗姆概括为自我中心主义、利己和占有欲。④ 他说:"利己和自私是当前所奉行的那一套伦理道德的主要支柱之一,每一个人只注意自己的而对超出个人范围的事情很少关心。每个人都宁愿等待着预期的灾难的降临,也不

---

① 何芳. 相逢于道路——庄子与海德格尔诗学比较. 北方论丛,1997(6):40.

② Heidegger, M. *Poetry, Language, Thought*. Hofstadter, A. (trans.). New York: Harper & Row, Publishers, Inc., 1971:229.

③ 弗罗姆. 占有还是生存——一个新社会的精神基础. 关山,译. 北京:生活·读书·新知三联书店,1989:5.

④ 弗罗姆. 占有还是生存——一个新社会的精神基础. 关山,译. 北京:生活·读书·新知三联书店,1989:5.

愿眼下做出一些牺牲。"①

这并不是人生来就有的特性或自然本能,而是"一定社会条件下的产物"②,是资本主义为了维持自身生存而必须鼓励和发展的一种人性③。对于这种恶劣人性与资本主义的关系,弗罗姆是这么分析的。他说:

> 十八世纪的资本主义逐步地发生了一种深刻的变化:经济行为与伦理学和人的价值观念分离开来。经济活动被视为一个自主的整体,不受人的需要和人的意志的制约;也就是说,是一个有着自己的动力和规律的运动着的系统……决定经济系统发展的问题不再是什么对人有益,而是什么对系统的增长有益。于是,人们提出了这样一种论点,说,凡是对经济系统的增长有益的事,也会促进全体人的福利,以此来掩盖这种对立的尖锐性。能够证明和支撑这一论点的恰恰是经济系统所需要的那些人的性格特质,所谓人生来就有的本性——自我中心主义、利己和占有欲;人之所以这样,责任不在经济系统,而在于人的本性。那些不知自我中心主义、利己和占有欲为何物的社会被称作"原始落后"的,其成员也都是"幼稚和未开化的"。人们拒绝承认这一事实,即这种性格特征并不是自然的本能,而是一定社会条件下的产物。④

既然由于社会的经济制度而形成的那些性格特征是欧洲也是

① 弗罗姆. 占有还是生存——一个新社会的精神基础. 关山,译. 北京:生活·读书·新知三联书店,1989:13.
② 弗罗姆. 占有还是生存——一个新社会的精神基础. 关山,译. 北京:生活·读书·新知三联书店,1989:9.
③ 弗罗姆. 占有还是生存——一个新社会的精神基础. 关山,译. 北京:生活·读书·新知三联书店,1989:5.
④ 弗罗姆. 占有还是生存——一个新社会的精神基础. 关山,译. 北京:生活·读书·新知三联书店,1989:9-10.

世界的病源所在,那么要克服和避免全球经济和生态灾难,就必须改变人的基本价值观和世界观。也就是说,必须在建设新社会的过程中"形成具有新的伦理道德和对自然的新态度"①的一代新人,一个新社会才能建成。

从根本上改变现在占统治地位的人的性格结构,"不仅仅是一种伦理道德或者说宗教上的要求(正确地生活就是按照某种道德或宗教信条去做),也不只是根据我们现今的社会结构的病原性质而得出的一个心理学上的假设,而是人类维持自身生存的先决条件。在人类历史上首次出现这样的情况,即人类肉体上的生存取决于人能否从根本上改变自己的心灵"②。我想现在世界的经济形势和生态危机确实使我们具备了从利己到利他,从重占有到重生存的性格特征或生活方式的转变所需的勇气和想象力。

第二节　意义在别处:他者伦理学的意蕴

20 世纪法国最重要的哲学家之一列维纳斯将承担对于他者的伦理责任(an ethical responsibility towards the other)的伦理学作为第一哲学;它是科学的科学,是经济学、政治学、社会学等赖以建立的基础。

1. 他者伦理学提出的背景

伦理学的基础地位、重要性和迫切性在于 20 世纪一系列"可怕事件"已经使"地的根基都动摇了"。海德格尔在第一次世界大

---

① 弗罗姆. 占有还是生存——一个新社会的精神基础. 关山,译. 北京:生活·读书·新知三联书店,1989:11.
② 弗罗姆. 占有还是生存——一个新社会的精神基础. 关山,译. 北京:生活·读书·新知三联书店,1989:12.

战之前战战兢兢地预言："世界可能再也不存在。"①人类的信仰、价值、道德已支离破碎；用列维纳斯的话说，奥斯维辛之后，"每一个人都可以像纳粹一样为所欲为"。世界已分崩离析，"礼崩乐坏"，那么人类还有未来吗？伦理道德还有可能吗？"幸福的目标"位于何处？又如何重振秩序？这些是列维纳斯"作为第一哲学"的伦理学所关切和回答的问题。

列维纳斯对"幸福目标"的思索，对人类未来的寄望，是从第二次世界大战对无辜者空前大屠杀的历史事实中获得问题意识的，其最初的目的是对 20 世纪的罪恶、恐怖和苦难做出伦理学的回应。他说："如果说我的思想中有一种清楚明白的犹太因素，那就是它参照了奥斯维辛——上帝听任纳粹为所欲为。"②

奥斯维辛，作为人类苦难、历史灾祸和世间罪恶的符号，表明"为所欲为"的人类已取代上帝，人的尺度已取代神的尺度，而所谓的"道德"也不过是邪恶者为所欲为的"道德"。人类的这种狂妄和膨胀，据南希所说，体现在俘获了西方思想两千多年的"创造"观念里，其结果是这么一个残酷的景象："创造者和创造物最后没有了区别，人的尺度日益过度，而超越了神的尺度。这就是神圣正义论被'人是目的'的人类正义论所瓦解的过程，正如思想家沃格林（Eric Voegelin）形象地陈述的现代性谋杀上帝的过程。"③

法西斯的"正义"带给千千万万他人的是饱受摧残、凄苦无依的非正义；可以说，20 世纪是人类罪恶和丑陋空前释放和爆发的世纪，也是无辜者普遍罹难和蒙羞的世纪。难道千千万万无辜者

---

① 转引自：胡继华. 后现代语境中伦理文化转向——论列维纳斯、德里达和南希. 北京：京华出版社，2005：41.

② 转引自：胡继华. 后现代语境中伦理文化转向——论列维纳斯、德里达和南希. 北京：京华出版社，2005：38.

③ 胡继华. 后现代语境中伦理文化转向——论列维纳斯、德里达和南希. 北京：京华出版社，2005：47.

的痛苦是人类"进步"道路上的必要铺垫,是历史目的论"整体计划"的一部分,是"获取救赎的必要开支"? 列维纳斯拒绝这么一种将痛苦正当化的历史辩证法;相反,他认为"将邻居的痛苦正当化就是一切非道德的根源"①。

将邻居或他人的痛苦正当化,就是为了自我利益而对他人实施暴力的强盗逻辑,是典型或极端的以自我为中心的唯我论。唯我论是整个西方思想的典型特征,在师从胡塞尔和海德格尔的过程中,列维纳斯日益把老师们的现象学或存在论看成这种思想的重复,而决心与之决裂。

现象学通过"现象学还原"或"悬搁"的方法,发现一个先验自我或本我(ego),它是基本的和绝对的,是作为所有其他绝对确定性来源的最初的绝对确定性。它不是经验世界的一部分;相反,它通过意向性建构出可认知的世界。

现象学旨在研究意识与世界之间的接触,即所谓"回到事物本身";但根据意向性理论,世界是以早已在意识中被建构了的方式相遇的。这样,意向性所许诺的相遇恰恰是它所阻止的:意识不可能遇到任何真正有异于它自身的东西,因为外部世界是它活动的产物。所以列维纳斯认为,意向性作为对事物的意识,非但不能让主体与外部世界接触,反而把主体同外部世界隔绝,使它成为一个单子,自我封闭,没有门或窗可以通向外面的东西,它在世界中所发现的意义仅仅是它自己所创造的意义。②

这样一来,不仅客观世界是主体的构造,揭示先验自我的悬搁方法本身也不能证明其他先验自我的存在,因为"我"不拥有关于它们的直接经验;否则它们就不再是先验的,而是向"我"的意识呈

---

① 胡继华. 后现代语境中伦理文化转向——论列维纳斯、德里达和南希. 北京:京华出版社,2005:48.
② 戴维斯. 列维纳斯. 李瑞华,译. 南京:江苏人民出版社,2006:20.

现并由"我"的意识所构造的一部分。①

如果意义完全是由主体所给予的,而不是在世界中发现的,那么意识就不能经验、感知或了解任何不为它所包含的东西。事实上,任何以先验自我作为其最初绝对确定性的哲学都必然面临唯我论的问题。

海德格尔使现象学发生存在论转向,用"此在"取代自由和先验的意识。对海德格尔来说,"主体既不是自由的,也不是绝对的,他不再是完全对自己负责,他为历史所支配和压倒,他无力控制他的起源,因为他是被抛到世界之中的,他的被抛在他的所有设计和全部力量上留下标记"②。首先,作为时间或历史中的存在,此在卷入实存的方式已经赋予此在一种原初的意义。其次,作为被抛在世的存在,"此在"必然与他人分享同一个世界,与他人共在。"不拥有一个世界的孤零零的主体从来不是原初的,也绝不是给定的。"③④海德格尔如是说。

尽管如此,"此在"在根本上仍然是孤独的,因为"与他人共在"的社会性只"是此在与存在的关系的一部分,而不属于此在与某种完全陌生的东西的关系,社会性只是在主体身上找到"。所以,"共在并没有打破作为此在经验之特征的向来我属性的结构。他者并不是从外部来挑战我对世界的所有权和理解的;相反,他是在存在的亲密性中遇到的,而且同者的优先性得到保持……胡塞尔的移情作用表明未能把他者作为他者,海德格尔的共在恰恰犯了同样

① 戴维斯. 列维纳斯. 李瑞华,译. 南京:江苏人民出版社,2006:27.

② 戴维斯. 列维纳斯. 李瑞华,译. 南京:江苏人民出版社,2006:27.

③ 转引自:戴维斯. 列维纳斯. 李瑞华,译. 南京:江苏人民出版社,2006:16.

④ Heidegger, M. *Being and Time*. Macquarrie, J. & Robinson, E. (trans.). Oxford:Blackwell, 1962:116.

的错误"①②③。

海德格尔用来取代"心灵""意识"或"超验自我"的"此在"保留着对他者实行压制、对他者拥有霸权的同样结构。列维纳斯将两位老师的思想看作孤独的"自我学";在这里,不管自我以何种方式经验对象——认识、理解、再现、把握或者占有——都是以自我为目的或参照对他者的决定、吸收或同化的,犹如"同者的自由体操",为所欲为;又犹如"一个饥饿的胃",把自我之外的东西吃进去转化成自我的能量。自我"孤身自处,对他者一无所闻,置身于所有交流和拒绝交流之外——没有耳朵,就像一个饥饿的胃"④⑤。

把他者还原成同者,把他者纳入自己的体系(整体),这是西方哲学的典型姿态,也是西方帝国主义的典型举动。战争暴力与哲学暴力存在关联。德里达说:"由于现象学与存有论(即存在论——本书作者注)没有能力尊重他者的存在和意义,恐怕它们会变成一些暴力哲学。而通过它们,整个哲学传统恐怕也会在意义深处与同一的压迫和集权主义沆瀣一气。"⑥

列维纳斯把对他者实行压制的暴力哲学称为孤独的"自我学",德里达从中发现了一种不祥的"孤独之光"。在这道恐怖的孤独之光烛照下,世界展露无遗,无物藏匿,不再神秘、无限。无论是胡塞尔的先验自我还是海德格尔的此在,他们所遇到的世界总是

① 戴维斯. 列维纳斯. 李瑞华,译. 南京:江苏人民出版社,2006:32.
② Levinas, E. *Time and the Other*. Cohen, R. A. (trans.). Pittsburgh: Duquesne University Press, 1987:93.
③ Levinas, E. *Existence and Existents*. Lingis, A. (trans.). Boston & London: Kluwer Academic Publishers, 1978: 95.
④ 戴维斯. 列维纳斯. 李瑞华,译. 南京:江苏人民出版社,2006.
⑤ Levinas, E. *Totality and Infinity: An Essay on Exteriority*. Lingis, A. (trans.). Pittsburgh:Duquesne University Press, 1969: 143.
⑥ 德里达. 书写与差异. 张宁,译. 北京:生活·读书·新知三联书店,2001:154.

以经被照亮、被认识、被理解、被把握和被拥有的世界,来自外部的东西总是以经验为主体的一种构造物。"来自外部的东西——被照亮了——得到了理解,也就是说,来自我们自身。光使对象成为一个世界,也就是说,使它们属于我们。"①②这样一个被照亮、被理解、被把握和被拥有的世界,没有给主体之外的东西留下位置。对列维纳斯来说,现象学和存在论的不足或谬误在于不能想象一种与他者的相遇,这种相遇并不必然导致自我回归。

2. 从主体性到他性

针对 20 世纪思想界对主体性的消解③,列维纳斯把他的学说看成对主体性的维护和捍卫。他在自己的代表作《整体与无限》(*Totality and Infinity*)的前言中说道:"千真万确,这本书是对主体性的捍卫,但它将不是在纯粹自我式的对整体的抗拒的层次上来理解主体性,也不是在面对死亡的痛苦中来理解主体性,而是把主体性建立在无限的观念之中。"④

在列维纳斯看来,西方思想中一个挥之不去的阴影就是无法想象自我界限以外的无限或他者;不管这个自我是笛卡儿的"我

---

① 戴维斯. 列维纳斯. 李瑞华,译. 南京:江苏人民出版社,2006:26.

② Levinas, E. *Existence and Existent*. Lingis, A. (trans.). Boston & London: Kluwer Academic Publishers, 1978: 48.

③ 20 世纪盛行的结构主义把主体囚禁于"语言的牢笼",人的主体性让位于结构的客观性。"主体的终结""形而上学的终结""人道主义的终结""人的死亡""上帝的死亡"等成为当时最时髦的观点和最响亮的口号。"它们表达了人文科学中的某种研究状态:一种严格的考虑导致了从心理学、社会学、历史学和语言学角度对于听从自身、体味自身的自我的不信任。"列维纳斯如是说。参见:虚惊 Levinas. *Humanism de L'Autre Homme*. Paris: Fata Morgana, 1972: 85. 又见:杨大春. 列维纳斯或主体性的失落、延续与转换. 江西社会科学, 2009(9):68-76.

④ This book then does present itself as a defense of subjectivity, but it will apprehend the subjectivity not at the level of its purely egoist protestation against totality, nor in its anguish before death, but as founded in the idea of infinity. (See: Levinas, 1969: 26.)

思"、黑格尔的"绝对精神"、尼采的"权力意志",还是胡塞尔的"先验意识"或海德格尔的"存在",它的运作必然是整体化的,它作为本源或根据,已经先行决定一切,统治一切,不可能允许有在它之外者。他者通常被认为是某种暂时与自我(同者)相分离,但最终可以与之调和的东西;别于存在的事物最终表明是存在的一部分,只不过暂时地或错误地与之分离而已;他者性(他性)只是一种暂时的干扰,它被归纳或还原成同一性时就得到了解决和消除。这种情况,就像尤利西斯在历经各种各样异域冒险之后最终总要回到舒适的家园一样。对此,德里达的高足——南希的观察是:"西方正是作为界限、局限的意义出现的,即使它不断开疆拓土。具有讽刺意味的是,西方似乎把无限地扩张自己的局限作为它在整个星球、整个银河系和整个宇宙中的志业,它让世界向它的封闭开放。"①面对这种情况,列维纳斯所思考的就是思想走出自我封闭和局限的可能性和条件,也就是绝对地处在"我"的理解之外的他者在我们的生活中出现的可能性和条件,并试图表明与他者的相遇所具有的伦理学意义。要分析走出自我的封闭和局限的可能性和条件,当然首先得弄清楚自我的界限之外、自我这个整体(同者)之外有什么。列维纳斯的回答是:无限。"无限"观念与"整体"观念相对,来自笛卡儿。笛卡儿在《第一哲学沉思录》第三篇提出这样一个问题:主体是否可以认为自己是它所包含的所有观念的源泉? 由于结果不能大于原因,因此笛卡儿认为,主体不可能是那些大于它或比它更完美的观念(比如上帝的观念)的源泉②;由此证明主体是由某种超越它的事物创造的。笛卡儿在此论证的是上帝的存在,列维纳斯则把这个超出知识范围、抗拒先验自我、不可能

---

① Nancy, J. *The Birth to Presence*. Holmes, B., et al. (trans.). Stanford: Stanford University Press, 1993: 1.

② 戴维斯. 列维纳斯. 李瑞华,译. 南京:江苏人民出版社,2006:42.

还原成内在性的绝对的外在性转变成自己的他者,认为"无限者是绝对的他者"①,"上帝是他者"②。无限者就是他者,而他性就是超越性或外在性,因为它处在主体的力量之上或之外,是主体的力量所不及的,超出主体的理解和认识范围。对此,列维纳斯是这么说的:"笛卡儿式的无限者的观念表明了一种与存在者的关系,这个存在者对于思考它的人保持完全的外在性。"③

除了"无限"的观念之外,"死"也向我们展示了一个不能为"我"所经验、认识或理解的绝对他异世界的存在。死总是"我"自己的事,它是每一个此在必须自身承受的事件,没有人能够代替另一个人去经历死亡或剥夺另一个人的死亡经历;这就是海德格尔所谓的死的"向来我属性"。然而,列维纳斯认为,海德格尔的"向死而在"的存在论遗漏了死的一个本质要点。死如果属于与存在的关系的一部分,那么它就能够为此在所经验或理解;但它却是绝对地处于主体的经验之外,是根本不可知的。这就是说,一跨过死亡的界线,"我"就成了非"我",进入了一个非"我"的世界。因此,死不是某种主体可以看见、洞悉或理解的东西;它破坏了主体对自身的掌控,它表明有一个事件是可能的,对于这个事件,"我"不能把它看成一项意向性或实存性设计的一部分。死的这种特征表明,我们处在与某种绝对他异的事物的关系之中;这种绝对他异的事物不是某种我们通过享受就可以加以吸收的暂时规定,而是一

---

① Levinas, E. *Totality and Infinity*: *An Essay on Exteriority*. Lingis, A. (trans.). Pittsburgh: Duquesne University Press, 1969:49.

② Levinas, E. *Totality and Infinity*: *An Essay on Exteriority*. Lingis, A. (trans.). Pittsburgh: Duquesne University Press, 1969: 211.

③ The Cartesian notion of the idea of the Infinite designates a relation with a being that maintains its total exteriority with respect to him who thinks it.

个其真正的存在就是他性所造就的东西。①②

自我界限之外还有"他者"或"无限"存在的可能性和条件。显然,列维纳斯此番论证所诉求的并不是事实(fact)或真理(truth):"他者最初并非一个事实。"③但列维纳斯在这里所追寻的是比真理和事实更本源的东西,因为他相信:"社会并非起始于对'真'的思索,真理是通过与他者——"我"的主人的关系才有可能的,因此真理是与这种作为正义的社会关系相伴产生的。"④⑤列维纳斯把他者当作"我"的主人(master)、统治者(lord)或"你",优先于把他者当作认识的对象;也就是说,无限(他者)优先于整体(同者),形而上学(伦理学)优先于本体论(认识论)。⑥

如此一来,在列维纳斯作为第一哲学的伦理学体系里,主体性就不是传统思想中抽象概念对客观对象进行分析、理解、认识、掌握的自发性或能动性,而是对"我"的自发性和自由的克制和质疑,是对处于自我界限以外的无限或他者具有无法满足的渴望的道德意识;总之,就是他性或外在性。在西方传统本体论或认识论哲学里,主体性是同一性的保证,在同一的世界里,根本没有真正异己之物的存在,一切都是"家政"或"内政","我"随心所欲地处置一

---

① Levinas, E. *Time and the Other*. Cohen, R. A. (trans.). Pittsburgh: Duquesne University Press, 1987.

② 戴维斯. 列维纳斯. 李瑞华,译. 南京:江苏人民出版社,2006:33.

③ Levinas, E. *Totality and Infinity: An Essay on Exteriority*. Lingis, A. (trans.). Pittsburgh: Duquesne University Press, 1969:84.

④ Society does not proceed from the contemplation of the true; truth is made possible by relation with the Other our master. Truth is thus bound up with the social relation, which is justice.

⑤ Levinas, E. *Totality and Infinity: An Essay on Exteriority*. Lingis, A. (trans.). Pittsburgh: Duquesne University Press, 1969:72.

⑥ Levinas, E. *Totality and Infinity: An Essay on Exteriority*. Lingis, A. (trans.). Pittsburgh: Duquesne University Press, 1969:43.

切,毫无外在性可言。对此,列维纳斯是这么说的:"在这么一种接近被认识者的方式里,被认识者的他异性对于认识者消失不见了。认知过程在这个阶段等同于认识主体的自由,这种自由不是对被认识者的尊重,而是对它的限制。"①②与传统主体这种停留在自己的世界里无法遇见他者或无限的逻各斯中心主义相反,列维纳斯"把主体性呈现为对他者的欢迎,对他者的好客;在这种欢迎和好客中无限的观念得以完成"③。他认为:"知识或理论首先表明一种这样的关系:认识主体让被认识者显现自身,而同时尊重它的他异性,不让这种认知关系以任何方式对它进行标记。在这种意义上,形而上学的欲望就是理论的本质。"④⑤

在列维纳斯看来,人们对外在世界的认识或理论把握的主体性首先不是表现在对世界的自我中心主义的操控、改造、利用、简化或"标记"上,而是表现在对被认识者的他异性的尊重上,即让被认识者是其所是地显现自身。让他人(他物)是其所是地展现自身,这正是列维纳斯赋予"他者"(the Other)一词的含义。列维纳斯区分了小写的"the other"和大写的"the Other"。它们都与自我

① ... a way of approaching the known being such that its alterity with regard to the knowing being vanishes. The process of cognition is at this stage identified with the freedom of the knowing being encountering nothing which, other than respect to it, could limit it.

② Levinas, E. *Totality and Infinity: An Essay on Exteriority*. Lingis, A. (trans.). Pittsburgh: Duquesne University Press, 1969: 42.

③ Levinas, E. *Totality and Infinity: An Essay on Exteriority*. Lingis, A. (trans.). Pittsburgh: Duquesne University Press, 1969: 27.

④ Knowledge or theory designates first a relation with being such that the knowing being lets the known being manifest itself while respecting its alterity and without marking it in any way whatever by this cognitive relation. In this sense metaphysical desire would be the essence of theory.

⑤ Levinas, E. *Totality and Infinity: An Essay on Exteriority*. Lingis, A. (trans.). Pittsburgh: Duquesne University Press, 1969: 42.

或同者相对,但前者可以被同者所同化和吸收,而后者不能;前者证实整体,后者揭示无限。① 换句话说,当他人或他物(the other)被当作他人或他物来对待时,他或它就是他者(the Other)。列维纳斯自己是这么说的:"被当作他人(他物)的他人(他物)就是他者。"②

让他人(他物)是其所是地呈现,这种自我与他人的关系被列维纳斯称作"面对面"(face to face)的关系。面对面是一种排除了自我中介的直接关系,这种关系是西方思想界不熟悉的。列维纳斯说:"西方哲学常常是一种本体论:通过放置一个确保对存在进行把握(理解)的中间或中性术语把他者简化为同者。"③在西方哲学史上,这个中间项曾以"思""理念""意向性"或"存在"等不同的面目出现;但不管以何种面目出现,它都无法打破或走出孤独、封闭的自我的藩篱而遇见他者。列维纳斯还说:"这种对被认识者的他异性进行剥夺的方式只有通过第三方——一个不是存在者的中间项——才能完成。在这个中间项里,同者遇见他者的惊异感被抹杀了。这个第三方的中间项可能以'思'的概念出现。于是存在的个体被贬低为'思'的一般。"④

自我的中介是直接、真诚地遇见他者的障碍,可以说,正是"我"的存在造成"我"的孤独;因此放弃"我"的主体性(自我的需

---

① 戴维斯. 列维纳斯. 李瑞华,译. 南京:江苏人民出版社,2006:47.
② Levinas, E. *Totality and Infinity: An Essay on Exteriority*. Lingis, A. (trans.). Pittsburgh: Duquesne University Press, 1969:71.
③ Levinas, E. *Totality and Infinity: An Essay on Exteriority*. Lingis, A. (trans.). Pittsburgh: Duquesne University Press, 1969:43.
④ This mode of depriving the known being of its alterity can be accomplished only if it is aimed at through a third term, a neutral term, which itself is not a being; in it the shock of the encounter of the same with the other is deadened. This third term may appear as a concept thought. Then the individual that exists abdicates into the general that is thought.

要、目的、意图、利益、期待及意识形态、价值观念等），以免它对他人的独特性造成遮蔽和框限；这种对他人的独特性、他异性做出回应，承担一份绝对责任的面对面关系就是社会正义，它是真理的保证。列维纳斯说：

> 让他人是其所是，我们需要的是这种话语关系。把他人当作主题的纯粹的"揭示"未能对他表达足够的尊重。我们把交谈中的这种面对面的方式叫正义。如果真理是在存在者发出它自身光芒的绝对体验中出现的，那么真理只有在这种名副其实的交谈或正义中才能产生。①

让存在者在它自身所发出的光芒的照耀下自我呈现，而不是让孤独的主体之光来对它进行揭示，或赋予它某种意义（主题），这是真理产生的条件，也是社会正义的保证和世界和平的希望。否则，只能是自我构筑、自我授权的极权主义的暴力和冲突。对列维纳斯来说，正义就是放弃自己，把自己交出去作为他人的人质，服从他者的权威。他说："正义在于在他者中认出我的主人……正义就是承认他者的特权和统治……"②又说："脸的赤裸状态即它的赤贫状态。对他者的承认就是对一个渴望的承认。对他者的承认是给予，但这是在一个高度上向主人、向统治者、向作为'你'来接

---

① To "let him be" the relationship of discourse is required; pure "disclosure", where he is proposed as a theme, does not respect him enough for that. *We will call justice this face to face approach*, *in conversation*. If truth arises in the absolute experience in which being gleams with its own light, then truth is produced only in veritable conversation or in justice.

② Levinas, E. *Totality and Infinity: An Essay on Exteriority*. Lingis, A. (trans.). Pittsburgh: Duquesne University Press, 1969: 72.

近的人交出自身。"①

　　放弃自己的一切——你的目的、你的意图、你的思想、你的想象、你的偏见、你的期待,等等,一切的一切,让自己赤裸裸地、毫无保留地、无限空灵地面对他人,服从他人的统治和权威,这是一种克服了主体随心所欲、为所欲为地同化他者的自由的新的精神自由状态。传统本体论崇尚、提倡自由;"大胆运用你的理性!"这是启蒙运动响亮的口号;然而,这种把主体性等同于认知能力的理性的运用反而使工具、机器、科技或者体制成为强大的主宰力量,人并没有因此获得启蒙运动所允诺的自由,人道主义的理想非但没有消除反而助长了剥削和战争。这一结果,在列维纳斯看来,是因为停留在内在世界里的孤独的主体没有尊重他者的能力。本体论把主体性看成同化他人的自由:"把他者简化为同一的本体论提倡自由——那种不让自身被他者异化、与同者同一的自由。"②与此相反,列维纳斯把主体性看成对这种自由或自发性的质疑、反思和克服。这种自我质疑或自我批判可以理解为对自我的弱点(weakness)或道德缺陷(moral unworthiness)的发现,是一种无能的、力不从心的意识(a consciousness of failure),也可能是一种负罪感(a consciousness of guilt)③。这么一种无能或负罪的意识让自我中心发生动摇,从而走向他人。他认为,这种走向他者的外在性理论优先于停留在自我世界里的内在性理论,伦理学优先于本体论而成为第一哲学。列维纳

---

① The nakedness of the face is destituteness. To recognize the Other is to recognize a hunger. To recognize the Other is to give. But it is to give to the master, to the lord, to him whom one approaches as "You" in a dimension of height.

② Levinas, E. *Totality and Infinity: An Essay on Exteriority*. Lingis, A. (trans.). Pittsburgh: Duquesne University Press, 1969: 42.

③ Levinas, E. *Totality and Infinity: An Essay on Exteriority*. Lingis, A. (trans.). Pittsburgh: Duquesne University Press, 1969: 83.

斯对他作为第一哲学的伦理学是这么定义和解释的：

> 尊重外在性的理论描述的是另一个结构，一个形而上学必不可少的结构。在对存在的把握中，它注重批判。它发现它幼稚的自发性的任意性和教条主义特点，质疑本体论运作中的自由。它然后寻求这样来行使自己的自由，以便随时返回这种自由运作的任意的教条主义本源……对同者的质疑——这不可能发生在同者的自私的自发性内部——是由他者引发的。我们把这种由他者的在场引起的对我的自发性的质疑的行为称作伦理学。他者的陌生性、它的不可还原成我——我的思想、我的财产——的特性正是因为作为对我的自发性的质疑、作为伦理学而实现的。形而上学、超越、同者对他人的欢迎、我对他者的欢迎正是作为他人对同者的质疑而具体产生的，也就是作为实现了知识的批判本质的伦理学而具体产生的。批判优先于教条，因此形而上学优先于本体论。①

---

① Theory understood as a respect for exteriority delineates another structure essential for metaphysics. In its comprehension of being (or ontology) it is concerned with critique. It discovers the dogmatism and naïve arbitrariness of its spontaneity, and calls into question the freedom of the exercise of ontology; it then seeks to exercise this freedom in such a way as to turn back at every moment to the origin of the arbitrary dogmatism of this free exercise. ... A calling into question of the same—which cannot occur within the egoist spontaneity of the same—is brought about by the other. We name this calling into question of my spontaneity by the presence of the Other ethics. The strangeness of the Other, his irreducibility to the I, to my thoughts and my possessions, is precisely accomplished as a calling into question of my spontaneity, as ethics. Metaphysics, transcendence, the welcoming of the other by the same, of the Other by me, is concretely produced as the calling into question of the same by the other, that is, as the ethics that accomplishes the critical essence of knowledge. And as critique precedes dogmatism, metaphysics precedes ontology.

　　至此不难发现,在列维纳斯的伦理学里,主体性就是他性,也就是德性,"他者的在场引起的对我的自发性的质疑"这一伦理时刻显然就是道德意识的觉醒时刻。在日常生活中,我们随地吐痰、随手扔垃圾——打个比方说——的自发性或习惯性因为他人的在场而受到抑制、有所顾忌的时刻就是一个伦理时刻,但列维纳斯的深刻性或德性在于"我"的自发性或自由并不是被动地接受他者的监督,"我"是主动地去迎接(welcome)他人的到来,把他奉为上宾——不,不是上宾,而是奉为"我"的主人(master),"我"的统治者(lord),"我"绝对地服从他的统治和权威。而且,对于列维纳斯来说,这个形而上的他者是无处不在/无时不在的;是"我"无法逃避,无法杀死的;因为他就是无限,就是上帝。这么一个高高在上的无限的上帝也只能供奉在"我"心里;一个人德性的大小就取决于他内心里这个他者的大小;或者说,一个人德性的大小就取决于他的羞耻之心的大小。[①] 动物没有羞耻之心,想拉就拉,想撒就撒,因为它们的世界里没有他者,从不以他者来衡量自己。人与动物不同的地方在于人有道德,人区别于动物的理性和主体性也应该首先体现在道德上。这就是列维纳斯把伦理学看得高于或优先于本体论或认识论的原因。现代社会里,人们重视科技,重视工具理性;在科技道路上,国与国之间、人与人之间你追我赶,为的就是建立凌驾于他人之上的优势。从 20 世纪初甚至更早以来,这么一种竞争的态势在全球范围内展开,越来越激烈,越来越明显。这么一种把世界对象化的科技理性的膨胀导致对另一种理性——德性的忽视。但在列维纳斯看来,德性具有优先性。他说:"社会并非起始于对'真'的思索,真理是通过与他者——"我"的主人的关系

---

①　正是在这种意义上,可以说,列维纳斯致力于打破自我局限和封闭的外在性其实是一种内在超越。

才有可能的,因此真理是与这种作为正义的社会关系相伴产生的。"①由此也可以看出,列维纳斯的他者伦理学是在两次世界大战的极端和残酷的景象中获得问题意识的。

3. 他者伦理学的意蕴

没有尊重他人的能力和欲望的唯我论、"自我学"或"暴力哲学"所导致的极权主义已使世界变成罪恶和痛苦的深渊,那么如何重建一个和谐、正义的世界? 列维纳斯解决这一问题的推论就是:既然一切非道德的根源在于将他人的痛苦正当化,在于对他人的无视;那么,根除非道德的唯一途径就是担负一种对他人的绝对责任,一种不求回报、不求补偿的非对称责任。②

在自我与他人的两极对立中,放弃自我而走向他人;在面对他人的时候,敞开自我而不是把自我构筑成一个与他人对抗的坚固堡垒。这是一种艰难的自由,一种知其不可为而为之的努力,一种不可能的可能性,"一种超越一切渴望的渴望,超越一切诱惑的诱惑"③;这就是神圣正义。

这也就是列维纳斯期待的一种与"唯我论""整体性"或"逻各斯"决裂的"新精神","一种属于终极价值的'新精神',一种决裂了将差异转化成同一的思想的'新精神',一种作为最高思想原则的'和平'精神"。他带着期盼和启示的语调喃喃说道:

也许,还可能存在和平——作为思想最高原则的和平。不是那种卑躬屈膝仅仅为了延续而存在的和平,而是作为他

---

① Levinas, E. *Totality and Infinity: An Essay on Exteriority*. Lingis, A. (trans.). Pittsburgh: Duquesne University Press, 1969: 72.

② 胡继华. 后现代语境中伦理文化转向——论列维纳斯、德里达和南希. 北京:京华出版社,2005:52.

③ 胡继华. 后现代语境中伦理文化转向——论列维纳斯、德里达和南希. 北京:京华出版社,2005:47.

人生命和自我遗忘的和平。和平，像爱一样深邃迷茫，深陷在思想之中，接近作为他人身上独一无二的东西。它向他人之中独一无二的东西敞开，向超越普遍性的东西敞开……如果不接近他人身上独一无二的东西，伦理学就是肤浅浮华的东西——仅仅是在一种既成的稳固现实之上粉饰太平而已！也许，和平就是文化的特殊意蕴，是未来生活的特殊意蕴。如果还有这么一种未来的话……①②

这里的"和平"显然不是它常用的意义——没有敌对、争端或骚乱的非暴力共处状态，而是一种"原则"、一种要求、一种责任。而且，这么一种"最高的思想原则"也不是对共处双方的要求。它不是对他人的要求，而是对自我的单方面要求。它还是对自我的"最高要求"——也就是绝对要求；是"比死亡更强大"的"绝对命令"。这种思想原则跟列维纳斯要求对他人承担的绝对责任相似；那是一种"不求回报、不求补偿的责任。这种责任是一种存在于'我'和他人之间的不对称、非互惠的关系……这种'与他人的关系'就是神圣正义。因为它远离机心，所以比死亡更强大"③。

维特根斯坦(Ludwig Wittgenstein)曾经说过："如果一个人能写一本真正的有关伦理学的书，那么这本书将随着'轰'的一声炸响摧毁世界上所有其他的书。"④列维纳斯的伦理学也许就是维特

---

① 转引自：Wood, D. *Writing the Future*. London & New York：Routledge，1990：11-14.

② 转引自：胡继华. 后现代语境中伦理文化转向——论列维纳斯、德里达和南希. 北京：京华出版社，2005：41-42.

③ 胡继华. 后现代语境中伦理文化转向——论列维纳斯、德里达和南希. 北京：京华出版社，2005：52.

④ I can only describe my feeling by the metaphor, that, if a man could write a book on Ethics which really was a book on Ethics, this book would, with an explosion, destroy all the other books in the world.

根斯坦所说"真正的有关伦理学的书",因为他颠覆了整个西方的哲学传统。在列维纳斯看来,整个西方哲学传统,从巴门尼德(Parmenides)到海德格尔,无论是本体论还是认识论,无不是对对象进行理解、认识、把握和掌控的企图,无不是对各种形式的他异(otherness)进行压制、简化和同化的企图,都是一种消化哲学(digestive philosophy)。在这里,自我或认识主体成为消解、融化差异的熔炉,成为转化、归化他异的场所,而他者则像饮料和食物一样被吸收和同化成自己的力量。自我渴望为所欲为的自由(liberty),渴望洞悉一切的理解(comprehension)、把握和掌控;其结果是,无物藏匿,没有他异能够抵制同者的归化,哲学由此成为认识主体的点金术。

与在本体论哲学中没有他异能够拒绝同者的权威的情况相反,列维纳斯的伦理学就在于他者对自我、同者或认识主体的抵制。列维纳斯把伦理时刻界定为"我的自发性(spontaneity)由于他者的在场而受到质疑"的时刻。对列维纳斯来说,伦理道德意识不是对价值的体验,而是对不能简化为同者的他性或外在性的发现和接近。列维纳斯把这个外在性称为"脸"(face, visage);脸是他者的自我呈现;这个他者"我"无法回避,无法理解,无法杀死;相反,"我"在它面前受到审判,需要证明自己的正当性和合法性。在《有别于存在》(Other Than Being : Or Beyond Essence)一书中,列维纳斯用"言说"与"所说"这一对概念来说明一种有别于本体论的哲学存在。"所说"是"我"所说的话的内容或意义,是"我"表达的主题或观点;这是本体论哲学所说的语言。"言说"是自我面对他者而进行的陈述、提议和表达的伦理行为,它是一个没有被主题化的伦理行为,一个纯粹的伦理事件,它是自我向他者的暴露。列维纳斯说他的整个伦理学可以归结为一句简单的话,那就是:"先生,请!"(Apres vous, Monsieur!)。这是打破或突破自我界限、向他者

敞开和暴露自身的情状,是自我向无法被自我同化的他人的独特性所承担的一份无条件的责任。列维纳斯说:

> ……无论出于什么动机来说明这些相反的情境……最重要的是,他人的控制和贫乏,以及我的服从和富有。这种关系假设在一切人类关系之中。若非如此,面对敞开的大门,我们就不会说:'先生,请!'我一直努力描述的,就是这么一个原始的'先生,请!'。①②

对此,胡继华分析说,"先生,请!"包含着"他人"的无限高度;在这个高度上,"他人"成为"我"的主人,向"我"发号施令,"我"只有服从的义务,这种服从恰恰成为"我"的荣耀和自由。③ 将服从当作荣耀和自由,这并不是一种奴隶姿态,也不是对人类自由的取消,而是对处于自我界限之外的他人的尊严和独特价值的承认、尊重和责任。对列维纳斯来说,他人的观念与无限的观念、他人的观念与上帝的观念是同一的。放弃自我,放弃操控,把自我交出去,让自我毫无保留地暴露在他者面前,绝对服从他人神圣的、无限的权威;这样,与他者的真正相遇才有可能。否则,谦让是不可能的,好客是不可能的,翻译也是不可能的。

如此看来,"作为最高思想原则"的绝对的"和平"也就是至善;与康德(Immanuel Kant)把至善落实在意志上不同,列维纳斯把至善落实在思维、思想上。尽管善行必须通过善良意志发挥出来,但善良意志因坚持主体性原则而是狭隘的、自欺欺人的,甚至会沦

---

① Levinas, E. *Ethics and Infinite*: *Conversation with Philippe Nemo*. Cohen, R. A. (trans.). Pittsburgh: Duquesne University Press, 1985: 88.

② 转引自:胡继华. 后现代语境中伦理文化转向——论列维纳斯、德里达和南希. 北京:京华出版社,2005:58.

③ 胡继华. 后现代语境中伦理文化转向——论列维纳斯、德里达和南希. 北京:京华出版社,2005:58.

为邪恶的。

对于处理人际关系的主体性原则,赵汀阳在列维纳斯的伦理学框架里有过分析和批判。他指出:"从思想语法上看,人们在思考'我与他人'的关系时一直使用的是主体观点,即以'我'(或特定统一群体'我们')作为中心,作为'眼睛',作为决定者,试图以'我'为准,按照'我'的知识、话语、规则把'与我异者'(to heteron)组织为、理解为、归化为'与我同者'(to auto)。列维纳斯认为,这种传统观点的基本态度是对他人不公正,以'我'的观点为准,作为理解的根据,实际上是对他人的否定,是实施了一种暴力,把这种态度作为'我'与他人关系的道德基础在逻辑上是无效的。我们必须以把他人尊称为'您'的他人观点来代替传统的主体观点,只有以他人观点为准来理解才能尊重他人存在的超越性,才能避免把他人的超越性消灭在'我'的万物一体化的企图中,尊重他人的超越性就是尊重他人的那种不能被规划、不能被封闭起来的无限性……显然,只有从他人观点出发,才能演绎出真正公正的互相关系,即'面对面'的'我与你'关系('我'与'你'是平等的,而'我'与他人是不平等的)。相比之下,主体观点缺乏这种逻辑力量,在思想语法上看,从主体观点入手,心中始终以'我'为准,'我'把'你'贬低为'我'的知识和权力范围里的他人,'你'当然也把'我'当成他人,这种似乎平等的关系逻辑地导致了实际上的互相否定,一种在各自不平等的对待之间的互相拆台的所谓平等。即使好像有互相尊重的良好意愿(良好意愿有时只不过是欺骗自己,说自己是个好人),只要思维方式是主体观点的,那种意愿就无从实现。"

从上述观点出发,赵汀阳认为他获得了一个重大发现:普遍接受的伦理金规则"己所不欲勿施于人"或"己所欲必施于人",因为隐藏着典型的主体观点,所以是有问题的。他说:"金规则'己所不欲勿施于人',表面上似乎表达了对他人的善意,其实隐藏着非常典型的主体观点,它的思维出发点仍然是'己',它只考虑到我不想要的东西就不要强加于人,根本没有去想他人想要的是什么,这意味着,我才有权利判断什么东西是(普遍)可行的,我的心灵才算是个有资格的心灵,而他人的心灵和思想根本不需要在场。还有一条从另一个角度表述的金规则'己所欲必施于人',所暗含的意思甚至更糟。"

最后,赵汀阳建议把金规则修改成"人所不欲勿施于人"。他认为他的修改是有必要的和意义重大的:"虽然只一字之差,但其中境界却天上地下。在'由己及人'的模式中,可能眼界只有一个,即'我'的眼界,而'由人至人'的模式则包含所有的可能眼界(possible horizons),我们所能够思考的价值问题范围和价值眼界自然变得宽阔丰富得多。这一改变非常必要,它可以根本改变我们思考价值问题的思路和角度。"[1]

通过赵汀阳对列维纳斯理论的分析、解读和应用,我想我们对列维纳斯所倡议的作为最高思想原则的"和平"的深刻含义和重要意义将有更好理解。"和平"的原则,也就是与主体性原则对立的他人性原则,"作为他人生命"的原则。它是"自我遗忘"、自我放弃,是"退出自身"[2],而不是卑躬屈膝地自我(生命)保全。它更不把自己构筑成一个以自我为中心的坚固堡垒,而是"投降",打开城门,"向他人身上独一无二的东西敞开"。伦理学如果不具有这种深刻的、"深邃"的善的思维结构,那么它只能是肤浅的;凭几条伦理规范,它不能从根本上增强人类德性,而只能是"粉饰太平"而已。

列维纳斯所牵挂的自我与他人的关系是一种放弃机心、算计、

---

① 赵汀阳. 我们和你们. 哲学研究,2000(2):25-34.

② 戴维斯. 列维纳斯. 李瑞华,译. 南京:江苏人民出版社,2006:23.

功利、"比死亡更强大"的关系,是一种不求回报、不求补偿的非对称关系,是自我对他人独一无二的生命和灵魂承担的一份绝对责任。作为"服从""自我遗忘"和"退出自身"的"和平"是列维纳斯"作为第一哲学的伦理学"的特殊意蕴,是人类文化的特殊意蕴,是未来生活的特殊意蕴,也是全球化背景下包括翻译在内的跨文化交往活动的特殊意蕴。

第三章 "利他":一个翻译伦理新模式

　　20 世纪 90 年代以来,翻译伦理模式的建构呈现出一派众声喧哗的热闹景象:异化翻译理论、翻译目的论、食人主义翻译理论等。前文仅举其荦荦大者。总体而言,国外翻译伦理模式的讨论大多是在解构主义或多或少、或明或暗的影响下进行的。解构主义首先冲击的是传统的"忠实"观念,在解除了"忠实"的枷锁之后,自由的译者该如何照顾自己的道德良心,到底该为谁承担一份伦理责任呢? 对这个问题的不同回答使 20 世纪 90 年代以来的翻译研究呈现出一派繁华景观。为民族身份或意识形态(后殖民主义翻译理论),为女性(女性主义翻译研究),为弱势文化(异化伦理),为主顾(功能目的论的"功能＋忠诚"),抑或为文化间的和睦(跨文化交往的伦理),一仆多主,分身乏术,于是讨论非常热烈。

　　这些翻译伦理模式的不足或缺陷首先在于:它们具有一定的立场或方向。坚持一定的立场往往沦为对自我的强化,把自己放在一个道德制高点上去评判是是非非,似乎只有自我的心灵才是合格的道德法庭。翻译目的论就是这么一种极端自以为是和极端自私的伦理主张,它为了目的可以不择手段(the end justifies the means),它的目的可以是为一切行为,如改写、操控、虚构、遮蔽、挪用、盗用、侵越等,提供合法性。其次,以往翻译伦理模式构建的大多是外在的行为规范,而对行为者的心灵和精神世界缺乏足够关怀。沿着德性或美德伦理学的进路,以列维纳斯他者伦理学为理论框架,我在本章提出利他性伦理模式的构想,并尝试回答以往翻译伦理模式中普遍存在的问题。

第一节　翻译伦理学的作为

翻译伦理是个热门话题,如此热门以至于都让人起了反感。但是翻译伦理已经没有研究价值和必要了吗?伦理的终结又意味着什么呢——意味着它的研究任务已经完成,相关问题已经解决;还是开展对翻译伦理问题的讨论根本就是一种错误,必须予以叫停和纠正?如果说翻译伦理研究的任务已经完成,那么它又解决了哪些问题,达成了哪些共识?或者说,这一研究的标志性成果或结论是什么?如果说翻译伦理研究从一开始就是一种错误或一个伪问题,那么它又错在哪里,或者翻译研究的真问题是什么,叫停了伦理研究之后下一步的研究重点是什么?如果不能回答这些问题,那么不分青红皂白地否定翻译伦理研究的价值就有点意气用事了。

且不管别人正确与否、态度如何,我们都有必要好好反思一下翻译伦理研究的价值、作用和意义到底在哪里,它的出发点和归宿是什么,或者它到底要干些什么。而且,为了避免误解、误会,我也有必要为自己提出的利他性伦理做出进一步阐明,以解释清楚我的用心、用意到底是什么。

不言而喻,翻译伦理学或翻译伦理研究应该是为生活着想的,最终落脚点应该是人,是对人类的终极关怀;也就是说,翻译伦理学不应该局限于翻译专业应用领域,而应该分享一般伦理学的理想和分担一般伦理学的使命。可以说,翻译伦理学是为了更好地翻译,也是为了更好地生存;它是一种翻译哲学,也是一种人生哲学。用这一标准来衡量,翻译界当前流行的目的论和异化论作为一种伦理都是十分可疑的。

毋庸置疑,翻译研究的蓬勃发展和独立学科地位的获得是由于"人"的发现。当然,这里的人不是指生理的或物理的人,而是指进行着精神和文化创造活动的人。在这种创造活动中,人不仅改造着世界,也改造着人本身。然而,此前以语言系统之间的对比为基础的"翻译科学"所遵循的方法和思路基本上是以自然科学为范型的,把一切有关主体的问题都排除在科学研究的大门之外,把科学定义为客观规律的探寻和发现。人们对机器翻译的巨大热情和盲目乐观也是这一时期的产物。显然,这种自然科学方法无法保证包括翻译研究在内的以主观意义和价值为研究对象的精神科学的真理。这一客观主义、逻辑实证主义方法的局限在翻译领域是通过理论与实践的矛盾表现出来的。纷繁复杂的实践领域自然无法由通过高度抽象和简化而来的"翻译规律"得到解释和说明,于是人们纷纷放弃语言学途径而转向语用学,希望通过扩大研究的范围,通过探讨翻译活动的具体语境因素,来解释翻译现象。人(译者、读者、赞助人、作者)以及与之相关的文化传统自然是最重要的语境因素之一,因此翻译研究进而转向更加广泛、包罗万象的文化现象;这就是翻译研究领域著名的"文化转向"。由于人的出现,翻译研究呈现出纷繁复杂的局面,许多以前无人问津的议题开始成为热门话题,主体性、主体间性、选择、决定、自由、责任、改写、操控、过滤、颠覆、挪用、盗用、侵越、遮蔽、意识形态、创造性叛逆、解构忠实、归化、异化等有关人的活动和意识的问题开始被人津津乐道。由此,人们对翻译的探索越来越深入和广泛,也越来越复杂、麻烦、无解。广阔的、纷扰的甚至无解的问题域成为哲学涉足的领域,翻译研究从器或技术的层面进入道或思想的层面。这一切皆因人的发现和出场,可以说,以人为主题是现代翻译研究区别于传统翻译理论的关键所在,传统翻译理论基本上是人学的空场。现代翻译研究的滥觞是几个"转向",从语言学到语用学、从源语中心到目的语中心、从语言到文化的转向实际上是从"人学的空场"来到人声鼎沸的生活世界。

经过对现代翻译研究发展脉络的简单梳理,我们不难发现翻译伦理问题的提出是翻译学科发展的内在要求,而不是某人心血来潮所致。同时,它也是全球化时代对翻译研究的呼唤。

不管愿意与否,全球化时代是一个他者出现在自我视野中的时代;译者该如何对待自己的全球邻居,在翻译活动中如何处理自我和他人的关系,这是无法回避的问题。据 Davis[①] 所说,当代翻译研究已不再纠结于具体"怎么译"的讨论,也不满足于"为什么译"的追问,而开始关怀"谁译"的人文价值。是谁在翻译,东方人还是西方人,殖民地还是宗主国,男人还是女人? 怀抱着怎样的目的? 又有着怎样的道德信仰? 其翻译观点或翻译结果对于自我和他人乃至全人类有着怎样的价值? 所有这些以及更多的关于自我与文化他者的伦理关系问题,已成为当代翻译研究的主要议题。

由此可见,当代翻译伦理研究并非无病呻吟、空穴来风,而是具有强烈的问题意识和对现实的严重关切,是为当今全球化社会越来越加剧的冲突、矛盾和危机提供一个理论批判或理论解决方法。在这个公共化程度日益提高的全球化社会里,语言、文化、翻译之间的关系问题变得异常重要、突出、尖锐和令人不安。在翻译界,随着解构主义翻译理论、包括食人主义翻译理论在内的后殖民主义翻译理论、女性主义翻译理论等的揭示,人们普遍认识到翻译不再尽是促进跨文化交流的善良愿望,而是同盗用、挪用、虚构、想

---

① Davis, K. *Deconstruction and Translation*. Shanghai: Shanghai Foreign Language Education Press, 2004: 91.

象、阴谋、遮蔽、操控、改写、侵越、过滤等恶的形象紧密相连。在解构传统的"忠实"观念之后，在解除原文或原作者的枷锁之后，自由的译者该如何照顾自己的道德良心，到底该为谁承担一份伦理责任？对这一问题的令人信服的回答，对于全球化背景下越来越频繁，也越来越成问题的翻译和跨文化交往活动将具有重要现实意义。

联合国大会于 1997 年宣布 2000 年为国际和平文化年，这充分显示和平、对话是全人类的共同愿望，但同时也深刻反映全球范围内冲突和对抗的残酷现实。翻译伦理研究是对翻译研究人文价值的考察和重估，探讨翻译对于整个人类的价值和意义。翻译活动并非天然是善意的，翻译研究必须回答这个问题：翻译活动及其研究究竟是使人类更好地相处、更好地生存、更好地全面发展、更好地实现人的潜能、更解放、更自由，还是相反？在世界联系普遍加强、整个地球面临生态危机和人类面临生存危机的今天，翻译活动和翻译研究将不是出路的一部分，就是问题的一部分。

正是在这样的时代背景下，有些翻译研究学者敏锐地捕捉到了翻译伦理研究的人文价值。经过文化转向，翻译学成为"人学"。人是怎样的一个存在呢？在生活世界中，人不是一个预先完成的概念，而是一个可选择的概念。人的存在，海德格尔称为"此在"，不是存在，而是应在，是在世展开。也就是说，人的存在跟自己的选择和自由相关。俗话说，人生的道路是自己走出来的；你的存在由你所做的事来定义，是一种可能存在。这就是存在主义"存在先于本质"的含义。选择存在就是创作自身，人的这种超越必然性和因果性的自由选择或创造的偶然性和不确定性是人类生活纷繁复杂的原因，也是翻译问题和翻译研究复杂化的原因。翻译的复杂性是复杂的生活本身所赋予的。以往不复杂的研究是把复杂的问题简单化了。由此可见，如何翻译的问题其实就是如何生存的问题;人的存在无法独自完成,必定与他人有关,因此翻译的问题也就是如何与他人共在的问题。从这一简单推理中我们也可以看出,翻译或跨文化交往中人与人之间的关系问题,即怎么译的问题,是翻译研究根本的内部问题,而不是可有可无、无关紧要的外部问题。目前,这一问题的研究远未完成,很多问题还有待澄清。本章我从三个方面对翻译伦理学的作为提出自己的看法,以就正于大方之家。

1. 翻译模式与生活模式

翻译伦理学是为人的生活着想的,但它不能去规定生活中什么是好的什么是坏的,什么是有价值的什么是没价值的;也就是说,它不能为人们规定什么是有价值的好翻译,什么是没价值的坏翻译。好或坏是前伦理学的概念,是由生活定义的,理论没有权利去为人们划分、规定好坏,人们实际上追求、认可的东西就是好的。"忠实"就是翻译生活中一个有价值的概念。真实生活中人们普遍认为,译文的忠实程度越高越好,即便是理论上反对或质疑忠实的人在评价实际的翻译作品时——不管是自己的还是别人的,也总是以忠实为衡量标准。所谓"解构"忠实,是指对某些以忠实之名、行操控之实的翻译实践的政治、经济背景和权力运作结构的揭露和批判,如后殖民主义对东方主义话语实践的批判。这些暗含操控逻辑的所谓的"忠实"翻译也许是某些时期,甚至很长时期的流行或主流做法,但肯定不是所有时期、一切翻译的做法。实际上,包括翻译在内的知识的政治化、文化交往的问题化使文化交流成为政治博弈和软实力竞争,这是当代才有的现象。(这里我对翻译的政治化和操控有严格的定义,我认为它指一种文化干涉另一文化的精神生活和价值观念,以获取自己的优势地位甚至霸权的做法。)不管"忠实"被怎样利用,这个概念本身没有问题,正如有人以高尚的名义做卑鄙的事、以大公无私的名义谋取私利的行为无损于人们对高尚和无私的追求一样。其实,之所以要"解构"忠实,是因为现实的翻译还不够忠实。

忠实是应该坚持的,因为这就是真实的生活或生活所定义的真实,伦理学只能接受由生活本身塑造好的价值观念,然后思考如何才能保护和发展好的事情并且抑制坏的事情。如果接受忠实是翻译的价值所在,那么翻译伦理学的任务就是技术性地论证如何才能达到忠实的翻译,并且避免不忠实的翻译。然而,近些年来,忠实好像成为研究者避之唯恐不及的话题;相反,反忠实的言论倒是理直气壮、甚嚣尘上。

与现实生活中普遍认可的忠实概念相反的,是当前理论界所推崇的改写和操控,以目的论为典型代表。目的论在理论界颇具影响,人们争相论证并自由发挥,对它的实用性或功利性推崇备至;但这只是理论家的兴趣和一厢情愿。实际生活中,人们感兴趣的是原话,是原文的实际情况或真实面目。我想,对于一个文本的解读、接受和反应,没有读者会愿意由译者或其他人来替他/她做主,来决定他/她怎样理解、怎样反应及需要多少信息。此种情况,就像钱锺书所说的"如果能够直接看懂原文,读者就会鄙薄地抛弃译文"。但目的论者、操控论者所秉持的就是这么一种要为他人做主的精英主义立场和态度,他们不相信读者能够与文本直接对话,而需要他们对文本进行操作、处理之后,读者方可接受(参见本书第四章第一节"傲慢与偏见:翻译目的论批判")。

人们到底需要忠实的翻译还是经过操控和改写的翻译,这不是理论家说了算的,而是由真实的生活来决定的,否认这类真实价值的企图是虚弱无力的,替生活规定价值的理论是荒唐可笑的。

面对理论中这种价值观的纷争,我的一个基本立足点是:翻译研究中宣扬、提倡的伦理观点、思想等既应该是关于好翻译的道理,也应该是关于好生活的道理;也就是说,如果某一理论观点是关于好翻译的道理,那么它绝不能是反生活的。一切研究必须回归生活世界,一切研究结论必须回到生活世界中来寻求合法性。反生活的翻译主张无论多么流行、时髦、精致,都是缺乏生命力的,因为翻译模式只能是生活模式、生活方式的一部分,翻译伦理模式所倡导的价值只能是人们在日常生活中认可的价值。

如果让翻译伦理研究回归生活世界,把有关翻译伦理模式的探讨放到更大的社会文化语境中去考量,那么一切是非曲直就变得一目了然。以往的翻译模式,如目的论、改写论、操控论等所提倡和遵循的翻译原则,如"目的为手段提供合法性""每一次翻译都是对原文的一次使用"等的偏差和谬误就是显而易见的。

翻译界极其有害和危险的理论却未受到批判和质疑,而是堂而皇之地大行其道,备受欢迎;这种情况,我认为,同西方文化——尤其是越来越走向封闭的美国文化所推行的霸权主义行径是存在某种关联和呼应的。也可以说,这是美国的政治意识形态向学术领域的撒播。美国国际政治在学术界有两个代言人,一是《文明的冲突与世界秩序的重建》(The Clash of Civilizations and the Remaking of World Order)一书作者亨廷顿(Samuel Huntington),二是《历史的终结与最后的人》(The End of History and the Last Man)一书作者福山。简单地说,前者认为全球各大文明之间是相互冲突的,后者预言冲突的结果是世界各地文化走向终结,最后由美国文化一统天下,美国人将成为最后的人(the last man)。这种观点,在兼容并蓄、爱好和平、重义轻利的中国文化看来是极其荒谬的;但现实中的美国人却深信不疑,他们凭借强力,铲除异己,以确保自己的霸权。

2. 规范伦理与德性伦理

前文说过,翻译伦理学是"人"学,翻译伦理学的落脚点是人。但在以往的翻译伦理研究中,人们构建的往往是外在的行为规范,而对行为者(译者)的内在心灵和精神世界缺乏足够关怀。这种缺失表现在两个方面:一方面,译者的人格、情感、个性、德性等对翻译活动的影响作用几乎完全被忽略,好像翻译活动就是一个机械转换过程,与译者的道德人品毫无关系。当然,人们也热衷于谈论翻译中的改写、操控或主体性,但这些往往被看成意识形态或价值观念这只"看不见的手"对译者的操纵或摆布的结果。另一方面,翻译行动对译者的教化和提升作用完全被忽略,似乎译者只是机械地、无动于衷地完成一个一个的外在任务,而这些翻译行动对译者自身竟毫无影响(参见本书第四章第二节"翻译与人生")。即使是在翻译教学中,受重视的也只是外在的规则条文,包括语言转换的规则和职场的规则,道德品质教育似乎与翻译教学无关。从这个角度看,我们可以说,这是一个机器翻译的时代,也是一个培养翻译机器的时代;在这个功利的快餐文化中,最终受重视的还是翻译软件开发和翻译语料库建设。

重视规则建设的"向外用力"与重视心性修为的"向里用力"曾经是西方与中国伦理思维的显著差异。这种差异在牟宗三、徐复观、张君劢和唐君毅四名儒家学者于 1958 年联合署名发表的《为中国文化敬告世界人士宣言》中表达得非常清楚:"在西方伦理学上谈道德,多谈道德规则、道德行为、道德之社会价值及宗教价值,但很少有人特别着重道德之彻底变化我们自然生命存在之气质,以使此自然的身体之态度气象,都表现我们之德性,同时使德性能润泽此身体之价值。而中国之儒家传统思想中,则自来即重视此点。"①

向外寻求一个公平正义的跨文化交往模式,这是西方学者主

---

① 余纪元. 德性之镜:孔子与亚里士多德的伦理学. 林航,译. 北京:中国人民大学出版社,2009:2.

要和普遍的致思方式，也是启蒙运动以来整个近代西方伦理学的致思方式。众所周知，现代法学和政治哲学已然形成一个普遍共识，即在公共化程度日益提高的现代社会，建立"良序社会"的基本方式或基础条件是法律、制度建设，而无须涉及人们的心灵和精神秩序。然而，规范无法保证德性，正如当代著名伦理学家麦金泰尔在《追寻美德》(*After Virtue : A Study in Moral Theory*)一书中所说的那样：对于一个没有正义德性的人来说，即使是再完备合理的正义规则也等于零。孔子也表达了相同的意思，他说："道之以政，齐之以刑，民免而无耻。"(《论语·为政》)事实上，现代社会规范不断完备，而人们的道德水平却不断滑坡。

既然西方近代伦理学对人的心灵和德性的忽视和放弃是世界误入歧途的一个重要原因，那么在具体的翻译研究领域，有关翻译伦理的构想或翻译伦理学的作为就不能仅仅是有关翻译活动的制度安排或规范建设，而更应该真正深入和关照译者的心灵和精神世界。只有美好的心灵才能保证一个美好的世界。构建优良的与翻译有关的社会公共生活秩序(翻译职业伦理，professional ethics)更多的是翻译政治学或翻译社会学的事情，而关怀译者私人的心理—精神秩序则是翻译伦理学责无旁贷、独自担当的使命。

有关翻译伦理的研究和翻译伦理模式的建构，我们认为，必须建立在有关人性的见解的基础上，必须让人成为好人，必须使人类德性得以增强；翻译伦理规范的讨论如果不能触及人性，那只能是政治学、经济学、法学或别的什么学问，而不是伦理学。当前国内外有关翻译伦理模式的讨论多谈翻译策略、行为规范等，却很少特别关注道德彻底变化我们自然生命存在的气质和品格的一面。总之，我们认为，翻译伦理学的最终目的是实践性地影响译者和读者的内在生命品质。这种观点能够从"向里用力"的中华伦理文化中得到有力支持。例如，孔子的儒家伦理学正是以"如何修身成为君子"为主要问题,以仁义为中心概念。对于孔子来说,儒学的任务和目的就是使人变善,使人通过"修身"而成为好人、"君子"、"仁者"甚至"圣人"。只要为人之"道"找到了,伦理学的任务也就完成了,伦理学的目的也就达到了,此所谓"朝闻道,夕死可也"。

中国伦理思想异常丰富和发达,但在自我与世界的关系问题上,一致强调"向里用力"。与此相反,西方文化倾向于"向外用力",致力于对自然界或他人的认识、控制、征服。西方人讲"知识就是力量"(knowledge is power),浮士德为了获得知识而出卖了自己的灵魂。德里达从这种意欲认识、控制和征服世界的进取中发现一种不祥的"孤独之光"。列维纳斯把这种不能想象与他者的相遇的形而上学称为暴力哲学或孤独的"自我学"。

与西方的这种对他者实行暴力的孤独的自我学相反,中国人的心里总是装着一个他人。自己心里的这个他人的位置必须通过不断地"克己"才能得以保留和扩大。一个人心里面他人位置的大小,就是他对自己的克服能力和超越能力的大小,也就是一个人德性的大小。一个人在"修身、齐家、治国、平天下"这条道路上能走多远,始终取决于他所修得的德性的大小。与必然导致冲突的"向外用力"不同,"向里用力"才是世界和平的希望。

3. 伦理学与政治学

如前所述,以往所构建的翻译伦理模式往往具有一定的方向或立场,如为女性(女性主义翻译研究)、为第三世界(后殖民翻译理论)、为弱势文化(异化伦理)等,这不符合伦理价值的普适性要求。打个比方,如果我们认为无私是比自私更值得倡导的道德价值,那么它就应该适合所有的人,包括富人和穷人。如果站在穷人的立场坚持富人对穷人应该无私,而穷人对富人则无须无私,甚至应该自私,这或许是一种谋求社会公平正义的政治主张,但它不是超越自我的无立场的伦理道德信仰。国外的翻译伦理构想基本上都是这么一种政治主张,比如韦努蒂的异化伦理(an ethics of difference),它只适合把弱势语言或弱势文化译成强势语言或强势文化,反之则不可。又如女性主义和后殖民主义翻译理论都是主张"改写""操控"以颠覆男性中心或东方主义,即采用自己所反对的模式"把别人说的给说回去"(unsay the said of self)。这种以暴制暴的复仇式翻译模式作为一种争取权利的政治斗争倒无可厚非,但作为一种伦理模式则不够深刻和超越。翻译伦理学没有跟翻译政治学撇清关系,这也是翻译伦理学尚不成熟的标志。

第二节　怎么译:从"操控改写"到"克己利他"

可以说,"怎么译"的问题一直是翻译研究的主要甚至全部内容。在讨论怎么译的问题上,翻译史上发生过一次从"规定"到"描写"、从"源语中心"到"目的语中心"的范式革命,也就是翻译研究中的"文化转向"。通过对以往翻译现象的描写,人们发现,怎么译的问题更大程度上是由目的语社会或接受社会的历史、文化(包括文学)、政治甚至经济因素决定的,而不是由传统翻译理论或语言学派翻译学所认定的原文理所当然地决定的。描写翻译学(Descriptive Translation Studies)和操控学派(the Manipulation School)成为翻译研究中的显学。

诚然,根据对以往翻译现象的观察和描写可以发现,翻译不是一个发生在真空中的、价值中立的机械转换过程,而是一个不同文化之间一方对另一方实施权力和暴力的不平等、不平衡、不对称的社会交往过程,也就是一个改写、过滤、投射、虚构、想象的操控过程;但是,存在的不一定是合理的,承认规范的制约或操控作用并不意味着规范的合法化,正如承认自私的普遍性并不意味着自私的合法化一样。

显然,对事实的后顾式(retrospective)描写无法取代对翻译价值的前瞻式(prospective)规定,翻译研究不能就此停步,接下来的问题显然更重要、更迫切。那就是:面对以往翻译中的"操控"事实,我们该怎么办? 怎么译? 是把存在的看成合理的,还是去追求一个更高的道德理想? 到底什么是翻译——以及广义的跨文化交往——的合理模式? 对这些问题的回答,更能体现翻译研究的人文价值,因为翻译研究就其根本特征来说,是一种人文科学、规范科学或价值科学,而不是自然科学、描写科学或事实科学。出于这种认识,我们对以上问题提出尝试性回答。

1. 传统"忠实"的操控性

作为翻译标准或翻译原则,"忠实"回答怎么译的问题,但它被"解构"了。传统"忠实"观念无论作为事实描写还是伦理要求都被质疑、否定和放弃,首先是因为它预设一个单一的作者原意,而这是不存在的,或是不重要而不值得维护和固守的。对于这个观点,有些人不接受,有些人不理解,我举一个身边的例子来解释一下吧。我校接受教育部本科教学质量评估的时候,有一天下午,评估专家到外语学院走访,院长在汇报材料中采用我们在美国拍摄的一张照片,冠之以"求学美国"之名。这张照片,作为一个文本,在这一次使用中院方所要传达的意义是:我们派送教师到国外留学,我们积极与国际接轨,注重吸收、借鉴国外先进教学方法、理念等。然而,你能说这个意义就是这张照片亘古不变的本质意义或唯一意义吗? 对这个意义的忠实和坚持难道不是掩盖了对这张照片其他可能的解读吗? 两个问题的答案都是显而易见的。可见,对某种意义或解释的坚持或维护只是一种人为的建构和操控;用保罗·德曼的话说,是一种把自己的心理和价值投射到对象身上的"修辞";用罗兰·巴特(Roland Barthes)的话说,是一种构筑和强化自己意识形态的"神话";对某个意义的固守和维护只符合某种意识形态的利益,而不对应于一种科学的、认识论的真实。

同一张普通照片一样,文学作品,包括经典文学作品也不存在一个超验的意义或本质。我们以赵树理写的《小二黑结婚》为例。为了反衬新社会新人物小二黑及其对象小芹,小说描写了一个追求资产阶级情调的反面人物——小芹母亲三仙姑。她喜欢打扮,涂脂抹粉的,头上时常戴一朵花;她还喜欢唱歌,四十来岁了,跟年轻人混在一起,有说有笑的。有从事对外汉语教学的教师把这个作品拿给美国学生欣赏,他们解读出别样的意义。在他们眼里,三仙姑是个非常解放的女性:热爱生活,爱美,认为生活是美好的,愿意和年轻人在一起,希望过一种不是别人给她安排的快乐生活;而且,她并没有危害什么人,她是一个正面人物,是勇敢突破束缚、追求女性解放的先锋。相反,村干部什么都管,妨碍了个人自由,是恶的。①

也许你会认为这可不是作者的原意,是误读;但是,对于一个文本,一定要坚持和固守一种解读吗?试想,如果世界上所有文本都固定地对应一个意义,那么这种僵死的东西还有永久的价值吗?这是其一。但更重要的是,作者的原意是不值得固守的。首先,作者总是会"死"的;不是今天的中国人也能认同三仙姑的许多正面价值吗?其次,作者的原意也不是一种本真形态,它受到一定意识形态和价值观念的操控和过滤。按照哈贝马斯的说法,这是"系统"对"生活世界"的殖民,也就是社会对个人的宰制和框限。

对一个文本的阐释,视角、立场不同,就会得出不同的意义。经典如"四大名著"这样经久不衰的作品,也会在不同时代有不同的意义和价值。在《西游记》中,孙悟空无疑是主角,但如今猪八戒好像很受欢迎,网上支持率更高。把人们对猪八戒的认同看成我

---

① 乐黛云. 多元文化与比较文学的发展,江苏社会科学,2003(1):95.

国前段时间猪肉价格上涨的结果,这只能是玩笑话,当不得真。严肃的解释或许是,历史语境的改变造成人们价值观念的改变。在以前,孙悟空的反抗、斗争精神自然具有无上价值;在当前和乐、和谐时期和消费经济时代,猪八戒的享乐主义就占了上风。

以"忠实""通顺"为核心概念的翻译研究走向偏差和谬误,就在于这种对历史语境的忽视。它把翻译看成一种纯粹的知性活动,所追求的是不受历史、政治、社会思想因素影响的具有普遍必然性的超验知识和真理。对这些传统学者来说,认识原作的本质意义从来是不成问题的,翻译的困难在于如何"忠实"地再现这个普遍必然的原义;如果说某一(几)次的翻译尚不能够完全忠实传达原义,那么通过不断的重译,至少能够达到对这个唯一的本质意义的不断接近。这当然不是虚妄的天真和幼稚,这就是别有用心——用"忠实"作为"操控"的幌子罢了。

2. 翻译"操控"性话语的文本分析

对于翻译的操控性或政治性,有过很多文本分析。[1][2][3] 限于篇幅,本书无意到翻译作品中去寻找证据,而只满足于分析一下翻译理论文本;看翻译的操控性如何在这些理论文本中得到论证和辩护,这也是很有趣的。以下文本取自外语教学与研究出版社出版的《翻译研究论文集》中收录的我国 1949 年至 1983 年发表的翻译研究论文,这无疑是当时乃至现代重要和主流的翻译研究话语。

---

[1] Venuti, L. *The Scandals of Translation: Towards an Ethics of Difference*. London & New York: Routledge, 1998: 2004.

[2] Venuti, L. *The Translation Studies Reader*. London & New York: Routledge, 2004.

[3] Tymoczko, M. *Translation in a Postcolonial Context: Early Irish Literature in English Translation*. Shanghai: Shanghai Foreign Language Education Press, 2004.

> 若就翻译工作与翻译工作者的关系来说,我想可以把翻译比作摔跤:假定原作是你摔跤的对手,你应该有能力把他抱起,把他上下或左右翻转,然后把他照你要他站立的姿势叫他站立。[1]

"把他抱起""把他上下或左右翻转""把他照你要他站立的姿势叫他站立",这或许是有关翻译的暴力和操控性最形象的说明。三个"把"字句呈排比架势,每句字数越来越多,力量越来越大,气势越来越猛。细细体味,分明能看到弱小的原文在一个高大魁梧、为所欲为的强势的"翻译工作者"面前瑟瑟发抖。在这种操控和把持下,原文的自身价值和尊严还有保证吗? 请看下文。

> 我以为翻译工作重要不重要,应当从其思想性来看。如果把这个问题提高到思想性,也就是与政治结合起来,而翻译工作者也循着这个方向来做工作,那么什么"信、达、雅"与"直译意译"问题都可解决。[2]

这里的逻辑说得十分明白:翻译的唯一问题就是思想或政治问题,就是保证译义符合自身的政治需要和意识形态。只要这个做到了,那么什么翻译标准(信、达、雅)、翻译方法(直译意译)等问题就都解决了! 对于原文,译者享有不受遏制的无限自由,"信、达、雅"或"忠实"只能是他/她为所欲为的幌子。译者为所欲为的改写、操控活动的合法性则是他/她的"政治任务"赋予的。

> 因为翻译工作是一个政治任务。而且从来的翻译工作都是一个政治任务。不过有时是有意识地使之为政治服务,有

---

[1] 中国翻译工作者协会,《翻译通讯》编辑部. 翻译研究论文集(1949—1983). 北京:外语教学与研究出版社,1984:30.

[2] 中国翻译工作者协会,《翻译通讯》编辑部. 翻译研究论文集(1949—1983). 北京:外语教学与研究出版社,1984:64.

时是无意识地为政治服了务。①

翻译中的操控无处不在,无时不在;只是有时是有意识地进行的,有时是无意识地进行的。关于翻译的政治性我们直言不讳,西方翻译界承认这一点却是羞羞答答的。也许他们像萨义德所说,认为将文化的鼻子伸进政治的烂泥中去的做法会粗野地打破学术纯洁性的传统偶像②;但西方人在翻译中的操控行为,以及在更大、更广泛领域里对他者实行的以自我为中心的同化、吞并行为,比起中国人是有过之而无不及的。我会一再回到这一点上来,但目前还是继续我们的文本分析。

意识形态的这种操控具体遵循什么程序或表现在什么方面呢?

首先是对译书的选择。因为书是表现作者的思想,表现作者的政治观与人生观的。作者的思想一定经常受到他所处的政治环境的限制。因此选择要译的书必须十二分地谨慎。第一,要考虑我国政治与文化环境的需要……其次就要考虑一本书的作者;他是哪国人,他是进步的,反动的,还是中间的。最后再把书的内容仔细看一遍,是否合于我们的需要,然后决定是否译出。这样就可以克服盲目乱译的毛病,所译出的书一定会密切配合国内的政治形式。③

这显然是被解构主义所揭示、所批判和所致力解构的维持"自我中心"的努力:人们翻译或介绍外国作家、作品不是真心出于对

① 中国翻译工作者协会,《翻译通讯》编辑部. 翻译研究论文集(1949—1983). 北京:外语教学与研究出版社,1984:64.
② 萨义德. 东方学. 王宇根,译. 北京:生活·读书·新知三联书店,1999:18.
③ 中国翻译工作者协会,《翻译通讯》编辑部. 翻译研究论文集(1949—1983). 北京:外语教学与研究出版社,1984:65.

他者的尊重和承认,也不是出于对自己的局限和不足的反思和意识,而是一种控制、操纵、利用或吞并的意图或愿望。这种翻译无法遇见他者,它所追求的只是一个纯粹排他的圆心。[①]

随着翻译研究的深化和扩大,人们把译本的选择纳入研究范围。按照自己的政治需要和意识形态对外国作者和作品进行选择和取舍,在这里翻译过程就开始了。由此可见,译者的主体性首先体现在文本外部,进而在文本内部。

> 必须善于掌握作者原意。我们翻译书,就是要把原作者所要讲的意思(不仅是话)很好地传达给我国读者,使读者也能和作者发生同样的感情与思想……过去翻译者经常有这样一句话:"随便拿起一本书就翻下去。"这种态度在今天讲来是值得考虑的。因为我们是有意识地为政治服务,要对人们负责,应当有义务把外国作品的真正意思传达给我国读者。[②]

本段中反反复复、一再强调的"原作者所要讲的意思(不仅是话)""外国作品的真正意思"难道真是外国作品或外国作者的"真正意思"吗?难道外国作品和外国作者的意思就是要为"我们"的政治服务吗?答案自然是否定的。这种对自我意义的寻求、对他者自身价值的忽视只能是一种通过操控原文来实现自身利益和目的的努力。因此,与其说"使读者也能和作者发生同样的感情与思想",不如说使作者发生和目的语读者同样的感情与思想。因为只有这样,"外国作品的真正意思"才总是与我们的政治需要相一致的。翻译操控论所提倡的就是这么一种以自我为中心、以自我为尺度的霸道逻辑。

---

① 申连云. 尊重差异——当代翻译研究的伦理观. 中国翻译,2008(2):16.
② 中国翻译工作者协会,《翻译通讯》编辑部. 翻译研究论文集(1949—1983). 北京:外语教学与研究出版社,1984:66.

为了使翻译更好地为本国政治服务,还必须采用归化、透明、通顺的翻译策略。

> 必须正确地熟练地用中文表达出来。一个翻译工作者,不仅要精通某一种外文,还要精通中文;因为翻译是给中国读者读的,中国的读者经常是要用中国语言与文字的标准来要求的。①

中国读者自然按照存在于"中国语言和文字"中的思维方式来认识事物、思考问题;但翻译的意义和价值正在于它能让人跨过语言的疆界去认识另一种思维方式和文明,翻译的意义和价值绝不在于对自我的固守、维护和强化。译者使外国作者按照本国读者的思维定式说话,这无疑最能体现翻译的操控性。最后是从译本选择到具体的翻译过程,再到翻译效果的一个全面总结:

> 上面几点在翻译工作者看来,也许是些技术问题,我认为实际是思想性问题,因为只有这样来看,才能达到使翻译为政治、为人民服务的目的。也只有这样才可以解决过去所争论的"信、达、雅"与"直译意译"问题。一个具有高度政治头脑的翻译工作者,选择一本对我国当前建设任务有重要意义的较好的外国书,深刻地掌握了原作的思想,正确地熟练地用中文传达出来;这会是一本坏的译书吗? 我不相信的。它必然是"信"的,"达"的,"雅"的,也绝没有什么"意译"与"直译"的问题。②

这里的结论和逻辑推理是非常有趣的,无疑体现了一种以自

---

① 中国翻译工作者协会,《翻译通讯》编辑部. 翻译研究论文集(1983—1949). 北京:外语教学与研究出版社,1984:66.
② 中国翻译工作者协会,《翻译通讯》编辑部. 翻译研究论文集(1949—1983). 北京:外语教学与研究出版社,1984:67.

我为中心、以自我为尺度的话语权力或暴力:符合自身政治需要或目的的翻译"必然是'信'的、'达'的、'雅'的",必然是好的、善的。

翻译,就像以上文本所指出的那样,在很多情况下是一种政治行为,是受到意识形态操控的改写;但是,翻译的这种意识形态特征或政治性与粗俗的政治权力并无直接的对应关系。它实际上是政治意识向语言学、文学、社会学、历史学、经济学、哲学或美学文本的一种撒播和分配;它通过学术研究、科学活动、心理分析或语言重构等将代表一定利益群体的文化传统和世界观创造或建构出来,并使其得以维持下去。这种观念体系或知识体系在各种学术、美学和文化力量的共同作用下成为一种得到普遍接受的过滤网,一切实存文本和观念文本都通过这张网进入人们的意识之中,包括翻译作品在内的个体作家(译家)的作品也总是在这种总体政治语境或环境中构建起来。①

3.翻译"操控"性话语的解构

解构主义是一种广泛的情绪;对传统或经典的翻译"忠实""通顺"观念的质疑和解构,显然受到解构主义致力于对在场的形而上学或逻各斯中心进行解构这一流行思潮的影响。德里达以"延异"应对"在场",目的是阻止个人对"真理"或"本质"这个逻各斯中心的占有。这样层层替代,层层扩展;但始终指向一个源头、一个中心。这显然是一种操控一定的资源以建立凌驾于他人之上的中心权威的愿望和努力。以往的翻译实践中对"忠实""确切""恰当"或"好"翻译的坚持往往沦为肆无忌惮、为所欲为地操控的幌子,往往沦为打压他人的幌子,其目的也是把自己打扮成原作者的在场替身。

按照德里达的"解构"观点,替代层层延宕开去,无法指向一个

---

① 萨义德. 东方学. 王宇根,译. 北京:生活·读书·新知三联书店,1999:9.

中心;一个替代另一个,这只是一种差异游戏。李伟把德里达的这个意思说得十分清楚。他说:"如果某个替代者声称在他的内部有着被替代者的在场……以'在场'的名义僭越'缺场'者,这种傀儡的姿态里正藏匿着强取中心的恶意,被利用的恰恰是被替代者……所以,要保持上帝(起源、本质、民主、正义)与人之间永远的鸿沟,应如维特根斯坦所说,对不可言说的要保持沉默。"①用这种思想来分析翻译现象,则不难看出:在译文替代原文的差异游戏中,如果译者声称只有他/她"忠实"地传达了原意,那么他/她也有着"强取中心的恶意"。但此种以"忠实"之名、行操控之实的恶意的翻译往往被当作促进跨文化交流的善良举动而不被质疑和解构。

翻译研究文化转向之后,翻译研究领域也像其他人文科学研究领域一样,弥漫着一种普遍的质疑、反思和批判的精神和情绪,这是十分必要和有益的。但此种对翻译人文价值的反思在我国的开展却是阻力重重,受到狭隘的实用主义者对此种研究可操作性的诉求与对其价值的怀疑和否定,存在着所谓语言研究与文化研究的对立。②③ 针对此种情况,谢天振④还试图通过区分"翻译研究本体"与"翻译本体研究"两个概念来为"文化研究"寻求合法性。

文化翻译研究或翻译研究中的文化批评、文化反思的一个重要贡献就是,让人们认识到传统翻译研究所热衷探讨的那些诸如"忠实""通顺""正确""恰当""适切""对应""对等"的问题和概念,

---

① 李伟. 保守的解构——关于解构理论的犹太情感渊源和神秘主义缺陷. 当代外国文学,2002(2):98.

② 吕俊. 论翻译研究的本体回归:对翻译研究"文化转向"的反思. 外国语(上海外国语大学学报),2004(4):53.

③ 申连云,冯亚玲. 翻译领域语言层面研究与文化层面研究的相对独立性. 长沙理工大学学报(社会科学版),2007(3):117.

④ 谢天振. 翻译本体研究与翻译研究本体. 中国翻译,2008(5):6.

常常为实践领域的改写和操控提供论证或理论依据。印度翻译研究学者尼南贾那[1]就曾尖锐指出:传统翻译研究中提出的问题和解决问题的办法是对帝国主义话语的支持和强化,它与人类学同谋,为帝国主义的殖民扩张和统治服务。翻译的这种政治目的性,即操控性,实际上就蕴含在翻译研究的日常话语之中,成为不证自明的预设性前提,如"翻译就是把一种语言的意义用另一语言表达出来"、"神似"优于"形似"、"动态对等"优于"形式对等"等。

奈达的"对等论"受到批判,并不像人们通常所认为的那样,在于"对等"一词意味着数学上的等号,因而对翻译提出了过于苛刻和不现实的要求;而在于他把"动态对等"看得高于"形式对等"的价值判断,在于他提倡操控的话语逻辑。在奈达的翻译理论中,"动态对等"也就是"读者反应对等"。为了保证译文读者阅读译文的感受与原文读者阅读原文的感受基本一致,他认为,译者应该根据不同目的语读者的接受状况和背景,采用灵活多变的翻译手段,如增删、颠倒、简化、改变形象等[2]。所有这一切操控行为,都是为了达到使不同的人对原文有同样的理解或感受这一操控目的。奈达是一个《圣经》翻译家,从他的《圣经》翻译实践而来的理论学说自然也是出于基督教对外传播和扩张的需要。如果把他的这一层身份考虑进去,那么试想一下,他试图使全天下所有人对《圣经》的接受同他本人的接受相一致的想法和做法,是不是与帝国主义的武力殖民形成某种呼应!

如此看来,奈达提倡的"对等""对应"所追求的与其说是译文

---

[1] Niranjana, T. *Siting Translation: History, Post-structuralism, and the Colonial Context*. Berkeley, Los Angeles & Oxford: University of California Press, 1992: 48.

[2] Nida, E. A. & Taber, C. R. *The Theory and Practice of Translation*. Leiden: E. J. Brill, 1969: 202.

同原文的对等或对应,不如说是原文同译文的对应,也就是操控、利用原文来实现译者自身的目的,包含"强取中心的恶意"。"神似论""化境说"也有同样的嫌疑,就连"翻译是把一种语言表达的意义用另一种语言表达出来"这一有关翻译的常见定义也十分可疑。对语篇形式、言说方式的忽视和对意义的追求最终导致的,都是自我意义的建构和自我目的的实现。所以,德里达略带揶揄和讽刺地说:翻译就其性质而言,总是用自己的语言把原文最合适的意义用最合适的方式拿回家的一种企图,是一种挪用和盗用的企图。①② "拿回家""挪用""盗用"显然是一种操控、归化的企图和努力,而所谓"最合适的意义和方式",也只能是对自身而言,不可能存在超越时空的最合适性。如果坚持自己所理解的意义和自己的翻译方式是最合适的而排斥其他一切可能解读,那么这只能是"强取中心的恶意"。

4. 从"操控"到"利他"

在前面的分析、论述中,我已经清楚表明,阅读、阐释、翻译等不可能是纯知识活动或纯理性认知活动,而总是极具政治和伦理色彩的话语实践活动;"忠实"在很大程度上只是"操控"的幌子,它只能把人引回到译者的排他性、封闭性和局限性中去。意识形态的保守性使它总是在自己的统一性和连贯性中来进行阐释活动——它怎么虚构出一个原义来,也就表明它在另一些方面怎么害怕意义的自由流动、组合、分解、增生。

这种对意义自由流动的阻碍,对齐一性、同一性的诉求就是操控——它控制人们,使其只能在符合自身利益的框架内解释和思

---

① Translation is always an attempt at appropriation that aims to transport home, in its language, in the most appropriate way possible, in the most relevant way possible, the most proper meaning of the original text.

② Derrida, J. What is a "Relevant" Translation?. *Critical Inquiry*, 2001 (2): 174.

维。操控的这种保守性和反动性是现时代包括翻译研究在内的各个学科都致力于解构和颠覆的主要对象,各个学科中出现一种反神秘化的批评气象,弥漫着一种对"共识"的普遍怀疑情绪。人们意识到"共识"往往不过是建构或虚构的神话,不过是一种权力意志罢了。对于知识界这一反思和质疑的风气,利奥塔(Jean-François Lyotard)称之为"后现代主义"。后现代知识的不同之处在于它不是服务权威、服从权威的工具,而是"提炼我们对差异的敏感性,并且强化我们容忍那些无共同尺度标准而无法比较的事物的能力"①。现在人们关心的不是权威或主流意识形态所赋予的整齐划一的意义,而是个体解释者眼中的差异性、不确定性和"例外情况"。在后现代主义这种广泛的自我反思、自我质疑的情绪影响下,我在揭示翻译操控性的同时提出构建利他性翻译伦理模式。

所谓"利他",就是放弃操控;进而言之,就是对自我中心的去除,对自我目的的放弃,让他者从整体性和齐一性中解放出来,恢复自身的尊严和价值,让他者从自我的实用计划中摆脱出来,恢复其原有的初始性和独特性,让他者从自我意识形态的操控和"忠实"的遮蔽中解放出来,让他者以自身为目的而存在,让他者的本真状态以纯粹美的形式自在、自为地呈现出来。

如果说以往的操控式翻译从他人文本中取其所需,眼睛里只有自己的目的和需要,那么,利他性翻译就是对他人社会和文化的整体性注视,力图展示异文化生活方式的整体图景,通过对异文化的整体性描绘,让读者"身临其境",了解某一现象、行为、状态、颜色、声音、心理等对于当地人的意义,通过文化他者自己的眼睛来

---

① Lyotard, J. F. *The Postmodern Condition: A Report on Knowledge.* Minneapolis: University of Minnesota Press, 1984: xxv.

观察和认识他们的文化系统和意义系统。译者应该像旅行者或探险家一样,如实、整体地记录某一异域文化生活方式;比如你看到的是龙就是龙,而不说成虎或独角兽,你看到的是红色就是红色,而不说成绿色或别的什么颜色。① 虚心地了解龙和红色在当地人眼里的意义,对他者的符号和象征系统满怀尊重和敬畏,而不是用自己的文化词汇去构建他人的生存体验,去代替他人言说。

如果说操控式翻译是对自己前见、偏见的坚持、维护和强化,那么利他性翻译则相信他人文本中一定有不在我期待之中的东西,努力放弃自己傲慢的知识,向他异开放,向一切可能性开放,从而不断扩大自己的视域和对世界的理解。

如果说操控式翻译致力于归化他人,是权力的帮凶和同谋,那么利他性翻译就应该是一个主流意识形态的搅局者(disturber),采用"阻抗式"、非透明的翻译不让读者沉浸到想象世界中去,从而不知不觉完成意识形态和社会秩序的灌输,从而打破那种神话的建构过程。操控性的归化翻译采用的是园丁式管理:拔除杂草,消灭异己。翻译可不能像种庄稼那样,在一块土地上反复经营,为的是培养同一性,消灭差异性。要知道,所谓"庄稼"和"杂草",也只是一种人为建构的逻辑和实用目的,自然界本无此种价值区分——不过是人把自身价值投射到自然物上而已。

如果说操控式翻译是对待文化他者视而不见、充耳不闻的傲慢态度,那么,利他性翻译就是与他者建立最亲密关系,把他者置于自己关怀之下,给予最亲密的爱,充分关注他者最细微的差异性和特殊性。② 在这种关系里,词语化解成了词语史或词源学,通过类似考古的细致方式,致力于发现那些被忽略、被埋没的意义,以

---

① 申连云. 尊重差异——当代翻译研究的伦理观. 中国翻译,2008(2):16.

② Spivak, G. C. *Outside in the Teaching Machine*. London & New York: Routledge,1993:179-200.

及有可能危及惯用法意义的令人难堪的含义。① 在这种与文化他者的最亲近关系中,有望打开那尘封的记忆,辨认出那似有似无的踪迹,依稀听到那虚无缥缈的回声,注意到处于边缘的那一圈模糊的光晕。

如果说操控式翻译致力于意义建构而把语言形式或言说方式当作可随意舍弃的外在之物,那么利他性翻译则把形式看成意义或精神赖以存在的躯体。它是声音和意义不可简约的统一体,是不可分解的独特用法的整体。德里达说过一段形象的话:"当翻译的激情像一团烈火和火辣的爱舌接近它(语词)的时候,在尽可能接近的同时,于最后的时刻拒绝威胁或简约、消费或完成,保持另一个身体的完好无损,但不能不引起另一个的出现——就在这种拒绝或撤退的边缘——在烈火的摇曳中或在爱舌的抚摸下,唤起或激起了对这个习语的欲望,对另一个独特身体的欲望。"②

如果说操控式翻译沉浸于自己的语言和文化思维定式,那么利他性翻译则努力跨越单一语言的疆界,让自己过渡到他人的思维方式和世界中去。不固守自己的思维定式和语言视角,在不同语言中旅行,用不止一种语言思考;只有这样,我们才能融合两种视域(dual sight),更好地认识、克服自身的局限。关于这个道理,以"语言相对论"著称的美国语言学家萨丕尔和沃尔夫说得十分清楚:对自身的审视需要异域语言的参照,如果没有对异域语言的细致考察和详细了解,人们就不会意识到自身局限及自身语言对认识和思维的框限;就像不濒临窒息就不会意识到对空气的需要、不进入太空就不会意识到万有引力一样。他们还说:"低层心理的典型特征是,陷入一个用自己的方法无法企及的广阔世界,用自己怪

① 安乐哲. 和而不同:比较哲学与中西会通. 温海明,编. 北京:北京大学出版社, 2002.
② 陈永国. 翻译与后现代性. 北京:中国人民大学出版社,2005:148.

诞的语言天赋编织、虚构、幻想,对现实做暂时性的分析,继而将它作为最终的分析。西方文化在这方面走得最远……对于幻想的笃信深深植根于西方印欧语。"①为了将自己从语言的框限中解放出来,从而达到对世界的更宽广的理解,"我们现在准备迈出这伟大的一步,进入我们认为怪异的社群眼中的世界,理解他们美丽的逻辑。一旦开始科学的、公正的语言研究,我们就会在其貌不扬的文化和人们当中,发现美丽、高效、科学的表达方式。把怪异变为一种新的看问题的方法,它往往能使事物更加清晰。"②最后,他们说:"只有这样,我们才能将自己从虚幻的语言需求中解放出来。"③

美国著名汉学家安乐哲(Roger Ames)④说,汉学家理查兹(I. A. Richards)深感"中国哲学术语现行译法往往没有充分尊重既存西方世界观和常识同早期中国文化发生时的生活与思考方式之间的差异",存在"给中文强加上与其无关的文化假设"的弊端,于是理查兹在《孟子论心》(*Mencius on the Mind*: *Experiments in Mutiple Definition*)一书中谈到翻译中保持两套思维方式的问题。他说:"在试图理解和翻译某个来自不同文化传统的作品时,除了注入我们自身的概念,我们能否做得更好一点? ……说得再确切些,我们能否在头脑中保持两套思维体系,避免交感且又能够

---

① 沃尔夫. 论语言、思维和现实:沃尔夫文集. 卡罗尔,编. 高一虹,等译. 长沙:湖南教育出版社,2001:269.
② 沃尔夫. 论语言、思维和现实:沃尔夫文集. 卡罗尔,编. 高一虹,等译. 长沙:湖南教育出版社,2001:271.
③ 沃尔夫. 论语言、思维和现实:沃尔夫文集. 卡罗尔,编. 高一虹,等译. 长沙:湖南教育出版社,2001:277.
④ 安乐哲. 和而不同:比较哲学与中西会通. 温海明,编. 北京:北京大学出版社,2002.

以某种方式在两者之间进行调节?"①

不限于单一语言的思维模式之中,据德里达所说,还因为"从一开始,我们就处在语言的多元性和语言界限的模糊性之中";这种多元性和模糊性完全可能打破只讲一种透明语言的殷勤好客的法则。德里达还表达了他个人的态度,他说:"如果我需要用一种语言讲话,我总是准备越过这种语言。"②

美国实用主义哲学家罗蒂(Richard Rorty)说:"每一次翻译都是对文本的一次使用,有多少目的要实现,原文就以多少面目呈现出来。"这种说法、看法如果是对以往翻译现象的认识,倒有几分真理;但作为伦理信条,则是乏善可陈、不可取的。赫施(E. D. Hirsch)说过:纯粹出于自身利益来理解作者的语词在伦理上,相当于出于自身目的而利用另一个人,是不道德的行为。③

5. 全球化背景下利他性伦理的意义

在西方殖民主义者为了满足自己的贪欲而大肆掠夺殖民地、视殖民地人民的生命如草芥的背景下,施韦泽(Albert Schweitzer)提出把"敬畏生命"作为最基本的伦理原则;在人类为了自己的生存和贪婪而恣意毁坏森林、杀戮动物,造成大量种群灭绝或濒临灭绝的背景下,人们开始意识到施韦泽的"敬畏生命"应该成为对待包括动物在内的一切生命的最基本伦理信条;在人类文化趋同、语言以每两周一种的速度从世界上消失的后殖民全球化背景下,我提出把"尊重差异、敬畏文明"作为跨文化交往中对文化他者所应该担当的最基本伦理道义。

---

① 转引自:安乐哲. 和而不同:比较哲学与中西会通. 温海明,编. 北京:北京大学出版社,2002:25.
② Derrida, J. What is a "relevant" translation?. *Critical Inquiry*, 2001 (2): 174.
③ 转引自:塞尔登. 文学批评理论:从柏拉图到现在. 刘象愚,陈永国,等译. 北京:北京大学出版社, 2000:213.

　　这种伦理道德意识的觉醒是在当今全球化趋势不断加强的情况下出现的,也可以看成对全球化和一体化的一种抵抗姿态。关于全球化的讨论,尤其是关于人类多元文化在世界经济(资本主义市场经济)和政治(自由民主政治)一体化过程中的前途和命运问题,一直存在两种对立观点。一种观点是,全球文化并不是世界各地文化平等参与、融合的结果,而倾向于形成一种霸权式的主导文化,担心"全球的文化差异被挤进一个主导的枯竭的同质化的文化之中"①。持另一种观点的人则对一个单一的全球社会和文化充满热情,乐意看到地方语言和文化的消亡,因为"文化没有在根本上与差异结合在一起,文化也不是普遍概念本身的对立面。人类可能存在着某种共同的、潜在的存在状况,它对这个星球上的所有人都适用,在此基础上可能还有某种普遍的价值观"②。

　　在这里,我们认同前一种观点。所谓"普遍的价值观",也不过是汤姆林森所批评的种种前现代种族中心主义的现代版本,不过是自身价值的投射,包含着"强取中心的恶意"。在意识形态批评中,马克思(Karl Marx)就曾经揭露资产阶级把自身特殊利益装扮成普遍利益的伎俩。政治哲学家约翰·格雷(John Gray)指出,有关人类普遍文明的观念是启蒙运动有关人类历史进步的普遍原则的一部分,它"把文化差异当作物种(species)的昙花一现或是附带现象,认为它是历史中的一个过渡阶段"③。他还说,普遍主义是西方知性传统中最"基础的"文化原则,它出现在"苏格拉底对受审视生活的规划中,出现在基督教对所有人类进行救赎的使命中,出现在启蒙运动对普遍的人类文明进步的规划中";它是"西方知性

---

① 汤姆林森. 全球化与文化. 郭英剑,译. 南京:南京大学出版社,2002:105.
② 汤姆林森. 全球化与文化. 郭英剑,译. 南京:南京大学出版社,2002:98.
③ Gray, J. *Endgames*: *Questions in Late Modern Political Thought*. Cambridge: Polity Press, 1997: 177.

传统中最无用,同时也是最危险的一种形而上的信仰",即相信"地方的西方价值观对所有文化和所有民族都具有权威性"①。正是出于这种信仰,福山认为,世界历史将走向终结,终结于西方的资本主义市场经济制度和自由民主的政治制度。

把自己特定的社会模式说成人类发展可依循的最合理的、唯一的普遍模式,把自身利益伪装成全人类的利益,这只能是一种自我中心主义的操控,不可能是全人类的福祉。事实上,消费经济造成的对资源的掠夺和浪费、对环境的污染和破坏已经产生严重后果,享受着现代便利的人们也并没有感受到比前现代时期更多的幸福。

正是在这种背景下,人们开始认识到全球化的"文化帝国主义"性质,开始认识到某种主导的价值观、消费观和生活方式对边缘、脆弱的文化的遮蔽和威胁,开始对同质化产生怀疑和恐惧。也正是在这种背景下,人们开始注意到一个令人震惊的当代现象:语言的加剧死亡。

一种语言的霸权导致其他语言的消亡,这是一种历史必然吗?人们的回答是否定的。

致力于保护地方语言和文化的思想家蒙比奥特(George Monbiot)认为,只有维持语言和文化的差异性,才能促进世界和平。他说:"如果语言灭亡了,随之而来的是意义的消失,这就损害了所有人维持和平、使生活富有意义的能力……没有多元主义也就不可能有和平。在社会中,就像在生态系统中一样,多样性是稳定性的基础。"②

---

① Gray, J. *Endgames: Questions in Late Modern Political Thought*. Cambridge: Polity Press, 1997: 158.

② Monbiot, G. Global villagers speak with forked tongues. *The Guardian*, 1995-08-24(8).

　　联合国前秘书长加利也认为,语言的多样化是促进一种真正的和平文化的途径。在 2003 年发表的题为"多语化与文化多样性"的演讲中,他说:"也许,大家并不都知道,每两个星期就会有一种语言从世界上消失。随着这一语言的消失,与之相关的传统、创造、思想、历史和文化也都不复存在。是否应该将这种现象视为一种必然呢? 是否应该认定世界化必然会导致语言与文化多样性的消亡呢? 是否应该屈从于唯一一种语言的霸权呢? 我的回答是:不! 因为多样性原本是自然界的现实。从这一点来说,语言和文化的多样性是丰富的人类遗产中不可分割的一部分……如果所有的国家都说同一种语言,按照同一的方式思维和行动,那么国际范围内极有形成一种极权制度的危险。我们永远也不要忘记,一门语言,它所反映的是一种文化和一种思维方式。说到底,它表达了一种世界观。如果我们任凭语言的单一化,那将会导致一种新型的特权群体,即'话语'的特权群体的出现! 数十万个决策者的世界必须是数十亿的全球居民共同参与的世界。这些居民与他们的身份、文化和语言密不可分。要帮助他们相互接受各自的文化和语言,而不是像技术官僚那样,走单一的语言的捷径,而这种语言是世界居民中绝大多数人并不熟悉的。"①

　　对于全球化浪潮下的各种文化,乐黛云坦言,文化"不应该一体化。文化从来就是多元的,各个人类群体的生存环境不同,传统和习惯不同,文化也就不同。保持多元文化,也就是保持一种文化生态。我们都很注意自然生态的保护,要有各种动物,各种植物,各种不同的品种,维持一种自然的均衡,这叫作自然生态。文化生态也是一样,必须有不同文化的相互启发,相互促进,才可以有发

---

① 转引自:费孝通,德里达,等. 中国文化与全球化:人文讲演录. 南京:江苏教育出版社,2003:2-5.

展的前途……没有树林的覆盖,没有多样化的自然发展,没有各种生物的相生相克,那么就会变成一片自然的沙漠。文化也是一样,如果我们没有不同文化之间的'和而不同',没有'和实生物,同则不继'的原则,我们的文化也会变成文化沙漠"①。

最后引录语言相对论提出者之一沃尔夫在半个多世纪以前在对正在迅速消失的北美印第安语言进行细致调查和描写时所产生的认识和态度:"这种对语言的理解,将促使我们达到人类兄弟情谊的一个高级阶段。对于多种语言的科学的理解(并不一定学会讲这些语言,分析其结构即可),乃是人类兄弟情谊之一课。这种情谊是人类的普遍准则——作为'意之子'(Son of Manas)的同胞之情。它使我们超越自身的种种界限——文化、民族、被贴上'种族'标签的生理特征,等等。置身于千姿百态的语言系统当中,欣赏它们的规律、和谐、系统之美,体味它们各自的微妙以及对现实分析之透辟,我们会发现:人人平等。……对于一个文明的欧洲人来说,这种平等非常不可思议,令人震惊,简直就是一粒苦药丸!"②

良药苦口利于病。放弃自身目的和价值,充分尊重和平等对待文化他者世代相传的语言、思想、信仰、知识、习俗、法律、技艺、价值、象征符号中与自己不同的地方,这才是人类的福祉。

翻译是多语的产物,翻译也应该成为语言和文化多样化的维护者。任何人都只是万千存在之一,他/她不是世界的主宰,更不是宇宙万象秩序的赋予者;所以,克服自我中心,放弃"操控",让他者的本真状态自我呈现,这种"无为"的翻译应该比"忠实"的翻译

---

① 转引自:费孝通,德里达,等. 中国文化与全球化:人文讲演录. 南京:江苏教育出版社,2003:308-309.

② 沃尔夫. 论语言、思维和现实:沃尔夫文集. 卡罗尔,编. 高一虹,等译. 长沙:湖南教育出版社,2001:270-271.

更准确,更能造福人类。

第三节 "利他"的用心

利他性伦理学是在明确翻译伦理学的作为或不作为之后,对全球化时代跨文化交往合理模式的构想。它是关于好翻译的道理,也是关于好生活的道理。它不致力于建立外在的规范,而是对译者、更多人、所有人善良心灵和无私人性的诉求。它不规定,不劝导,不表态,而是技术性地论证什么是通向好翻译和好生活的途径。它无立场,无方向,无中心,追求与他人、与世界、与万事万物融为一体,是对全球化背景下整个世界的关怀,指向一种对全人类、全物种的爱。它无我,无为,无执,无欲,无求,是对翻译意义和人生意义的追寻。它也许带有理想主义色彩,甚至具有乌托邦性质;但即便如此,它也开拓出一种可能性,一种不可能的可能性。

所谓"利他",简单地说,就是对自我的放弃和超越,而不是对自我的固守、坚持、维护和强化;就是打开城门,把自我交出去,而不是把自我构筑成一个坚不可摧的堡垒;就是降低身段,去除自我中心,而不是以自我为尺度,为他人立法。总之,就是放弃主体性原则,而采用他人性原则。

在自我与他人的关系中,要么以自我为中心,要么以他人为中心,要么利己,要么利他,没有折中的立场,没有第三条道路。采用折中调和的态度无助于问题的解决,而只不过是对问题的取消。在有关归化与异化的讨论中,就存在这样的情况。韦努蒂把施莱尔马赫的两个相互排斥的翻译原则——"译者要么尽可能不去打扰作者,而让读者向作者靠拢;要么尽可能不去打扰读者,而让作者向读者靠拢"概括为异化和归化。可有人认为,归化和异化都是极端的做法,于是提出"杂合"或"中间地带"来克服归化与异化之间的二元对立。① 恕我浅陋,我至今不知道杂合究竟是怎么一种译法。难道对于一个语言片段,某一(些)部分采用归化而另一(些)部分采用异化,这就是杂合吗? 可这样做,非但没有取消反而肯定了归化与异化之间的对立。而且,在一定长度的译文中,归化和异化究竟达到怎样的比例,才是可取的杂合呢? 杂合概念要具有切实价值,这是必须回答的问题。试想,一篇致力于文化殖民的译文,为了迎合译入语读者或仅仅为了掩人耳目而使用几个译入语词汇,这肯定是杂合了,但这就是可取和正当的吗? 这个精确或大致的比例问题,显然是杂合无法解决的难题。

在自我与他人的两极对立中也没有这么一个折中点,犹如同一个人不可能同时采用两个观点进行观察一样。这种自我中心与他人中心、主体性原则与他人性原则的对立,在翻译领域表现为操控与利他之间的对立。这不单是两种翻译原则、翻译方法的对立,也是两种人生观、世界观的对立,还是两种人性的对立。我提倡利他,反对操控,是因为前者是达到忠实翻译的最佳策略,也是实现幸福生活的最佳策略。忠实的翻译和幸福的生活,这两个看似十分遥远的东西因为分享同一种人性而彼此关联起来。理论不是价值观之争的场所,忠实和幸福都是已经由生活定义好的、人们感兴趣的价值。因此,我所要做的就是技术性地论证为什么利他有利于达到忠实和幸福,而以自我为中心、以自我为尺度的操控则阻碍忠实和幸福的实现。

1. 翻译的真理

谈论克己利他和操控改写的利弊得失,首先必须澄清原文的意义问题,因为它是利他或操控的出发点或立足点。关于一个文本的意义,有两种相互对立的观点。一种观点是,存在一个不以人

---

① Pym, A. Translation as a transaction cost. *Meta*, 1995(4): 594.

的意志为转移的客观原义,翻译就是对这个原义的发现或不断接近,忠实就是与原义相符合或对等。这是传统的绝对主义观点。另一种是相对主义观点,是对传统绝对主义原义观的质疑和否定,持这种观点的人认为,原文没有客观性可言,一切都是主观的,读者理解到什么,原文的意义就是什么,所谓"有一千个读者就有一千个哈姆雷特"。这两种观点都有失偏颇。前者的错误在于试图采用自然科学的方法来发现精神科学的真理,把原文当作一个有待认识或把握的外在的、静止的客观对象,忽略或排除人(读者、译者)的观念、传统、情感、价值等主体性因素的参与作用。后者则忽视和否定理解或翻译的客观性,将理解和翻译活动看成审美意识的自由嬉戏。如果说前者的偏差在于认为翻译或理解的真理孤立地存在于原文之中,那么后者的偏差就在于认为翻译的真理孤立地存在于作为审美意识的主体之中,两者都是对主体和客体的割裂。近些年来,相对主义具有吸引力,因为它看起来很宽厚、包容,似乎把人们从一个虚假的原义中解放出来,坚持了多元性和多样性。但事实上,它并没有为原文提供更为宽广的解读空间,因为以自我为中心的看似自由的解读和翻译看上去平等,实际上却是互不承认的拆台,也是对原文的封闭,而不是开放,因而同样是虚假的。

相对主义因为缺乏统一性而陷入虚假。原文的统一性即本雅明所说的可译性(见本书第五章第一节"译者的任务:德里达对话本雅明"),是原文对翻译的呼唤和渴求,是译者承担的使命和无法偿还的债务。对此,德里达非常认同,认为对可译性的坚持实际上是对知识原初统一性的坚持,是对虚无主义和极端自由主义的限制和克服。他说:

> 有必要坚持原初知识的统一性,坚持把这种蕴含着多样性和丰富性的统一性看作普遍的可译性。但这并不意味着同

学与宗教之间,哲学与诗之间就存在差异。这就是人们需要翻译的原因,这种翻译源于个体的有限性。[1]

从整个人文科学来讲,哲学、宗教、诗歌等,作为对世界的观察和描写,作为世界观,显然是不同的,具有各自的呈现方式和结构;但它们所呈现的世界无疑是同一的。具体到翻译领域,由于个体的局限,译者对原文的呈现可能是不尽相同的,但这不能成为坚持各自局限性、放弃原文同一性或统一性的理由。也就是说,翻译不是对自身的局限和偏见进行维护和强化的场所,翻译的意义、价值和必要性恰恰在于对自身局限性的克服和放弃。克服自身的局限性正是人们需要翻译的原因,如果心智能够在某一次对世界的呈现中就真正完全把握绝对的统一性,那就不需要翻译了。

翻译是一种传承和创造人类精神财富的活动,而不仅仅是自身目的的实现。放弃自身的目的,参与到人类知识的总循环当中去,德里达把这样的翻译看作一种争取与神同在的努力。相反,"那些思想不受此种活的、有活力的共同体规定和命令的人就像无性的蜜蜂,因为他们被剥夺了创造和繁育的权利,而只能在蜂巢外制造无机的排泄物,以证明自身的陈腐,以此种方式证明自己的无精打采。缺乏与神圣本质交流和联系的这一缺陷也使他/她无法担当伟大的翻译,伟大的翻译使原初知识的意义在整个体内循环"[2]。

包括翻译在内的人类知识或精神活动的目的绝不是为人的有限性或动物性做出合理化、合法化论证,而是对恶的人性的克服、放弃和超越。在知识传播或翻译活动中,如果一个人无法超越自身局限,眼里只有自己,只有自己的目的、计划、用途,蝇营狗苟,那么他/

---

[1]　Derrida, J. *Acts of Religion*. London & New York: Routledge, 2002: 78-79.

[2]　Derrida, J. *Acts of Religion*. London & New York: Routledge, 2002: 80.

她所说的只能是维护和强化自身利益的陈词滥调,他/她所做的或制造的,只能是无法进入人类知识循环体系的"无机的排泄物"。

这就是我所理解的翻译真理观或忠实观,它不是对某个超越时空、确定不变的原义的寻求与符合;这么一个僵死不变的意义是没有价值的,也是不存在的。文本作为历史流传物,它的真理只存在于它流传的过程中,存在于它在不同历史语境的应用中。每一次翻译都是对原文的一次新应用。这一点必须承认,否认这一点也就否认了翻译的意义和价值,因为翻译的意义和价值绝不在于对一个固定、僵化的原义的考古发现。但我所说的应用不是使用,更不是挪用、盗用。一字之差,意义重大。应用以尊重原文的真理、客观性、统一性为条件,是原文整体生命的展开、表现、丰富和扩大,因而是合法的。与此相对,使用、挪用、盗用则是任意的,这一次与那一次的使用之间毫无连贯性、统一性可言。使用纯粹以使用者自身目的的实现为目标,而应用则是对自身目的的放弃。

话说到这,对于原文的真理是什么,似乎还是说得不明不白,而且还有循环论证之嫌。因此,有必要重新梳理和表述一下:原文的真理存在于原文的不断应用和翻译中,而应用或忠实翻译之所以区别于挪用和盗用,是因为它以应用者或译者对自身目的的放弃为条件。因此,最终我们可以说,原文的真理存在于译者的自我放弃中,或者说,原文的真理是由译者的自我放弃——也就是我所谓的克己或利他来保证的。德里达把这看成适应一切翻译的公理,他说:

> 这个公理是适应一切翻译的:"翻译的客观性是在上帝那里得到保证的。"从一开始,这种债务就是在"想到上帝"的虚己中形成的。①

① Derrida, J. *Acts of Religion.* London & New York: Routledge, 2002: 117.

己中形成的。①

我始终认为,德里达是与浅薄的虚无主义无缘的(详论见本书第五章第一节"译者的任务:德里达对话本雅明"和第二节"翻译与好客:德里达的深情")。因此,上帝,在德里达这样严肃的作家笔下,不会是虚无缥缈的东西,由上帝保证的翻译的客观性也不是虚无缥缈的东西。上帝不是某人创造出来用来保佑他升官发财的偶像;与此相反,对上帝的信仰恰恰是对自身功利的放弃和遗忘,是对自身神圣般的性格特征的体验。上帝其实也不过就是克服了一己之私、超越了人我界线、洋溢着慈悲和博爱的纯洁心灵,所谓"基督诞生在我心中"。

2. 利他如何对待"偏见"

虽然有些人不像翻译目的论者那样公然积极提倡改写和操控,但他们仍把操控和改写看成自然的、唯一可能的翻译方式,因为除了有意识的操控之外还有无意识的操控,即所谓"一只看不见的手"的操控。如果说前者经过努力还是可以克服的,那么后者则人人难免,无能为力了;既然谁都无法看到事情本身,谁都带着偏见的有色眼镜看世界,那么摆脱、放弃自己的偏见就是不可能的。

克己利他何以可能,这确实是利他性伦理学必须予以正视和回答的问题。在加达默尔(Hans-Georg Gadamer)哲学解释学里,偏见、前见或前有正是包括翻译在内的理解活动成为可能的条件;这无疑是对的,因为不存在某种毫无偏见、前见的心灵,它能直接接触文本,轻而易举地达到文本的真理或事情本身。但这并不意味着作为理解起点的偏见是必须得到维护、坚持和强化的;相反,理解者的任务是让自己的偏见不断被更合理、更接近事实本身的

---

① Derrida, J. *Acts of Religion*. London & New York: Routledge, 2002: 117.

不是封闭和孤立的,它是理解在时间中进行交流的场所。理
解者的任务就是扩大自己的视域,使它与其他视域相交融。①

显然,要使自己的视域得到扩大,理解者必须以放弃自己原有
的视域为条件。而且这种放弃不是可以一劳永逸地得到解决的,
而是一个持续的永远都不能松懈的自我修炼过程,是一个不断克
己而臻于无己的过程。这似乎是中国传统伦理思想所倡导的智慧
人生,但作为实践哲学的解释学也是包含强烈伦理色彩的。加达
默尔明确指出,"理解是道德知识德行的一个变形",甚至"也是道
德判断的一种方式"②③。

众所周知,哲学解释学不再只是一种文本解读的方法论,还是
关于人生在世的人生哲学。它试图通过分析理解何以可能的基本
条件,在人类有限的历史存在中探讨人与世界的根本关系。在加
达默尔解释学的框架里,人与世界应该是一种什么样的关系呢?
加达默尔的回答是同情和爱。他说:"如果说,同情是一切理解的
基础,那么最高的理解要求爱。"④⑤

没有对自我的放弃,心里没有他人的位置,焉能有同情和爱!
没有对自我的彻底放弃,焉能有博大的胸怀和人间大爱!! 爱的这
种区别于其他情感的无私无我的性质,布伯也注意到了。他说:

---

① 加达默尔. 真理与方法——哲学诠释学的基本特征. 洪汉鼎,译. 上海:上海译
  文出版社,1999:8.
② 加达默尔. 真理与方法——哲学诠释学的基本特征. 洪汉鼎,译. 上海:上海译
  文出版社,1999:415.
③ 何卫平. 解释学与伦理学——关于伽达默尔实践哲学的核心. 哲学研究,2000
  (12):60.
④ 加达默尔. 真理与方法——哲学诠释学的基本特征. 洪汉鼎,译. 上海:上海译
  文出版社,1999:2-3.
⑤ 何卫平. 解释学与伦理学——关于伽达默尔实践哲学的核心. 哲学研究,2000
  (12):60.

情感为人所"心怀",而爱自在地呈现;情感寓于人,但人寓于爱。这非为譬喻,而乃确凿的真理。爱不会依附于"我",以至于把"你"视作"内容""对象"。爱仁立在"我"与"你"之间。①

与情感的私有性质不同,爱是摆脱了一切目的和操控的自由自在的呈现。而且,在布伯看来,爱是人之为人的品质,"人"只能到"爱"里去寻找,没有爱就不是人。布伯特别强调,这不是比喻的说法,而是"确凿的真理"。没有爱,人不成其为人;没有爱,当然也就无法遇到"你"。

由此看来,"扩大自己的视域"与其说是扩大自己的眼界和知识,不如说是扩大自己心里面他者的位置。"视域融合"同样要在这种生存论上而不是狭窄的知识论上来理解,它不是两个或多个视域的简单相加;作为人生筹划和修炼的结果,它是一个新精神、新境界的出现,一个与他人、与世界融为一体的境界的达到和实现。

翻译的同一性是由与他人的深切统一感及与自然的深切统一感组合而成的,它同时也是由自由感和对自己行为的责任感组成的;以翻译目的论为典型代表的操控论的偏差就在于,它无法想象这种自由感、责任感及与他人和世界的统一感。

可见,在肯定偏见的积极作用的同时,加达默尔并没有放弃对善良人性和善良意志的诉求和信心。他强调,一旦离开"善良意志",一旦解读者与文本的解释学的平等身份被打破,就不可能有真正的理解和意义的显现,理解的公正客观性就要受到影响。②

① 布伯. 我与你. 陈维纲,译. 北京:生活·读书·新知三联书店,2002:30.
② 何卫平. 解释学与伦理学——关于伽达默尔实践哲学的核心. 哲学研究,2000 (12):60.

也许是为了避免解释学身上难免带有的"求真"的意味,后来加达默尔索性将他的哲学解释学直接变成一种"求善"的对话哲学或对话本体论,把理解看成建立在"我—你"关系基础之上的理解者与文本之间的平等对话,把理解的目的定位于与他者建立一个"共在的世界"①②。"我—你"关系和共在的世界都是由"我"的人生态度或"我"如何看待自己在世界中的位置给出的、决定的。如果像翻译目的论那样以自我为中心,把自己的目的、意图、计划、用途等强加到原文之上,把他者当成可随意操纵、摆布、宰制的对象,那么这个世界只能是"我"的孤独的世界,"我"与原文的关系只能是"我—它"的关系。

总之,我所谓的利他、走向他人或自我放弃,并不是说有某种毫无偏见、前见的心灵,它能直接接触文本,轻而易举地达到文本的真理或事情本身,而是说不能固执己见。相反,要对自己的见解或偏见有一种认识或意识,意识到自身的局限性,非但不是坚持一己之见,反而坚信文本中一定有与"我"的预期不相符合的东西,因而对异己的见解有开放、敏感的心灵,对他人或文本其他可能的见解保持开放的态度。简单说,我所提倡的利他,或自我放弃,就是反对对自我的坚持、维护、固守和强化。这不仅是一种翻译方法,更是一种人生态度。我坚信,翻译的意义和人生的意义都在于对自身(包括自身的偏见)的超越,而绝不在于对自身的坚持。

3. 利他:真实的人生

正如哲学解释学不是关于解读、理解的方法论,而是关于人与世界的根本关系一样,利他性伦理模式的构想所致力于探讨的也

---

① Gadamer, H. *Plato's Dialectical Ethics*: *Phenomenological Interpretations Relating to the Philebus*. Wallace, R. M. (trans.). New Haven: Yale University Press, 1991: 1.

② 何卫平. 解释学与伦理学——关于伽达默尔实践哲学的核心. 哲学研究, 2000 (12):60.

不是具体的翻译方法或翻译策略——因此区别于异化——而是译者与文本、与他人、与事物、与环境、与世界之间的最佳关系或最适宜的相互状态。

在如何对待自我与他人的关系的问题上,在如何看待自我在世界中的位置的问题上,有两种不同的态度,一种是以自我为中心的自我强化,另一种是以他人为中心的自我放弃。怎样的态度决定一个人拥有怎样的人生和怎样的世界。关于这两种人生态度,布伯的简短、精辟言论是最著名的,也是最富启发的。现摘录几段,以见其风采,并略做分析,以为分享:

> 人执持双重的态度,因之世界于他呈现为双重世界。①
>
> 没有孑然独存的"我",仅有原初词"我—你"中之"我"以及原初词"我—它"中之"我"。②

"我—你(I-Thou)"和"我—它(I-It)"当然不是我们语言中的现有词汇,而是布伯创造出来用以描写两种境界迥异的人生的词汇。这是两个先于你、我和世界而存在的原初词,一切都是随着原初词的诵出而开始存在的。他说:

> 原初词一旦流溢而出便玉成一种存在。③
>
> 诵出原初词也就诵出了在。
>
> 一旦讲出了"你","我—你"中之"我"也就随之溢出。
>
> 一旦讲出"它","我—它"中之"我"也就随之溢出。④

也许你会指责这是赤裸裸的唯心主义,但布伯在这里所关心、所忧心的正是现代人的心灵。在这样的心灵里只有孤独的自我,

---

① 布伯. 我与你. 陈维纲,译. 北京:生活·读书·新知三联书店,2002:1.
② 布伯. 我与你. 陈维纲,译. 北京:生活·读书·新知三联书店,2002:2.
③ 布伯. 我与你. 陈维纲,译. 北京:生活·读书·新知三联书店,2002:1.
④ 布伯. 我与你. 陈维纲,译. 北京:生活·读书·新知三联书店,2002:2.

没有他人的位置。在这个孤独的世界里，一切都以"我"为主，由"我"说了算。在这个"我"说了算的世界里，一切都是"我"控制、支配、利用的对象。在"我"的控制之下，一切都是僵死、凝固、静止的。这是一种残缺不全的贫乏的人生，因为"我"在控制物、利用物或对象的同时，也被对象所控制、利用和遮蔽，成为对象的囚徒。布伯是这么说的：

> 人生不是及物动词的囚徒。那总需事物为对象的活动并非人生之全部内容。我感觉某物，我知觉某物，我想象某物，我意欲某物，我体味某物，我思想某物——凡此种种绝对构不成人生……凡此种种皆是"它"之国度的根基。①

> 对象非为持续连绵，它是静止、迟滞、中断、僵死、凝固，关系匮乏、现时丧失。②

"静止、迟滞、中断、僵死、凝固，关系匮乏、现时丧失"，这就是"我—它"人生和"我—它"世界。与"我—它"相对的是"我—你"，在"我—你"的眼里，世界又是怎样一番景象呢？布伯说：

> 凡称述"你"的人都不以事物为对象。而诵出"你"之时，事物、对象皆不复存在。"你"无待无限。言及"你"之人不据有物。他一无所待。然他处于关系之中。③

与"我—它"世界的死气沉沉相反，这里是一番生机勃勃的景象，一切摆脱了意识形态、价值观念、神话传统的遮蔽和框限，一切摆脱了目的、欲望、期待的操控和宰制，无待无限；一切以自身为目的，是其所是、自由自在地呈现。布伯继续说：

---

① 布伯. 我与你. 陈维纲, 译. 北京: 生活·读书·新知三联书店, 2002: 2.
② 布伯. 我与你. 陈维纲, 译. 北京: 生活·读书·新知三联书店, 2002: 28.
③ 布伯. 我与你. 陈维纲, 译. 北京: 生活·读书·新知三联书店, 2002: 19.

与"你"的关系直接无间。没有任何概念体系、天赋良知、梦幻想象横亘在"我"与"你"之间。没有任何目的意图、期望欲求、先知预见横亘在"我"与"你"之间。一切中介皆为阻障。仅在中介坍塌崩毁之处相遇始会出现。[1]

只有放弃自我的目的、欲望、偏见,与他者的真正相遇才有可能,与世界的融合才有可能,真实的人生才有可能。布伯还说:

> 凡真实的人生皆是相遇。[2]
>
> "我—你"源于自然的融合,"我—它"源于自然的分离。[3]

物我分离,这是与传统中国"天人合一"思想相反的西方传统,从毕达哥拉斯(Pythagoras)"人是万物的尺度"到笛卡儿"我思故我在",一直到胡塞尔的"现象学还原"和海德格尔的"此在"(参考本书第二章第二节"意义在别处:他者伦理学的意蕴")都是以自我为中心、把自我凌驾于他人之上的独我论和自我学。在这里,不管自我以何种方式经验对象——认识、理解、再现、把握或者占有——都是以自我为目的或参照对他者的决定、吸收或同化,犹如"同者的自由体操",为所欲为;又犹如"一个饥饿的胃",把自我之外的东西吃进去转化成自我的能量。

雷切尔·卡森(Rachel Carson)哀叹,如今人类在这条与自然分离的道路上走得太远,到了自我毁灭的边缘。她说:

> 人在他自己发明的人造世界里走得太远了。他用钢筋混凝土造就了城市,把自己与大地的真实、水的真实和发芽的种子的真实隔离开来。陶醉于对自身力量的良好感觉中的人

---

① 布伯. 我与你. 陈维纲,译. 北京:生活·读书·新知三联书店,2002:27.
② 布伯. 我与你. 陈维纲,译. 北京:生活·读书·新知三联书店,2002:27.
③ 布伯. 我与你. 陈维纲,译. 北京:生活·读书·新知三联书店,2002:41.

类,看来正在毁灭自己和世界的实验道路上越走越远。①

与自我中心如影随形、紧密相连的是自我利益至上和物质贪欲。据弗罗姆观察,自我中心主义、利己和占有欲已成为现代社会的普遍人性,它是当前社会危机、生态危机的总根源;为了避免经济和生态危机,必须使人在心理上发生深刻变革。他说:

> 只有在建设新社会的过程中形成了一代新人,或简单地说,现在占统治地位的人的性格结构发生了根本变化,一个新社会才能建成……从根本上改变自身的必要性不仅仅是一种伦理道德或者说宗教上的要求(正确地生活就是按照某种道德或宗教信条去做),也不只是根据我们现今的社会性格的病原性质而得出的一个心理学上的假设,而是人类维持自身生存的先决条件……在人类历史上首次出现这样的情况,即人类肉体上的生存取决于人能否从根本上改变自己的心灵。②

4. 克己与翻译的创造性

克己不是无所作为的消极状态,而是人生在世的积极可能性;克己与创造存在某种关联。

翻译的创造性或创造性叛逆与翻译的主体性、目的性、操控性等纠缠在一起,随着翻译研究中人的发现而得以强化。但什么是翻译的创造性、翻译的创造性表现在哪里、创造性的合理性安在,以及创造性与忠实的关系是什么等问题,并没有在人们的热情讨论中得到解决或澄清。甚至,据倪梁康观察,还出现了一个理论和实践两相背离的尴尬局面:人们在理论上持叛逆论(创造论)观点,

---

① 转引自:王诺,封惠子. 从表现到介入:生态文学创始人卡森的启示. 温州大学学报(社会科学版),2010(3):18.

② 弗罗姆. 占有还是生存——一个新社会的精神基础. 关山,译. 北京:生活·读书·新知三联书店,1989:11-12.

在实践中却奉行忠实原则。① 对倪文做出回应的一篇文章反驳说：背叛与忠实之间并不存在矛盾，而只不过是倪先生误解了"创造性叛逆"这个术语的含义罢了。原话是这样说的：

> "创造性叛逆"的提出，关键不在于"叛逆"而在"创造性"。倪梁康先生撰文提到"译者的尴尬"产生在对"译者对原作者的思想究竟应当抱忠实的态度还是应当持背叛的立场"这一个理论问题的思考和讨论中，足见倪梁康先生对"叛逆"二字甚为敏感。在他眼中，"创造性叛逆"即"背叛"，它构成了"忠实"的对立面。殊不知，"创造性叛逆"之说的理论价值在于"创造性"一词对"叛逆"的本质限定。换言之，其价值主要在于"创造性"。②

这段话的观点——也是全文的观点可以精简为：创造性叛逆不是叛逆。理论界这种为自己辩护的逻辑有点像读书人孔乙己"窃书不算偷"的话语策略——搪塞而已，其实自己都不相信的。"创造性叛逆"（creative treason）的含义并不复杂深奥，"叛逆"或"背叛"就是指译文对原文的偏离或不忠实，而且应该是指严重和有意的偏离、不忠，限定词"creative"只是肯定了这种不忠和偏离的价值。

那么，这种不忠和偏离的价值或创造性何在呢？ 这倒是应该追问的。对于翻译的创造性，可以划分出传统和现代两种观点。传统观点肯定原义的存在，把翻译的创造性仅限于对原义或原文之"神"的创造性表达上，以傅雷的"神似论"、钱锺书的"化境说"及许渊冲的"优势竞赛论"为代表。这其实就是一种普遍认同的忠实观，因为没有谁把忠实看成对原文形式的亦步亦趋的抄录。现代

---

① 倪梁康. 译者的尴尬. 读书，2004(11)：90.

② 祖志. "忠实"还是"叛逆"——与倪梁康先生商榷. 外语与外语教学，2007(12)：58.

的回答是:翻译的创造性在于偏离、背叛原作,从而赋予原作第二生命。前半句可能没人直接这么说,但这是"创造性叛逆"的应有之意。与传统观点的通俗易懂和深入人心相比较,现代的说法则要高深玄奥很多,也有点莫名其妙。比如,我想不明白的一点是:为什么偏离和不忠能赋予原文第二次生命,能让原文活得更久、更好,能获得更多读者和更大反响,忠实的翻译反而不能? 难道生活世界中人们感兴趣的、认为有价值的好翻译就是不忠实的、背叛原文的翻译?[①] 难道不能做到百分之百的忠实就要提倡背叛? 难道偏离、背叛是为了更好地忠实,那么偏离、背叛的是原文的什么,忠实的又是什么? 如果说偏离、背叛的是原文形式而忠实的是原文意义,岂不是兜一圈又回到"神似论""化境说"的原点? 请宽恕我的愚钝和固执! 或者,译者竟然如可怜的小孩一般,哭闹几声,叛逆一下,只是为了引起注意,摆脱隐形状态或仆人地位? 可正如倪梁康所观察的,这只是理论家一厢情愿、自以为是地要为实际从事翻译实践的人提建议,而实践中的译者并不会理睬这种说教,因为他们对什么是有价值的好翻译和什么是没价值的坏翻译分得清清楚楚(参见本书第三章第一节"翻译伦理学的作为")。

为了澄清所有这些问题和疑惑,有必要从源头上做一点探讨。最早完整提出"创造性叛逆"这一概念的法国波尔多文学社会学派代表人物、波尔多大学比较文学系主任罗伯特·埃斯卡皮(Robert Escarpit)教授在《文学社会学》(*Sociology of Literature*)一书中,在讲到人们对文学作品的评价和认定有时发生兴趣或重心转移、对以前默默无闻的作品重新产生兴趣的社会现象时说:

---

① 可事实并非如此。姜秋霞、张柏然刊于《外语教学与研究》1996 年第 4 期上《是等值还是再创造? ——对文学翻译的一项调查与分析》一文的结论是:读者普遍喜爱等值翻译的译文。试图为生活规定价值,这是理论界的傲慢和无知。

事实上,这些发生在一个已经定型的群体中的重心转移具有阐释性质。通常,它们是通过抛弃已不再为人所理解的作者的原意图,而代之以与新的群体的需要相符的新意图而取得的。这种(操作、运作)机制于此称作"创造性叛逆"。①

这里有两点应该明确和强调。其一,创造性叛逆是指抛弃作者意图而代之以新的意图,这是它的唯一内涵;其二,这种意图的取代和被取代是一切阐释活动而非翻译特有的性质。另外,在论及影响一个作品获得成功的社会因素时,埃斯卡皮又比较详细地谈到创造性叛逆。为了避免断章取义,同时为了让大家对埃斯卡皮论说的全貌有一个比较清楚的认识,我把书中比较重要的两段完整翻译、引录如下:

> 我们不应该把作品原先的影响(成功)的这种变化情况同它能够突破社会和时空阻隔,在与作者自己的读者迥然有别的异域群体中获得的成功或复兴混淆起来。我们已经看到,异域读者并不能直接接触原文,他们在作品中所寻求的并非作者希望传达的东西。不可能存在意图的巧合或融合,但兼容倒是可能的;也就是说,他们可以在作品中找到他们想要的东西,尽管这些东西不是作者明确或有意传达的。
>
> 我们在这里所谈的当然就是叛逆了,但这是创造性叛逆。要是我们能够承认翻译总是一种创造性的叛逆行为,那么烦

---

① In fact, these shifts of emphasis within an already defined collectivity are of an interpretative nature. Very often they are obtained by discarding the author's original intentions, which have become unintelligible, and substituting new, surmised intentions compatible with the needs of a new public. This mechanism will here be called "creative treason". See: Escarpit, R. *Sociology of Literature*. Pick, E. (trans.). Totowa: Frank Cass and Company Limited, 1971: 23.

人的翻译问题也就得到解决了。且不管承认与否，翻译却总是叛逆，因为它把作品置于一个未曾想象到的指称（这里指语言）体系中；翻译又是创造性活动，因为它通过让作品与更大的读者群体发生新的互动交流，为作品赋予新的现实；因为它做到的不仅仅是让作品存活下来，而且是让作品拥有另一个新的生命。①

以上两段是对先前"创造性叛逆"的定义（抛弃作者的原意图而代之以译者或读者的新意图的翻译或阐释活动）的进一步解释：突破时空界限和语言疆域的译作与原作不可能存在意图一模一样的巧合情况，不同的意图兼容在同一个作品中倒是可能的，也就是说，不同读者可以在同一作品中读出不同意义。在这里，看不出对作品同一性、统一性和客观性的否定和对相对性的拥抱。从这个解释中也可以看出，"创造性叛逆"不是直接针对翻译而说的；也就是说，它不是关于如何翻译的方法论，因此把它落实到增、减、删、

---

① We should not confuse this variable extent of original success with resuscitations or resurrections which enable a work to find beyond social, spatial or temporal obstacles substitute success in groups foreign to the writer's own public. We have seen that alien publics do not have direct access to the work. What they ask of the work is not what its author wishes to express. There is no coincidence or convergence of intention, but there may be compatibility; that is, they may find what they want in the work although the author did not expressly or even consciously put it there.

We are dealing here with treason, certainly, but it is creative treason. The irritating problem of translating would perhaps be resolved if we admitted that it is always an act of creative treason, but it is still treason because it puts the work into a system of references (linguistic, in this example) for which it was not originally conceived—creative because it gives new reality to the work in providing it with the possibility of a new literary interchange with a larger public and because it assures not only mere survival but a second existence. See: Escarpit, R. *Sociology of Literature*. Pick, E. (trans.). Totowa: Frank Cass and Company Limited, 1971:84-85.

改、编等具体的"变译"①方法上,或者把它落实到"目的为手段提供合法性"之类的翻译原则上都是对它的严重误解。所谓的"创造性叛逆",其实不是如何翻译或如何阐释的规定,而是对作品在社会中的流通、传播、变异、增殖、生长(包括死亡)过程的描写。这一点在埃斯卡皮所举的两个"创造性叛逆"的例子中也甚为明显。它们是斯威夫特(Jonathan Swift)的《格列佛游记》(*Gulliver's Travels*)和笛福(Daniel Defoe)的《鲁滨孙漂流记》(*Robinson Crusoe*)。前者本意是对当时英国社会的辛辣讽刺,而后者是要为刚刚兴起的殖民活动大唱赞歌,但作者的这些意图逐渐湮没无闻而成为广受欢迎的冒险故事和儿童读物,甚至成了相互赠送的圣诞礼物。对于自己作品的这种命运,如果作者在天有灵,斯威夫特一定会勃然大怒,而笛福则会暗自庆幸。原本,异域冒险只不过是当时文学圈里庸俗的写作技巧,而今却成了最大看点。这种情况,埃斯卡皮说,犹如把瓶子里的酒倒掉而把瓶子留下的疯癫举动,但这也是一种创造性叛逆②,是对原来价值体系的颠覆。

创造性叛逆,就是把酒倒掉而把瓶留下,这是多么通俗易懂的比方。这么比喻并不是对创造性叛逆的贬低和否定,并不意味着创造性叛逆一定是用较少价值取代更大价值。酒和瓶的价值本来就是人为规定的,自然界本来就没有这种价值区分,因此它是不值得维护和固守的。

这么一种价值转移、兴趣转移、重心转移或创造性叛逆是复杂的社会、文化因素综合运动的结果,是不以人的意志为转移的,因而具有客观性和历史必然性。埃斯卡皮的《文学社会学》就是试图

① "变译"与"全译"相对,是我国黄宗廉教授在 21 世纪初提出的翻译概念。参见:黄宗廉. 变译理论. 北京:中国对外翻译出版公司,2002.

② Escarpit, R. *Sociology of Literature*. Pick, E. (trans.). Totowa:Frank Cass and Company Limited,1971:85.

从社会的角度来考察或描写文学作品在历史中的这种兴衰起伏的命运。

任何作品都不具有固定不变的僵化意义,任何意图都是不值得维护和坚持的;但抛弃作者的原意图而让新的意图取而代之,这种转变或转移往往只能客观地发生在不同时代、不同国家、不同文化或不同语言之间,而不是某个人随心所欲地选择、决定的结果。在翻译研究中讨论创造性叛逆往往在这一点上出现严重误解或偏差,把创造性叛逆理解成译者为达到某一主观愿望而对原作的随意背离。① 这种误解是造成理论和实践两相背离的尴尬局面的重要原因。也可以说,这种局面的出现是因为理论中提出了反实践、反生活的主张。我在本书第三章第一节"翻译伦理学的作为"中说过,理论只能接受已被生活塑造好的价值,而不能去为生活规定价值。所以,许渊冲在这一点上是非常正确的。他说:如果理论与实践产生矛盾,应该修改的是理论而不是实践。②

如果创造性叛逆并不意味着审美意识的自由嬉戏,并不意味着译者能够随心所欲,为所欲为,那么翻译的客观性、统一性究竟在哪? 翻译的创造性又究竟在哪? 或者说,究竟如何译才能让原

---

① 在中国较早讨论创造性叛逆这一话题的谢天振教授就表达过这样的看法。他说:"如果说,文学翻译中的创造性表明了译者以自己的艺术创造才能去接近和再现原作的一种努力,那么文学翻译中的叛逆性,在多数情况下就是反映了在翻译过程中译者为了达到某一主观愿望而造成的一种译作对原作的客观背离。"参见:谢天振. 翻译研究新视野. 青岛:青岛出版社,2003:66. 也有人把创造性叛逆看成译者摆脱"隐形"状态和"仆人"地位的手段。还有人把创造性叛逆落实到具体的偏离原文的翻译方法上,如《中西比较文学手册》中,"翻译"条目下是这么说的:"翻译是一种'创造性叛逆',这种'叛逆'表现在形式上就是翻译中的删减、增添和意译……"参见:上海外国语学院外国语言文学研究所. 中西比较文学手册. 成都:四川人民出版社,1978.

② 许渊冲. 谈中国学派的翻译理论——中国翻译学落后于西方吗?. 外语与外语教学,2003(1):52.

文活得更好、更久？

在回答这些问题之前，先让我们来了解一下在"创造性叛逆"的讨论中一再提及的"意图"一词的含义。我们的讨论局限于与文本或作品有关的意图。它是指人们意欲使作品传达的主题或实现的功能，主题或功能的这种主观性使它跟作品本身所具有的意义绝非一回事。当然，作品本身的意义也只有通过这种不断的主题化和功能化来实现，即通过不断的理解、翻译和阐释来得到实现或表现。也就是我前面所说的，艺术作品的真理既不孤立地存在于作品之中，也不孤立地存在于作为审美意识的主体之中，而只能存在于人们对作品的永恒的阐释和翻译之中。这就是加达默尔所说的精神科学的真理永远处在"悬而未决之中"之意。既然谁也无法达到作品的真理或作品本身，既然谁都带着自身的主观性和局限性去接触作品，那么是不是就只有坚持各自为政的相对主义和不可知论呢？对此，即便是把"偏见"看作理解得以实现的条件的加达默尔也是予以否定的。他说：

> 作品似乎把其自身陈列于它的多种多样的（表演或表现）之中……如果我们把表现中可能出现的变异视为任意的和随便的，那么我们就忽视了艺术作品本身的制约性。实际上，表现中出现的可能变异全都服从于"正确的"表现这一批判性的主导标准。①

那么，在对作品的表现、承传和再创造的过程中，审美主体到底遵循什么样的正确的、客观的标准呢？我的回答是：放弃用自我意识形态、价值观念等对作品进行改写，放弃操控作品以实现自身的目的、意图、功能、用途、计划、期待等，让作品自由自在地呈现，

---

① 加达默尔. 真理与方法——哲学诠释学的基本特征. 洪汉鼎，译. 上海：上海译文出版社，1999：154.

让作品向多种可能性开放,把作品原原本本地呈现在读者面前,让作品与读者直接对话,让不同文化、观点平等地参与到对作品真理的论证中来。这是对待历史流传物或再创造艺术作品的唯一正确态度,是达到它们的真理的唯一合法途径。在埃斯卡皮"创造性叛逆"的定义(抛弃作者的原意图而让新的意图取而代之)中,这"新的意图"并不是由阐释者或译者主观安放在作品中的,而是作品本身所具有的,所固有的——哪怕作者本人都没有意识到。我在前文举过赵树理的作品《小二黑结婚》中三仙姑这一形象在海外的阐释和接受的例子。三仙姑爱打扮、爱生活、追求爱情的正面价值也许是作者所不曾意识到的,或者是被作者当时的意识形态、价值观念或写作意图所遮蔽的;但它是作品本身所固有的,是作品在新的时空或语境中的表现、呈现,是属于作品自身的存在。这种蕴含在作品之中而被作者意图所遮蔽的东西,本雅明称之为"可译性"(translatability),是原作对翻译的渴望和呼唤;解放被囚禁在源语中的可译性,使原文达到一种"在的扩充",这是译者的任务。对于翻译所起的这种解放的作用,除了本雅明《译者的任务》(*The Task of the Translator*)之外,贝尔曼的《异的考验》(*The Trial of the Foreign*)、斯皮瓦克的《翻译的政治》(*The Politics of Translation*),以及德里达的多部作品,包括《巴别塔》《翻译的神学》和《论好客》等,都给予了热切的讨论和深情的寄望。

加达默尔说,"在精神科学的认识中,认识者的自我存在也一起在起作用",这是精神科学区别于自然科学的地方。然而,认识者在这种精神认识活动中应该起什么样的作用呢?是自我膨胀,秉持"我—它"的独白立场,傲慢地要为对象立法,还是放低身段,超越自我,与世界融为一体?对此,加达默尔也做出了自己的回答。他说:

> 在精神科学的认识中,认识者的自我存在也一起在起作用,虽然这确实标志了"方法"的局限,但并不表明科学的局

限。凡以方法工具所不能做到的，必然并且能够通过提问和研究的学科来达到，而这种科学可以确保获得真理。①

从这里可以看出诠释学的对话性质。凡是用自然科学的方法所不能获得、达到真理（区别于符合论真理，或确实性，排除了对于人的意义的纯粹客观性）的地方，就只有通过问答、对话的诠释学方式来取得，因为"真正的历史对象根本就不是对象，而是自己和他者的统一体，或一种关系，在这种关系中同时存在着历史的实在和历史理解的实在"（译者序言8）。让各种历史见解（偏见、意见）平等地参与对话，才是通往历史实在的唯一而正确的道路。我的经验、理解是有限的，因此我需要你的经验来补充；这一点后来被哈贝马斯发展为"共识性真理"。关于这样一种真理，加达默尔在《真理与方法——哲学诠释学的基本特征》(*Truth and Method*)序言中是这么说的：

> 我所指的真理是这样一种真理，这种真理只有通过这个"你"才对我成为可见的，并且只有通过我让自己被它告知（即我愿意倾听，本书作者注）是什么才成为可见的。对历史的流传物同样如此，如果历史流传物不能告诉我们一些我们靠自己不能认识的东西，历史流传物就根本不能享有我们对它的那种兴趣。"能被理解的存在就是语言"这一命题必须在这个意义上去领会。它不是指理解者对存在的绝对把握，而是相反，它是指：凡是在某种东西能被我们所产生因而被我们所把握的地方，存在就没有被经验到，而只有在产生的东西仅仅能

---

① 加达默尔. 真理与方法——哲学诠释学的基本特征. 洪汉鼎，译. 上海：上海译文出版社，1999：11-12.

够被理解的地方,存在才被经验到。①

对于自然科学方法无法保证的这种历史流传物的真理,德里达说,只能由上帝来保证,只能由人在"想到上帝的虚己"中来保证②;他表达了与加达默尔相同的意思。

如果说德里达的言说玄机重重,那么加达默尔的"游戏"比方就直观易懂许多。加达默尔从游戏的存在方式中看到了艺术作品的本真存在方式。游戏是通过游戏者才得以表现的,但游戏者对于游戏只是傀儡;也就是说,游戏活动只是不断重复地更新自己,它独立于游戏者的意识,自在自为地存在,至于谁或什么东西在进行这种游戏倒是无关紧要的。如果游戏者不能忘我地卷入到游戏中去,而一心想着自己的目的,功利地对待游戏,或者操控游戏来实现自身的目的或利益,那他只能破坏和亵渎游戏。对于游戏这种独立于游戏者目的和意图的特性,加达默尔是这么说的:

> 游戏具有一种独特的本质,它独立于那些从事游戏活动的人的意识。所以,凡是在主体性的自为存在没有限制主体视域的地方,凡是在不存在任何进行游戏行为的主体的地方,就存在游戏,而且存在真正的游戏。③

加达默尔说游戏或真正的游戏只存在于"不存在任何进行游戏行为的主体的地方",这当然不是对人作为游戏行为主体的否定,而不过是强调作为游戏者的人应该尽可能放弃自己的主体性、目的性,而让游戏自由自在地呈现。他说的下面这段话有助于读

---

① 加达默尔. 真理与方法——哲学诠释学的基本特征. 洪汉鼎,译. 上海:上海译文出版社,1999:11.

② Derrida, J. *Acts of Religion*. London & New York: Routledge, 2002: 117.

③ 加达默尔. 真理与方法——哲学诠释学的基本特征. 洪汉鼎,译. 上海:上海译文出版社,1999:133.

者理解这一点：

> 只有当游戏者全神贯注于游戏时，游戏活动才会实现它所具有的目的。使得游戏完全成为游戏的，是在游戏时的严肃。谁不严肃地对待游戏，谁就是游戏的破坏者。游戏的存在方式不允许游戏者像对待一个客体那样去对待游戏。①

放弃、超越自身的意图、目的、功利，严肃认真地对待原文本身，让原文以自身为目的而自由自在地呈现，让原文纯粹地自我表现；这是游戏——真正的游戏的存在方式对翻译的启示。没有对自身主体性的克服和超越，没有严肃认真地、忘我地、投入地，甚至如醉如痴地卷入到文本中去，翻译的创造性就无从谈起。这种忘我的投入将不仅把原文从某一意图的框限和禁锢中解放出来，达到"一种在的扩充"，还把译者自己从原有的偏见中解放出来，达到一种新的精神自由状态。

---

① 加达默尔. 真理与方法——哲学诠释学的基本特征. 洪汉鼎，译. 上海：上海译文出版社，1999：132.

第四章 "利他":新的精神自由状态

　　克己利他不是无所作为的消极状态,而是忠实翻译的积极可能性,也是人生在世的积极可能性。本章将从正反两个方面对此观点予以论述。第一节"傲慢与偏见:翻译目的论批判"先从反面批判一种典型的操控论——翻译目的论。翻译目的论者主张用自己的"偏见",包括自我的目的、意图、计划、需要、期待等来决定原文的意义,来对原文进行取舍;他们不相信读者能够与文本直接对话,而需要经过他们的改写或操控之后读者方可接受,这不仅是一种傲慢的精英立场,而且是一种狭隘的翻译观、世界观和人生观。在第二节"翻译与人生"中,我认为翻译不仅仅是某个外在目的的实现,不仅仅是一次任务的完成,不仅仅是"交任务"而自身毫无改变;与此相反,每一次翻译都应该成为译者生命中的一个事件,是译者生命的展开、展现、丰富和扩大。也就是说,翻译应该成为这么一个场所,在这里,译者的内在精神因为翻译行动而得到提升和超越,达到一种新的精神自由状态。如此看待翻译,翻译就具有了教化的功能。作为让知识、学术和传统周流于社会的精神活动,翻译应该分担或分享对至善人生的筹划,这也是理所当然和不言而喻的。

第一节　傲慢与偏见：翻译目的论批判

翻译目的论主张用自己的目的、意图、计划、需要、用途等来对原文进行取舍和利用，因而是一种典型、公开、系统化和理论化的操控论。翻译实践中的操控行为是极为平常的，但这种普遍性不能成为为操控张目、为操控提供合法性的理由，正如日常伦理生活中自私行为的普遍性不能成为鼓吹自私、把自私正当化的理由一样。操控论与操控学派不是一回事。后者是兴起于 20 世纪 70 年代、盛行于 20 世纪八九十年代的一种翻译研究范式，与同时期的翻译研究学派和描写翻译学纠缠不清，界线模糊；其实，他们分享同样的研究思路和研究目标。出于对前一阶段总是企图为翻译活动立法的规定性翻译批评的不满，他们呼吁停止对以往的翻译活动进行价值评判，停止对今后的翻译活动做出该怎么进行的规定，而满足于对以往的翻译活动进行描写，看某一次或某一时期的翻译活动到底受到哪些因素制约或操控。描写的结果是，人们发现翻译不是从原文到译文的机械转换过程，而往往是受到一定意识形态和价值观念过滤、改写或操控的过程。操控学派只是到此为止，但翻译研究不能就此停步，接下来的问题，即操控的合法性和合理性问题的解决显然更关键，更迫切，尤其是在当今文化交往问题化、跨文化交往蜕变成各国之间软实力竞争和政治博弈的全球化背景下。我不知道翻译目的论是否具有此种问题意识和大局意识，但无论如何，它是对这一"操控"合理性问题的明确回答。

1. 以往对翻译目的论批判的局限

翻译目的论，又称为翻译功能目的论，在当前翻译理论界十分流行,因此受到批判和质疑也是免不了的。诺德①将人们对它的批判归结为十条,依她的顺序分别是:(1)并非一切行为、行动都有目的;(2)并非所有翻译都有意图;(3)功能论超出了严格意义上的翻译的范围,即它所谈论的翻译不是严格意义上的翻译,而是改写、编译、节译之类;(4)目的论并非原创理论,并无新意;(5)功能主义不是建立在经验事实的基础上的;(6)功能主义造就的是唯利是图的译才;(7)功能主义没有尊重原文;(8)功能主义是一种适用论(改写论);(9)功能主义不适合文学翻译;(10)功能主义带有文化相对主义色彩。

以上批评没有切中要害,尤其是前五条,竟有避重就轻、隔靴搔痒之嫌。第七(没有尊重原文)、第八(是一种适用论)和第十条(带有文化相对主义色彩)与其说是对功能目的论的批评,不如说是指出了功能目的论区别于此前语言学派翻译研究一切以原文为中心或依据的特点。这种从源语中心到目的语中心的转向②,在功能目的论看来反而是自身的优点。第九条(不适合文学翻译)的指控也是能被目的论轻易反驳的,因为保留或再现文学文本(区别于信息文本)的特点可能正好是译者的翻译目的。剩下最后一条(第六条),说功能目的论造就的是唯利是图的译才,即只要有人愿意出钱,他/她就可以为任何目的而奋斗。③ 这个批评倒是比较深刻和中肯的,因为它直指翻译目的论功利主义的价值观。对此,目的论的回应就显得左支右绌,力不从心。目的论者的辩解是:虽然翻译目的是"由发起人的需要和愿望决定的",但"实际的翻译过程

---

① Nord, C. *Translation as a Purposeful Activity*. Shanghai: Shanghai Foreign Language Education Press, 2001: 109-122.
② 同描写翻译学、操控学派或翻译研究学派以目的语为中心的研究范式绝非一回事。
③ Nord, C. *Translation as a Purposeful Activity*. Shanghai: Shanghai Foreign Language Education Press, 2001: 117.

则完全是由(合格的)译者说了算的"①。这就等于说,在实际翻译过程中,译者可以偏离发起人的翻译目的;或者说,发起人的目的可能是不合格或不合法的,甚至发起人根本不知道自己的目的是什么。在这种情况下,译者可以与客户进行讨论协商,甚至对客户进行教育(client education),因为译者才是跨文化交际方面的专家。弗米尔是这么说的:

> 为了实现翻译目的,交际行为中的这种合作是译者最主要、最首要的任务,我们可以称之为译者的社会责任,因为他们是专家,知道怎样进行跨文化交际,怎样使交际活动实现既定目的。②

如此看来,译者才是最终确定翻译目的和实现翻译目的的人,他们的心灵才是有资格做出正确判断的合格心灵。这种以自我为中心、自以为是、傲慢的唯我论才是翻译目的论藏得最深的东西和最可疑的地方。当皮姆问到目的论有没有办法区分好目的和坏目的时③,目的论者完全无从回答。按照目的论的逻辑,回答只能是:译者认为好就好,译者认为坏就坏。可这种精英主义立场和霸道行径谁能明目张胆地承认呢! 没有办法,诺德④只好像政客一样敷衍道:"要回答这个问题,我注意到我已经在功能目的论中增加了'忠诚'这个作为伦理原则的概念。"⑤

---

① Nord, C. *Translating as a Purposeful Activity*: *Functionalist Approaches Explained*. Shanghai: Shanghai Foreign Language Education Press, 2001: 117.

② Nord, C. *Translating as a Purposeful Activity*: *Functionalist Approaches Explained*. Shanghai: Shanghai Foreign Language Education Press, 2001: 118.

③ Pym, A. Venuti's visibility. *Target*, 1996: 338.

④ Nord, C. *Translating as a Purposeful Activity*: *Functionalist Approaches Explained*. Shanghai: Shanghai Foreign Language Education Press, 2001: 119.

⑤ To answer this, I note that I have introduced the notion of loyalty into functionalism, precisely as an ethical principle.

在功能目的论的框架内,局部的修补无济于事,"功能＋忠诚"的模式也无法从根本上弥补目的论的缺陷,正如我在下文将要指出的那样;原因在于功能目的论把善或善的翻译落实到善的目的上,而它又无法区分善的目的和恶的目的。

在诺德看来,功能目的论引入"忠诚"(loyalty)这一概念就完美无缺了。那么诺德到底赋予"loyalty"怎样的含义,竟让它有扭转乾坤的作用? 它又弥补了功能目的论的什么缺陷? 诺德认为,目的论有两个彼此相关的局限、缺陷(limitation),一个牵涉到翻译模式的文化特殊性问题,另一个牵涉到译者与原作者的关系问题。①

所谓"文化特殊性",是指在不同文化中,或在同一文化的不同阶段或地域,人们对什么是好的翻译有不同看法或期待。在以目的语为中心的翻译目的论者看来,译者自然必须充分考虑目标读者的这些特殊期待。但诺德认为,这并不意味着译者必须时时刻刻只考虑读者需求。当译者不能按照读者的期待来进行翻译的时候,译者有义务如实相告。这就是诺德所谓的"忠诚",它是译者对翻译交际活动中的合作伙伴而不是像"忠实"那样对某个文本(原文)承担的道德义务。②

在译者与原作者的关系问题上,"忠诚"意味着译文的意图应该与原作者的意图一致(compatible)③,如果实在无法确定原作者

---

① Nord, C. *Translating as a Purposeful Activity: Functionalist Approaches Explained*. Shanghai: Shanghai Foreign Language Education Press, 2001: 124.

② Nord, C. *Translating as a Purposeful Activity: Functionalist Approaches Explained*. Shanghai: Shanghai Foreign Language Education Press, 2001: 125-126.

③ Nord, C. *Translating as a Purposeful Activity: Functionalist Approaches Explained*. Shanghai: Shanghai Foreign Language Education Press, 2001: 125.

的意图,最好的办法就是文献翻译法①。文献翻译法与把原文当作利用工具的工具翻译法相对,是对原文本身的极端重视和详尽记录。如果关注的是原文的形态、词汇或句法特征,可以是字字翻译或逐行对译;如果保留原文的习惯用语或表达法,可称之为直译或语法翻译;如果是直译加注,可称之为语文翻译或学术翻译;如果致力于再现原文的异域风采,则是异化翻译。②

行文至此,"忠诚"的含义已十分明朗。但目的论的缺陷到底是什么,诺德一直含糊其辞,说得不明不白。既然引入"忠诚"是为了克服或弥补目的论的缺陷,那么从"忠诚"的含义入手,通过逆向追溯,或许能弄明白目的论的缺陷——只好采取如此笨拙的办法。

"忠诚"作为翻译原则,一是不按读者(译者)的期待进行翻译,并如实相告;二是不按读者(译者)的意图进行翻译,而与原作者意图一致。这一立场显然是与目的论标举的译语中心相对立的源语中心。由此不难看出,在诺德看来,目的论的局限正在于对自我的观点、立场、目的、意图等的固守和维护,在于它无法超越自身的局限而走向他人。

如此看来,忠诚原则不是对目的原则或功能原则的补充和完善,而是对它们的彻底颠覆。这自然是作为目的论代表人物之一的诺德所无法承认的。出于对自身和整个目的论体系的维护,她试图调和功能原则与忠诚原则之间无法克服的矛盾;但她的办法过于简单,把两个相互抵触的原则相加("功能＋忠诚",即function plus loyalty)就认为自己的理论十分完备和安全了。功能目的论的理论深度由此也可见一斑。然而,诺德对自己的理论

① Nord, C. *Translating as a Purposeful Activity: Functionalist Approaches Explained*. Shanghai: Shanghai Foreign Language Education Press, 2001: 126.

② Nord, C. *Translating as a Purposeful Activity: Functionalist Approaches Explained*. Shanghai: Shanghai Foreign Language Education Press, 2001: 49-50.

建树和整个目的论体系十分得意,认为目的论建立在牢固的基础之上①,认为目的论有望一劳永逸地解决翻译研究领域有关直译与意译、动态对等与形式对等、好译者与奴隶译者等之间的永恒纷争②,尤其认为自己的改进版因为有"功能"和"忠诚"两大支柱而立于不败之地。

这种盲目的自信也许是出于建构理论体系的狂热。其实,施莱尔马赫早在 200 多年前(1813 年)有关翻译原则的精彩见解就是尽人皆知的:译者要么尽可能不去打扰作者,而让读者向作者靠拢;要么尽可能不去打扰读者,而让作者向读者靠拢。在"要么……要么……"(either ... or ...)这种排斥选言命题的结构中,两个选言相互排斥,无法同时为真,也没有第三条道路。③

译者,作为熟悉两种语言和文化的专家,面对着两个世界——源语世界和译语世界,或者说,作者的世界和读者(包括译者)的世界——必须在两个世界之间做出选择。他要么停留在自己和读者熟悉的译语世界,固守和强化自己的立场、观点、目的、计划、用途等;这种时候原文只是可资利用的对象或工具。他要么带领读者超越自身局限,去认识一个陌生的世界——源语世界,采用当地人的眼光去看待这个世界的一切,去了解这个世界的一草一木、一物一景、每一颜色、每一声音等在当地人眼里的意义;这种时候译语世界被遗忘,译者自身被放弃,源语世界作为它自身而不是作为工

---

① Nord, C. *Translating as a Purposeful Activity*: *Functionalist Approaches Explained*. Shanghai: Shanghai Foreign Language Education Press, 2001: 123.

② Nord, C. *Translating as a Purposeful Activity*: *Functionalist Approaches Explained*. Shanghai: Shanghai Foreign Language Education Press, 2001: 29.

③ "杂合"(hybridity)一词转用到翻译或文化领域,指语言或文化非纯粹、非纯洁的性质,是与"归化""异化"性质不同的概念。它不是翻译方法或策略,而是归化和异化——尤其是异化的翻译方法所造成的结果;它是一切翻译和跨文化交往活动的必然结果。

具被详细记录①和"深描"②。

从价值判断上来说,"深描"才是对待异文化的正确选择,因为翻译的原初意义就在于去了解自己不知道、不熟悉,与自己相异的意见、思想、观点,在于超越自身而走向陌生的领域,走向他人,在于与他人展开对话,在于不断扩大自己的视域;而不在于对自我的坚持、维护和强化,也不在于独白或自说自话。我想,这是人人都能同意的观点。

停留在读者(译者)世界的功能原则或目的原则与走向作者世界的忠诚原则由于相互排斥而无法结合,因此,"功能"和"忠诚"的简单相加或拼凑也就无法克服目的论的致命局限。

2. 翻译目的论的"目的"

每一次新理论的出现,总是伴随着对研究对象的新界定。翻译目的论是这样定义翻译的:翻译是在目标环境 (target circumstances)中为了目标读者(target addressees)和目标意图(a

---

① 参见 documentary translation。
② "深描"与"浅描"相对,是文化人类学家格尔茨(Clifford Geertz)从吉尔伯特·赖尔(Gilbert Ryle)那里借用的一对概念,他把它们看成区别以往作为实证科学的人类学与他提倡的作为解释科学的人类学的重要特征。为了说明"深描"与"浅描"之间的分别,格尔茨重举了赖尔有关"挤眼"和"眨眼"的例子。他说:

> 让我们细察一下两个正在快速地张合右眼眼睑的孩子。一个是随意地眨眼,另一个则是挤眉弄眼向一个朋友发信号;这两个动作,作为动作,是完全相同的。如果把自己只当作一台照相机,只是"现象主义"式地观察它们,就不可能辨识出哪一个是眨眼,哪一个是挤眼……眨眼与挤眼对于一台相机或行为主义者是没有区别的;它们都是迅速张合眼睑。它们的区别在于后者(挤眼,意指活动)存在着一个公众约定的信号密码,存在着一个意义结构,而前者没有。

> 照相机或行为主义者对两个行为不加区分的描述就是"浅描",与此相反,"深描"则是观察者把自己卷入或过渡到对象中去,与对象亲密接触,采用对象的内部视角,深入体察对象背后的意义结构。与"深描"的卷入(involved)和亲近(intimacy)相对,"浅描"是客观的(disinterested)、疏离的(detached),采用的是一种高高在上的外部视角。前者是与对象的对话,后者则是独白或代替对象言说;前者的态度是谦虚的、相对的,后者是傲慢的、全知全能的、绝对的。

target purpose)而生产、制造(produce)的一个具有目标氛围、背景、环境、情景的文本(a text in a target setting)。① 为了充分传达英语原文的含义,可能翻译得有点啰唆,但这也是为了表现一种充分尊重原文而不求简化的姿态。

以上是翻译目的论最主要的代表人物弗米尔的定义。在此定义中,target 一词被不厌其烦地一再强调,仿佛一个教父在向门徒反复灌输这么一个词。实际上,在后继者曼塔利(Holz-Manttari)的翻译模式中确实就是这样精简的,成为"用来实现特定意图的复杂行为"(a complex action designed to achieve a particular purpose)②。对目的语环境、目的语世界的重视自然意味着对源语世界的忽视甚至无视,这一点目的论者也是明确承认的。③ 起初,莱斯还坚持认为,原文是衡量译文的依据或尺度(measure);但后来,尤其是到她的学生弗米尔这里,原文的王权被废除(dethronement),只是起到"信息提供"(offer of information)的作用。对于译文,原文所起的作用仅仅是提供一定的信息而已,在衡量译文质量和合法性、在决定译者选择等方面已毫无作用和地位;因为对于原文提供的信息,译者也不是完全采纳,而是有所取舍的,而取舍的标准则是自我的目的、意图或喜好。莱斯和弗米尔是这么说的:

> 同所有文本一样,翻译行为、行动(action)中作为原文的文本也可以被视为"信息提供者",面对它所提供的信息,每一

---

① Nord, C. *Translating as a Purposeful Activity*: *Functionalist Approaches Explained*. Shanghai: Shanghai Foreign Language Education Press, 2001: 12.

② Nord, C. *Translating as a Purposeful Activity*: *Functionalist Approaches Explained*. Shanghai: Shanghai Foreign Language Education Press, 2001: 13.

③ Nord, C. *Translating as a Purposeful Activity*: *Functionalist Approaches Explained*. Shanghai: Shanghai Foreign Language Education Press, 2001: 12.

个接收者(其中包括译者)从中选择他/她觉得有趣、有用或者与他/她的意图相关的内容。①

对翻译目的论者来说,一切文本不过是为接收者提供一定的可资利用的信息而已。大家不要误以为这只是像操控学派所做的那样对以往翻译现象的描写,翻译目的论是致力于对以后的翻译行为进行立法和规定的。这种规定性和立法意志在霍尼希(Hans G. Honig)和库斯莫尔(Paul Kussmaul)那里就明白无误了。

据说,以上这两位以目的论为指导,从事翻译教学和译员培训,效果明显,贡献巨大。② 对他们的翻译学员,他们是这样说的:"根据你的翻译(将)所起的作用,仅仅只传达与一定语境相关、相宜的那个或那些语义特征!"③

这是以自我为中心、自以为是的对原文的简化、限制和遮蔽,而不是对原文的整体性认识;这是以自我为中心的对原文的一次使用,而不是对原文独立性、独特性和自身价值的尊重。诚然,人是有限的存在,永远无法达到对真善美的绝对认识。但这不能成为我们去论证、维护、坚持和强化自身有限性的理由,更不能像井底之蛙那样把有限认识当成全部真理。相反,这恰恰是我们应该

---

① Like any text, a text used as a source in a translational action may be regarded as an "offer of information". Faced with this offer, any receiver (among them, the translator) chooses the items they regard as interesting, useful or adequate to the desired purpose. See: Nord, C. *Translation as a Purposeful Activity*. Shanghai: Shanghai Foreign Language Education Press, 2001: 25-26.

② Nord, C. *Translating as a Purposeful Activity: Functionalist Approaches Explained*. Shanghai: Shanghai Foreign Language Education Press, 2001: 14.

③ Try to reproduce just that semantic feature or just those semantic features which is/are relevant in a given context with regard to the function of your translation. See: Nord, C. *Translating as a Purposeful Activity: Functionalist Approaches Explained*. Shanghai: Shanghai Foreign Language Education Press, 2001: 14.

谦逊、怀有敬畏之心、放弃傲慢立场地对待万事万物的充足理由，我们应坚持对话而非独白。翻译目的论所宣扬和鼓励的恰恰是人或人性的局限性、有限性，却对人类超越、克服自身私欲的可能性缺乏最起码的意识、理想和信心。

对于自己翻译中的操控、改写或不忠，一般译者都是诚惶诚恐、怀有歉意的。例如，严复就在《天演论·译例言》中声明自己增添删削的"达旨"译法实在是权宜之计，并不可取。他说："题曰达旨，不云笔译，取便发挥，实非正法。什法师云：学吾者病。来者方多，幸勿以是书为口实也。"①与这种诚惶诚恐形成对照的是，目的论者对于用自我的目的、意图、需要、计划、用途等对原文的盗用和绑架的行为感到理直气壮。他们振振有词地说，一切翻译都是由翻译当时的目的决定的，"目的法则"（skopos rule）是翻译的最高（top-ranking）原则；也就是说，目的为手段提供合法性。②

为了目的不择手段，这样的伦理原则在日常生活领域，无论说得如何天花乱坠，也无法让人接受；但翻译目的论在翻译理论界为什么如此深得人心、影响广泛呢？难道是因为它暂时填补了"忠实"被解构后留下的空白？难道是因为人们厌弃了"忠实"的虚伪而决心与之决裂？难道是因为它迎合了翻译职业化的社会潮流？难道是因为目的论是职业化的必由之路？或者仅仅因为受个人认识水平所限，我无法领会它的深意？无论翻译目的论有怎样的深意和实用价值，我有一个简单的检验标准，那就是生活或幸福的人类生活。任何科学研究必须回归生活世界，任何科学结论的合法性必须由生活世界给予，任何科学研究的价值必然在于它有助于

---

① 严复.《天演论》译例言//中国翻译工作者协会,《翻译通讯》编辑部. 翻译研究论文集(1894—1948). 北京:外语教学与研究出版社,1984:6.

② Nord, C. *Translating as a Purposeful Activity: Functionalist Approaches Explained*. Shanghai: Shanghai Foreign Language Education Press, 2001: 29.

增进全人类的福祉。经此检验和衡量，翻译目的论的偏差和谬误是显而易见的。

在翻译目的论的理论框架里，"目的"是一个重要术语，其特定含义是：人们需要原文的意图或假定人们需要原文的意图。① 与"目的"相关的另一重要术语"功能"的含义也差不多：从接受者的观点来看文本所具有的意义。在这两个术语定义中，原文都被简化或限定在某一特定语境中所具有的意义、价值或作用。原文，连同它所描写的世界及这个世界里可能为数众多的人物、声音、意识，都不具有完整、独立的价值，都不是与"我"平等的主体，而只是"我"要认识、理解、翻译和利用的对象，把为数众多的声音、意识、主体硬塞到一个由"我"的世界观和价值观所支配的独白体系的框架里，各种千差万别的材料服从于一个统一的意识，一个统一的目的，一个统一的功能。目的法则的完整表述则是这样的：

> 以这种方式翻译、阐释、言说或写作，以便使你的文本或翻译在它被使用的环境中，对于想要使用它的人，完全以他们想要它起作用的方式起作用。②

这是典型的操控论的强势话语，也可以看作目的论或操控论的明确表态或宣言。以君临天下的蛮横姿态，一个无比高大、威猛的译者（接受者）对一个弱小的原文为所欲为。这么一种以自我意志为中心的立场在目的论里被反复提及和强调：

---

① Aim is the purpose for which it (the source text) is needed or supposed to be needed.

② Translate/interpret/speak/write in a way that enables your text/ translation to function in the situation in which it is used and with the people who want to use it and precisely in the way they want it to function. See: Nord, C. *Translating as a Purposeful Activity: Functionalist Approaches Explained*. Shanghai: Shanghai Foreign Language Education Press, 2001: 29.

　　对于自己的翻译来说,译者所提供的信息的多少及提供信息的方式,是他们认为对目的语接受者来说恰到好处的。①

　　只有译者才能决定提供多少信息和以怎样的方式提供才是对接受者恰到好处的。对于一个文本的解读、接受和反应,只有他们的心灵才是合格的心灵。他们不但有资格决定读者需要多少信息,而且有资格决定读者对他们提供的信息做出怎样的接受和反应。他们不相信读者能够与文本直接对话,这是一种傲慢的精英立场,也是一种强取中心的恶意。

　　除了目的法则之外,还有一个翻译目的论者十分推崇的"功能法则"(function rule):"让你想要你的翻译所起的作用来指导你的翻译决定。"②

　　功能法则的实质与目的法则大同小异;因此,对目的法则的批判同样适合功能法则。功能法则和目的法则都是十分粗俗的价值观。试问:假设我想要我引进的外语电影能够赚钱,能够吸引观众,为了实现这个功能或目的,我怎么译都行吗? 我能欺骗观众吗? 我能加进本没有的色情、暴力内容吗? 显然不能。

3. 翻译目的论的理论根据

　　翻译目的论者提倡,根据自己的目的对原文进行操控和改写是有理论根据的,那就是:意义是不确定的,或者说,意义是由一定的历史语境所赋予的。他们的逻辑是:原文是在一定历史语境中

---

① Translators offer just so much information and in just the manner which they consider optimal for the target-text recipient in view of their translation. See: Nord, C. *Translating as a Purposeful Activity: Functionalist Approaches Explained*. Shanghai: Shanghai Foreign Language Education Press, 2001: 116.

② Let your translation decisions be guided by the function you want to achieve by means of your translation. See: Nord, C. *Translating as a Purposeful Activity: Functionalist Approaches Explained*. Shanghai: Shanghai Foreign Language Education Press, 2001: 39.

产生的,而对原文进行翻译的时候已时过境迁,因而翻译无法也无须提供与原文一样的信息。他们是这么说的:

> 一个文本的意义或功能并非语言符号所固有的,任何懂此语码的人都不能把它分离出来。一个文本的意义是由接受者赋予的,也是为接受者而赋予的……我们甚至可以说,对于同一个文本,有多少接受者就有多少文本。[①]

这种论调并不陌生,经常听人说:"有一千个读者就有一千个哈姆雷特。"鲁迅对《红楼梦》的考证、评说更是尽人皆知:"谁是作者和续者姑且勿论,单是命意,就因读者的眼光而有种种:经学家看见《易》,道学家看见淫,才子看见缠绵……"

单说一个文本的意义"因读者的眼光而有种种",这种实然判断无疑是不成问题的;但真理向前迈一步就可能成为谬误,因实际存在种种眼光而认为应该有种种眼光,这种推论是成问题的。对实际存在的"种种眼光"有两种非此即彼的态度:要么独白式地坚持各自的偏见,自说自话;要么放弃自我中心,让种种意见平等对话,相互融合。显然,目的论者错误地选择了前者。诺德[②]先是引用弗米尔的话,说不同符号(包括非语言符号)对不同人有不同意义,然后举例说明"我们总是倾向于根据我们自己的行为规范去解读符号的意义"。固守自己的历史文化语境,这是功能目的论的总出发点;无法超越自己的视界,无法走向他人,则是它的致命局限。

[①] The meaning or function of a text is not something inherent in the linguistic signs; it cannot simply be extracted by anyone who knows the code. A text is made meaningful by its receiver and for its receiver. ... We might even say that a 'text' is as many texts as there are receivers. See: Nord, C. *Translating as a Purposeful Activity: Functionalist Approaches Explained*. Shanghai: Shanghai Foreign Language Education Press, 2001: 31.

[②] Nord, C. *Translating as a Purposeful Activity: Functionalist Approaches Explained*. Shanghai: Shanghai Foreign Language Education Press, 2001: 23.

从理论上来说,意义不确定论是一个备受争议但有着广泛影响的文艺理论,它的合理之处在于反对传统文艺理论把作者的意图作为文本阐释和文本价值评判的根据,声称"文本之外无物存在",重视对文本本身的严格审视,坚持文本意义的流动性、生成性和开放性。翻译目的论者的本意是要用意义的不确定性来为自己的操控和改写提供合法性和理论依据;但他们寻求的理论支持恰恰挖空了他们的墙脚,因为他们在否定文本之外的作者意图的同时,却肯定了同样处于文本之外的译者(接受者)的意图或目的,未能免于"意图谬误"的指控。无论是作者、译者还是读者,只要他/她缺乏对文本本身的尊重,忽视对文本本身细致、耐心、一丝不苟的阅读,而一心要在文本里寻找自己期待的意义或实现自己的目的,都是对文本本身的限制和遮蔽,都是与意义不确定论所强调和坚持的文本意义的开放性、流动性、生成性格格不入的。实际上,正因为文本意义是不确定的,所以有必要不把某一次解读中心化,而把其他可能的解读边缘化甚至完全遮蔽,有必要放弃自己的精英立场,放弃操控,放弃用自己的目的、计划、意图、需要或用途等来决定原文的意义,来对文本进行取舍;相反,要让读者与原文直接对话,让大家都平等地参与到文本的无限生成中来。

4. 走出翻译目的论狭隘人生观

细细品味着以上目的法则或功能法则,想象着那些自以为是的立法者,我眼前分明呈现出视野狭窄的山中采摘者的形象。他①面对巨大的山体,连同它丰富的多样性和复杂性,眼中却只有他意欲找寻的东西,只有对他有用的东西。正是他自身的目的、欲望和物对他的有用性,让他对大山本身和大山自身的价值视而不

---

① 按照德里达的说法,只能是他,而不是她。参见本书第五章第一节"译者的任务:德里达对话本雅明"。

见。人的目的性和物的有用性①在遮蔽物的同时也遮蔽了人自身;物的遮蔽和人的遮蔽是同一个过程,因为人在利用、占有物的同时也被物所利用和占有。

这种"见树只见木材"的追名逐利是现代人的普遍存在状态;如何让丧失诗意和灵韵的现代生活重回无遮蔽的澄明之境,这是海德格尔存在主义所思考的主要问题。这种思考的结果最后可以概括为无限深邃而又无比通俗的一句话:"无用乃物的意义。"这寥寥数字,却让我痴迷许久许久;作为业余哲学爱好者,我正是通过这一句话而触摸到或略微触碰到了哲人的深刻和智慧。这里的意蕴有两层。其一:只有放弃用人的目的性或物对人的有用性去衡量事物,事物才能呈现自身,获得自身的规定性和意义。其二:无用既是物的意义,也是人自身的意义;人生的意义绝不会在物欲的满足中或在对物的有用性的占有中,而一定在对这种动物性存在的克服、放弃和超越中。

以自我为中心,用自我的欲望、目的、计划、用途等对他人进行限定、遮蔽和封闭,这是西方主体性思维的典型特征,同西方的历史一样古老。德里达的高足南希在 *The Birth to Presence* 一书中说:"西方正是作为界限、局限的意义出现的,即使它不断开疆拓土。具有讽刺意味的是,西方似乎把无限地扩张自己的局限作为它在整个星球、整个银河和整个宇宙中的志业,它让世界向它的封闭开放。"②(另见本书第五章第三节"翻译的神学:德里达的深意")

一般认为,科学是西方输往世界各地的最具价值和普遍性的

---

① 人的目的性和物的有用性是同一回事情,正如在翻译目的论中"目的"和"功能"这两个概念是相通的一样。

② Nancy, J. *The Birth to Presence*. Holmes, B. , et al. (trans.). Stanford: Stanford University Press, 1993: 1.

东西,也是西方人觉得最能体现自身优越性的东西。但"科学"的世界观和方法论,正如胡塞尔在《欧洲科学危机和超验现象学》一书中对近代实验科学奠基人、"现代科学之父"伽利略所做的评价一样,"既是发现的天才,也是遮蔽的天才":天文望远镜观察到了月球表面的凹凸不平,却遮蔽了月亮的朦胧与诗意。

据南希观察,西方的这种封闭性有许多名字——挪用(appropriation)、实现(fulfillment)、意指(signification)、目的(destination)等,但尤其叫"再现"(representation)。再现就是用自身的局限去确定自身。它是为了某一主体,由这一主体对本身没有被再现,也不可能被再现的事物所框限。①

利用、挪用、盗用原文去实现自身的目的、意图,或者说,用自己的目的、意图、用途去框限原文,这不正是翻译目的论赋予翻译的意义和功能吗?!

南希接着还总结了再现思维的特征。他说:

> 为自身,再现自身及自身以外、自身界限以外的东西;在基础上切割出一个形式,再切割出基础的形式;如此一来,不再有任何东西可以到来,不再有任何东西可以从任何基础上出现或出生。②

---

① It it the delimitation for a subject, and by this subject, of what "in itself" would be neither represented nor representable. See: Nancy, J. *The Birth to Presence*. Holmes, B., et al. (trans.). Stanford: Stanford University Press, 1993: 1.

② The characteristic of representational thought is: to represent, for itself, both itself and its outside, the outside of its limit. To cut out a form upon the fundament, *and* to cut out a form of the fundament. Thereafter, nothing more can come, nothing more can come forth or be born from any fundament. See: Nancy, J. *The Birth to Presence*. Holmes, B., et al. (trans.). Stanford: Stanford University Press, 1993: 2.

自黑格尔以来,"出生"(birth)、"生长"(growth)一直是用来言说绝对在再现以外的东西,与再现相反的东西,一种超出封闭和框限的生机勃勃的景象。与出生相关联的有婴儿,在中国传统中,我们也常用"婴儿"或"赤子"去言说一种值得追求的没有私心、没有算计、没有偏见、没有目的、没有功利的纯粹本真状态。如孟子说:"大人者,不失其赤子之心者也。"(《孟子·离娄下》)又如老子有言:"常德不离,复归于婴儿。"(《道德经》第二十章)老子还说:"众人熙熙,如享太牢,如春登台,我独泊兮其未兆,如婴儿之未孩。"(《道德经》第二章)

众人竞相追逐的美食(太牢)、美景(春天的景致),都是用物对人的有用性来衡量、界定和框限的;或者说,都是人或者人性、主体性赋予大自然的;按照南希的话说,是人对大自然的"切割"或者宰制。诚然,一切再现(包括翻译)都无法脱离人的主体性,但这不应该成为坚持、维护、固守和强化自身有限性的理由。人作为可能性存在,作为创造着自己的存在的存在,是有可能为了某种理想或价值而放弃、抛弃、超越自身的既成性而存在的。

与西方这种以自我为中心、物我分离的主体性思维相反的,是作为中国传统文化主体和中国人基本信念的"天人合一"思想。要达到"天人之际,合二为一"、物我交融的境界,显然只有靠人对自身的放弃,舍此别无他法。这是中国人的共同信念。共同培育中华民族精神的"儒释道"之所以能够合流归一,很大程度上是因为它们在上述信念或观点上高度一致。儒家的"克己"和"诚"、道家的"心斋"和"坐忘"、佛教的"无我"和"空"等概念根本上是相通的,强调的都是对自我的抑制和放弃。对自我的放弃,佛教做得尤为彻底,至少在形式上是这样的。成为佛教徒有一个专门的术语:"出家"。"家",作为一个更大的自我,作为自我构筑的中心和堡垒,是解构主义致力解构和颠覆的对象;解构主义旗手德里达就自称是一位永远流浪的"无家可归"的思想家。他说："我是一个流浪的哲学家，流浪是我的天命。"也许无家可归是一种更加自由的状态，也许只有摆脱自我和家的束缚和遮蔽，他才能对自身所处的逻各斯中心主义和语音中心主义传统有更好的认识和批判。

佛教的"出家"意味着对家及与家相关的一切的放弃——对家园、故土的放弃，对友情、亲情的放弃，对异性、情爱的放弃。当然，还有对财产、物欲的放弃，对地位、虚荣的放弃。出家为僧为尼，还有一个特别的仪式——剃度；它象征着剪除、剪断与滚滚红尘千丝万缕的联系。

除了这种形式上、外表上、物质上的放弃之外，还有思想上和心灵深处的放弃，那就是对"我执"的放弃和破除。所谓"我执"，顾名思义，就是对"我"的执着或"我"所持有的思想感情和认识观点等。只有这样彻底地放弃自我，才能做到"四大皆空"，才能让佛性、神性、慈悲和爱降临心头。

也许您认为我在这里海阔天空地谈论佛教，离题太远了，但德里达在《翻译的神学》一文中就建立了这种翻译与神性之间的遥远联系（见本书第五章第三节"翻译的神学：德里达的深意"）。

"克己""心斋""坐忘""丧我""无我"等与对自我的克服和放弃之间的关联是显而易见的，而"诚"在这一方面有着更为含蓄和丰富的内涵。首先，诚与明（明白、澄明、无遮蔽）是相辅相成的关系；正如朱熹所说，"诚则无不明，明则可以至于诚"（《四书集注·中庸》第二十一章）。儒家经典之一的《中庸》是对"诚"的集中论述，第二十一章有云："自诚明，谓之性。自明诚，谓之教。诚则明矣，明则诚矣。"这里前半段的意思是：由诚而明，这是天性使然；由明而诚，这是教育、教化的结果。前者是天道，后者是人道。这个意思在前两章说得更为明白："诚者，天之道也；诚之者，人之道也。"对此，朱熹的解释是："诚者，真实无妄之谓，天理之本然也。诚之者,未能真实无妄而欲其真实无妄之谓,人事之当然也。"至此,诚的意思基本明朗,作为天理或天道的诚不过是不受人欲之私所遮蔽的人的本然的心灵状态。这种摆脱了虚妄的纯净的心灵,这种没有偏见、没有私心、一尘不染的"赤子之心"是物的意义(即让物是其所是)的保证,也是人自身意义(人生意义和价值)的保证。关于这一点,《中庸》第二十五章是这么说的:"诚者自成也,而道自道也。诚者物之始终,不诚无物。是故君子诚之为贵。诚者非自成己而已也,所以成物也。成己,仁也;成物,知也。性之德也,合内外之道也,故时措之宜也。"诚是如此重要,以至于一切事物(包括人)的(本真)存在皆依赖于它,不诚则无物存在。

成己与成物并无先后之分,而是同一过程,正如诚和明是同一状态一样。但"知"与"仁"是儒家理论中常常相互分别和对举的一对概念,如"知者乐水,仁者乐山;知者动,仁者静;知者乐,仁者寿",这里用"仁"来评价"成己",用"知"来评价"成物",用意何在呢?冯友兰怀疑这里有错误,他说:"我倒是怀疑'仁'字、'知'字是不是该互换一下。"(《中国哲学史》第十五章)冯先生语焉不详,他的意思可能是:成就自己,这是人生的智慧,而成人(之美)、助人则需要仁爱之心。我倒认为,这两个字在这里的用法不成问题,因为"成己"与其说是成就自己,不如说是对自我的克服和放弃,放弃私心杂念,做到"其心寂然,光照天地"(唐李翱),相当于佛教"四大皆空"的境界。而"成物"与其说是成人、助人,不如说是对事物(包括他人)本身真实无妄的认识或再现。如此一来,仁和知的意义就与它们在其他地方的用法相通了,试看两处:

颜渊问仁。子曰:"克己复礼为仁。一日克己复礼,天下归仁焉。为仁由己,而由人乎哉?"颜渊曰:"请问其目。"子曰:"非礼勿视,非礼勿听,非礼勿言,非礼勿动。"颜渊曰:"回虽不敏,请事斯语矣。"(《论语·颜渊》)

樊迟问知,子曰:"务民之义,敬鬼神而远之,可谓知矣。"
问仁,曰:"仁者先难而后获,可谓仁矣。"(《论语·雍也》)

前一处对"仁"的定义非常直接、清楚:自己时时刻刻、随时随地克服自己的私欲、私意就是仁。"克己"就是克服、战胜自己一己之私之意。朱熹对"己"的注释是:"己,谓身之私欲也。"又引程子曰:"非礼处便是私意。既是私意,如何得仁?须是克尽己私,皆归于礼,方始是仁。"①

后一处对"知"的理解有些分歧,但对"仁"的理解还是高度一致的,即为仁在于克己,在于对自身目的、功利、计划等的放弃。"仁"的去功利、效验(效果)、预期(计划)的这一层意思,明朝万历年间内阁首辅张居正给年少的万历皇帝授课时讲得最为明白:"所谓仁者,存心之公而已。盖为人之道,本是难尽,若为之而有所得,虽功效相因,理之自然,然不可有心以预期之也。有心以期之,则涉于私矣。今惟先其事之所难,凡身心之所切,性分之所关者,只管上紧去做。至于后来的效验,则惟俟其自至而已,却不去计较,而有意以期必之也。这是他心有定守,故能纯乎正谊明道之公,而绝无计功谋利之念,岂不可谓之仁乎。"②

通过这几处的相互印证,"仁"与"成己"或"克己"的联系已经清楚;但"知"与"成物"的关系尚有待论证和明确。人们对孔子这句"务民之义,敬鬼神而远之,可谓知矣"的解读五花八门,歧义丛生。朱熹把"民"理解为"人",整句的注释是:"专用力于人道之所宜,而不惑于鬼神之不可知,知者之事也。"但他的注释并不能服众,有人把"务民之义"理解为"做对普通老百姓合理适宜的事",或

---

① 朱熹. 四书章句集注. 北京:中华书局,2010:131-132.
② 张居正. 张居正讲评《论语》皇家读本. 陈生玺,主编. 上海:上海辞书出版社,2007.

干脆就是"为人民服务",也有人理解为"专力于使人民达到义"。后半句分歧不大,一般理解为"既敬畏鬼神,又与鬼神保持距离",如程子所言:"能敬能远,可谓知矣。"

在我看来,这是一句决定中国文化方向和趣味的十分重要的话,但往往就被这样不求甚解、轻描淡写地搪塞过去。在别的文化传统中,对民众的教化(成人、成物、自明诚),宗教往往起着巨大甚至决定性的作用;但像宗教一样渗透到中国人生活和骨髓的儒家思想和儒家经典里却没有神,没有上帝,没有创世纪,没有天堂,没有地狱。更为重要和意义深远的是,儒家没有用神话传说,更没有通过装神弄鬼、坑蒙拐骗①来建立自身的特权或某种意识形态的霸权,而只是专注于向人心平气和地论证实现人生意义、通达幸福生活的道理和途径。这是儒家思想历经数千年世事变迁而不衰,在今天乃至将来仍具有强大生命力的主要原因,也是最让人感动的地方。中西方文化在源头处的这种巨大分别实际上就体现在这简短的一句断语里:"务民之义,敬鬼神而远之,可谓知矣。"专用力于人道(人的教化之道,成人、成物之道),而对神道敬而远之,这就是儒家的智慧,也是中国文化区别于西方文化的大智慧。

---

① 为了建立或巩固自己的统治,采用装神弄鬼的方式来欺骗民众,这在古代是非常普遍和流行的。两千多年前,陈胜、吴广起义的时候,为了获得民众的支持,将事先写好的绢布放进鱼肚,然后让人把鱼买来吃,发现绢布上写着"陈胜王"后说这是上天的旨意,然后又在晚上装狐叫:"大楚兴,陈胜王。"基督教《圣经》中的神话传说比比皆是。《民数记》第十七段到第十九段写道:上帝担心摩西和亚伦的统治威信受到威胁和动摇,为了巩固其统治地位,于是使出花招,叫摩西把十二个族长召集起来,给他们每人发一支手杖。族长们(包括作为未利族族长的亚伦)将各自的名字写在手杖上,然后把手杖交还给摩西。摩西将这些手杖放进法柜,并声称其中一支手杖会发芽,名字写在发芽的手杖上的人就是上帝选中的人。结果,第二天,未利族的亚伦的手杖不但发芽,还开花结果,长出熟杏。

对神道敬而远之,并不意味着儒家缺少超越性。① 中国思想文化中所蕴含的超越,往往不是指向彼岸的外在超越,而是指向人自身的内在超越,是人对自身有限性和局限性的超越。人对自身的超越过程,就是人自身的实现(成己)过程,成物(成人)的过程,也是天人合一的实现过程。关于诚在这一过程中的重要性,《中庸》有云:

> 唯天下至诚,为能尽其性;能尽其性,则能尽人之性;能尽人之性,则能尽物之性;能尽物之性,则可以赞天地之化育;可以赞天地之化育,则可以与天地参矣。(《中庸》)

放弃一己之私,成己成人,就可以超脱寻常的物我和人我两分,达到与天地并立为三的境界和高度。

对自我的克服和放弃是实现天人合一的唯一途径,是物我获得意义和解放必不可少的条件;这是中国思想文化的要义②,是与以自我为中心对他人进行宰制的西方主体思维形成鲜明对照的另一种世界观。在这种天人合一的世界观里,主体像新生婴儿一样,只是赤条条出现在世界上,没有偏见、没有私心的它不去也不能建立中心、构筑堡垒、划分疆界。它让事物以其整体不停地到来;事物只是到来,正在到来,却没有来过。这里没有形式,没有基础,唯有脚步,唯有过程,唯有什么也不分辨的到来。一切都不受限制。

南希把新生婴儿(赤子)的这么一种不受限制、不受遮蔽、没有偏见、没有私心、无知无识的纯然在世状态称作"被抛弃的状态"或"被抛弃的存在"③。"诞生就是被'遗弃',被'遗弃'者永远处在一种

---

① 黑格尔认为,孔子的《论语》只有良好的、精明的道德格言,而无超越层面的东西。

② 儒家的"天"、道家的"道"、佛教的"佛性"都强调其内在于人的生命之中,不假外求。

③ 这与海德格尔的"被抛"概念显然有一种传承关系。海德格尔把人生在世称作"被抛",它非但不是一种因果论或目的论意义上的被决定状态,反而是一种具有无限可能性的自由状态。

无所牵挂也无能牵挂的状态。"但这种被抛弃、被遗弃的状态并"不是一种可悲可泣的荒凉处境,而是一个蕴秀深广的希望之乡";它也"不仅是一种绝望的消极状态,而且是一种期待拯救的悲剧精神"①。

为什么抛弃或遗弃竟然成了一种积极在世的姿态呢? 胡继华对南希深刻命意和隐曲表达的分析不仅中肯、到位,而且文采斐然,自成一派气象。他说:

> 表面上看,"遗弃"不仅要求我们的全副精神操练摆脱意志,最后还要求我们摆脱"精神"和"操练"本身。这个彻底的摆脱,就是任我们自己被遗弃。所谓"思想",就是以这种"遗弃"为底蕴——孤苦无告,将自己遗弃给"绝对的法律"。"遗弃"就是遵循一种规则,服从一种主权。在这个意义上,转身注目于一种绝对的法律,一种作为他者的法律,就是向往一种更高的存在。而这正是"遗弃"的意义,或者说,"遗弃"赋予存在的意义……"遗弃"是一种移易了自我中心的存在姿态,同时也是一种服从绝对法律的存在姿态。"遗弃"的法律就是爱的法律。爱可以被表述为"一个存在超越自身而追求完美的极限运动"。"爱"就是自我压抑。这个"超越自身"就必然是他者的位置,是相异性的位置,没有这个他者和相异性,爱和完美都是不可能的;同时,如果"爱"在于黑格尔所说的"在一个他人身上有一个人的实在要素",那么,这个"超越"也是"爱"借以自我实现同一的位置,即寓于他者之中的同一的位置。爱是向另一个灵魂无保留地给予,主动地"遗弃"给"绝对的法律"。②

① 胡继华. 后现代语境中伦理文化转向——论列维纳斯、德里达和南希. 北京:京华出版社,2005:144.
② 胡继华. 后现代语境中伦理文化转向——论列维纳斯、德里达和南希. 北京:京华出版社,2005:144.

大体而言,遗弃或抛弃就是对自我的彻底放弃和超越,主动将自己遗弃给"绝对的法律"。稍加归纳,不难看出,南希的"遗弃"概念与儒家思想中的"克己复礼"或"存天理,灭人欲"的内涵极其吻合。只不过认识到"被抛弃的存在已经开始构成我们思想的必不可少的条件,也许是唯一条件;从今往后,召唤我们本体论将是以抛弃为存在的唯一困境的本体论"①。这一点,南希比孔子晚了整整两千五百年,是在走过漫长弯路之后,在西方无可挽回地走向没落的时候才认识到的。

"'遗弃'之展开就是存在的构成,'遗弃'之遗忘就是存在的虚无。""'遗弃'是存在的本源状态,也是爱的本源状态。惟能遗弃,方可有爱。"②无论如何,认识到这些,是南希的幸事,是西方的幸事,也是翻译研究的幸事。蔡新乐在《翻译与自我》一书中认为,翻译研究应该首先是对人类跨出自身可能性的研究,对人的心灵的研究。翻译目的论者的偏差和谬误就在于他那封闭的心灵深处只有无比高大的自己,没有他者的位置,也没有爱;他无法跨出、跨越自身的局限;他的翻译只是自我翻译,因而是非翻译,是反翻译,是翻译的虚无。

（第四章第一节的部分内容以《翻译目的论批判》为题,发表在《浙江外国语学院学报》2016 年第 2 期）

---

① We do not know it, we cannot really know it, but abandoned being has already begun to constitute an inevitable condition for our thought, perhaps its only condition. From now on, the ontology that summons us will be an ontology in which abandonment remains the sole predicament of being, in which it even remains—in the scholastic sense of the word—the transcendental. See: Nancy, J. *The Birth to Presence*. Holmes, B. et al. (trans). Stanford: Stanford University Press, 1993: 36.

② 胡继华. 后现代语境中伦理文化转向——论列维纳斯、德里达和南希. 北京: 京华出版社, 2005: 144.

第二节　翻译与人生

每一次的翻译不只是一个任务的完成而对于译者自身毫无改变,不只是促进人类交流的桥梁、手段或工具,其本身就是目的。翻译,作为译者人生中的事件,是专业译者生命的一部分,是译者生命在时间中的呈现或实现。无动于衷的机器翻译只是机器对文字的识别和匹配,缺乏生命体验的翻译是对人类精神的糟蹋和亵渎。

翻译一般被理所当然地看成一种工具、手段、途径或"桥梁"。译者也常常以仆人自居,或服务于读者和作者,所谓"一仆二主";或服务于众多的意识形态和政治立场,所谓"一仆多主"。总之,为这个,为那个,就是不为自己。在这里,我提倡一种为己的或自为的翻译。

什么是为己的或自为的翻译呢,或者说,译者怎么做、怎么译才是为自己呢？弗罗姆在《为自己的人》(*Man for Himself：An Inquiry into the Psychology of Ethics*)和《逃避自由》(*Escape from Freedom*)等书中,批评现代西方资本主义社会中的人普遍为了金钱、名誉、地位、面子等各种各样外在的东西而忽略和遗忘自身的内在价值和人生意义。我也是在这种生存论的意义上来对怎么译的问题进行探讨的。

1. 翻译意义的丧失

按照生存论翻译观,翻译不仅仅是某个外在目的的实现,不仅仅是一次任务的完成,不仅仅是"交任务"而自身毫无改变;与此相反,每一次翻译都应该成为译者生命中的一个事件,是译者生命的展开、展现、丰富和扩大。也就是说,翻译应该成为这么一个场所,在这里,译者的内在精神因为翻译行动而得到提升和超越。如此看待翻译,翻译就具有了教化的功能。作为让知识、学术和传统周流于社会的精神活动,翻译应该分担或分享对至善的人生的筹划,这也是理所当然和不言而喻的。然而,在这个追求功利、崇尚效率的快餐文化和准机器翻译时代,翻译的"无用之用"或它的教化、教育层面被高度甚至完全忽略了。

我说这是一个准机器翻译的时代,有三层意思。一是机器翻译技术成为大规模甚至国家层面的追求,翻译软件广泛运用到大学翻译教学和译员培训中,以及计算机辅助翻译成为翻译专业的热门课程;二是机器翻译在网上成为较为普遍的现象和现实,如网页的自动翻译;三是人工翻译机器化。第三层意思是一种比喻的用法,指人们不求甚解、无动于衷、机械地做着语码转换;翻译行动之后译者依然故我,犹如没有灵魂、没有精神的机器。这又可以包含两种相反的情况,一是照搬,二是为了自身意图、目的、计划、用途,停留在自己世界里的改写和操控。这两种相反的模式在翻译行动对译者内在精神无所影响、改变和提升这一点上统一起来。

这两种既相互矛盾又相互统一、缺乏对原文起码尊重、固守自己视域的不求甚解的翻译形式在我国当前的一些学术翻译中得到集中体现,试看几例:

(1)这两种权力(神权和王权,天堂的权威和世俗的权威)之间的类比和基督教表达,在这里通过它在坟墓里保留的权威,通过幽灵的复活或升天的荣光的身体,再次上升(se relever)和行走。①

例(1)是德里达《什么是"确切"的翻译?》一文中的一句话。尽管不少地方令人费解——比如"两种权力……再次上升和行走"是

---

① 陈永国,主编. 翻译与后现代性. 北京:中国人民大学出版社,2005:169.

什么意思？为什么"两种权力"用单数的"它"来指代？而且神权怎么会在坟墓里保留权威，难道神也终有一死吗？所有这些地方都很难让人参透——但基本可读，甚至似乎还包含某种哲学深意；然而，拿来原文一对照，才发现原来译者把原文197页上的最后一句连到200页的第一句上去了，中间跳过整整两页居然"天衣无缝"地接上了！这肯定是极个别的偶然疏忽，但下一个例子就不是疏忽而是偷懒了。

(2) 哲学的群落，与大学的群落一样，就是这种 Strebennach Gemeinschaft mit dem g? ttlichenWesen。①

例(2)是德里达《翻译的神学》一文中的一句话。后半句是德语，译者可能不认识，不问也不查，照原文抄录了事；甚至连抄录都不完整，把一个英语键盘打不出来的德语字母用问号标记着就匆匆成书出版了！

这些翻译虽然都被公开出版了，译者也可能因为自己的翻译而获得了一定的经济利益和学术影响；但译者自身不可能通过这样的翻译得到改观和提升，译者本人的存在也不可能通过这种翻译而得到展现、表现、扩展和丰富。

当然，这也是极罕见的情况。那么此种"缺乏在"的翻译的常态是怎样的呢？试看一例：

(3) 翻译是一种形式的征服。不仅突出了历史的东西，而且为现在增添了典故……具有了罗马帝国最优秀的良知。②

例(3)的学术翻译基本上不知所云，但仅凭这一点也还不能对译者的翻译质量下结论；因为可能原文本身就是如此晦涩难懂，也

---

① 陈永国，主编. 翻译与后现代性. 北京：中国人民大学出版社，2005：184.
② 陈永国，主编. 翻译与后现代性. 北京：中国人民大学出版社，2005：12(代序).

可能像我这样的读者由于知识背景缺乏而理解力不足。要判断这段译文翻译得怎样,先得看看英语原文:

> Indeed, translation was a form of conquest. Not only did one omit what was historical; one also added allusions to the present and above all, struck out the name of the poet and replace it with one's own——not with any sense of theft but with the very best conscience of the imperium Romanum.

为方便理解,我也试译上例如下:

> 没错,翻译就是一种征服。(在这种征服中,)人们不仅删除过去的(历史的)东西,而且增加现在的东西,甚至去掉作者(诗人)的名字,用自己的名字取而代之——竟然毫无盗窃的负罪感,反而心安理得,帝国的(傲慢)心态十分坦然。

作为后现代主义思想源头的尼采(Friedrich Nietzsche)是最早开始批判西方现代社会的哲学家之一,对本雅明、布伯、海德格尔、加达默尔和德里达等人均有重要影响。他的《作为征服的翻译》("Translation as Conquest")一文与作者的其他哲学著述相比是轻松和浅显的,没有什么理论色彩,批评的是古罗马人缺乏历史意识,缺乏对古希腊历史文化的起码尊重,在武力征服希腊后,对希腊文化作品进行掠夺式和盗用式的翻译。与尼采相反,译者似乎是赞同和肯定这种征服式翻译或翻译式征服的。为了证明自己的观点,译者对尼采的原文进行了一系列的改写和操控:瞒天过海,故作聪明地把第二句的主语"人们"调换成"翻译";指鹿为马,强行把"omit"(删除)译为"突出";张冠李戴,稀里糊涂地把"to"跟"allusion"的搭配看成是跟"add"的搭配;断章取义,甚至干脆把与自己意思不相符的内容一股脑地省略掉。

什么是征服的、操控的翻译？译者在这里一不小心就提供了一个典型的案例：停留在自己的世界里，固守着自己的疆界和视域，眼睛里只有自己的目的和需要，对原文的差异性、丰富性和多样性视而不见。如果采取虚心、对话的态度，那么翻译本来是一个最有机会接近他者、突破自我界限和局限的场所；然而译者无动于衷地翻译着，自己的视域没有得到扩大，自己的存在没有得到丰富，翻译了这么多，依然故我。

曾几何时，翻译还是译者殚精竭虑、苦心经营的场所，是译者梦绕魂牵、欲罢不能的志业。严复"一名之立，旬月踟蹰"，为了一个准确的译词，十天半月还在冥思苦想。傅雷译巴尔扎克《幻灭》一书，"与书中人物朝夕与共，亲密程度几可与其创作者相较。目前可谓经常处于一种梦游状态也"①。李健吾相信他译的《包法利夫人》是一种"良心的酬劳"②。萧乾 82 岁开始翻译《尤利西斯》，手术后靠三分之一的肾生存，有人赞赏他"以整个生命为代价来完成这次翻译"。我则认为此言差矣。与其说萧老用最宝贵的内在生命去换取一个外在结果，不如说他老人家的生命或存在就是在这个翻译过程或翻译行动中得以展开、展现、扩大、丰富和完成的。

与这些活在翻译中、用自己的良心去翻译的大师相比，以上所列举的翻译例文仿佛就是没有灵魂、没有思想的机械翻译或机器翻译。这种机械式的翻译模式在我们的翻译教学中也能反映出

---

① 傅雷幼年丧父，人生坎坷，"用他自己后来的话说：'神经亦复衰弱，不知如何遣此人生。'游学期间，他先后到过瑞士、比利时、意大利，但'均未能平复狂躁之情绪'。留学法国时，他在一个偶然的机会读到了罗曼·罗兰的《贝多芬传》，竟如同遭受电击一样大受震撼，用他自己的话说就是'读罢不禁号啕大哭，如受神光烛照，顿获新生之力，自此奇迹般突然振作。此实余性灵生活中之大事'"。参见:刘克敌,李西宏,编. 那些翻译大师们. 北京:金城出版社,2010:3.

② 刘克敌,李西宏,主编. 那些翻译大师们. 北京:金城出版社,2010:27.

来①,表现为两个相反的情况:一是热衷于寻求相互转译的语言系统之间的客观对应规律,二是提倡主观的操控和改写。前者把学生译者物化为可以灌注的容器、可以编程的计算机,以为学生只要掌握建立在语言对比基础上的所谓翻译技巧就具备了翻译能力。寻找语言之间的对应规律曾经在轰轰烈烈的"翻译科学"建设中盛极一时。此种"语言学途径"(linguistic approach)的翻译研究虽然在理论界很快就被放弃了,但在翻译教学中至今仍然具有强大影响力。虽然实际效果并不理想,但仍然被视为翻译人才培养的一条捷径,因为在这么一个追求效益的功利社会和快餐文化里,谁还顾得上自己的精神和心灵!后者以当前热门的翻译目的论为代表,忽视原文自身价值,强调用自己(以及自己所服务的客户)的当前目的和需要对原文进行改写和操控,把翻译活动纯粹看成满足客户需要的商业服务行为。皮姆指责目的论是唯利是图的(mercenary)翻译理论:只要有人愿意出钱,译者就为其提供所需的翻译。目的论者把"目的为手段提供合法性"这一口号看成指导译员培训的最重要法则,也是翻译走向职业化必须遵循的最重要法则。在这里,译者显然也只是一个外在的工具。这两种相反模式在对学生译者内在精神和生命的忽视上又高度统一起来。

在这么一个普遍物化的世界上,奢谈精神和心灵似乎不合时宜。然而我认为,翻译教学的目的不是把人变成熟悉翻译技术、技巧的专家、行家——很多情况下那些所谓的翻译技巧是不管用的——更不是把人变成掌握某一方法程序的翻译机器;而是要让学生成为具有更好的领悟能力、感悟能力、理解能力、判断力、文字欣赏能力和表达能力的人,让学生成为富有共通感、同情心、趣味和品位的人,让学生成为机敏、敏感、敏锐、高情商、高情操、得到教

---

① 申连云. 中国翻译教学中译者主体的缺失. 四川外语学院学报,2006(1):136.

化、受到良好人文教育的人。这样的教育或教化显然不是快餐式的教学或"科学"手段所能胜任和保证的。

2. 翻译机械化的社会根源

众所周知,中国传统教育对修身养性是十分重视的,中国传统文化中的儒释道实际上都是关于如何做人的学问,都是人生观的学问(见本书第五章第三节"翻译的神学:德里达的深意")。其实,无论何时何地,但凡教育,必须兼顾两面:一是传授某一活动领域的知识、技能,使受教育者成为能人;二是讲关于好生活、幸福生活的道理,使受教育者成为好人。但在以往的翻译教学和翻译实践中,对术的层面的过分强调导致了对翻译之道的严重遮蔽。以上列举的那种不求甚解、敷衍塞责、无动于衷的翻译现象在当前绝非个案,而几乎已成为一种普遍的模式。对这种准机器翻译模式,人们不乏反感和抱怨,但很少有人去追问现象背后的意识形态根源。

我在这里的一个基本假设或出发点是:这种麻木、机械的翻译形式是当前社会环境和条件的反映和产物。这是一个重占有、轻生存的时代,这是一个物欲膨胀、精神萎靡的时代,这是一个金钱至上、"穷得只剩下钱"的时代,这是一个把身外之物看得比生命更重要的时代,这是一个把自私自利正当化的时代,这是一个把对物的占有当成生存目的和人生意义的时代,这是一个把幸福简化为消费的时代。在这么一个物的统治和物的狂欢的世界里,翻译的诗意和灵韵消失殆尽,翻译只不过是一个必须完成的任务,是一个获取报酬或别的物质利益的手段。

重物质占有被弗罗姆看成在西方资本主义经济制度下形成的一种主要生活方式,一种基本性格倾向,一种基本人性;它是全球性环境污染、资源枯竭、贫富悬殊、冲突加剧等社会危机的总根源。他说:

> 占有取向是西方工业社会的人的特征。在这个社会里，生活的中心就是对金钱、荣誉和权力的追求。①

又说：

> 人之所以这样，责任不在经济系统，而在于人的本性。那些不知自我中心主义、利己和占有欲为何物的社会被称作是"原始落后"的，其成员也都是"幼稚和未开化的"。人们拒绝承认这一事实，即这种性格特征并不是自然的本能，而是一定社会条件下的产物……由于我们的社会经济制度，也就是说由于我们的生活形式而形成的那些性格特征是病源之所在。②

与此相对，他提倡一种重生存的生活方式或人性，认为这不失为克服当前生态和经济危机的良方。他说：

> 人心理上的深刻变革也不失为避免经济和生态灾难的一种方法……进行这种经济变革必须具备一个条件，即人的基本价值观和态度（我称之为性格取向）发生根本的变化，也就是说形成一种新的伦理道德和对自然的新态度。即只有在建设新社会的过程中形成了一代新人，或简单地说，现在占统治地位的人的性格结构发生了根本变化，一个新社会才能建成。③

当今世界已然成为一个具有整体性和内驱力的全球经济结

---

① 弗罗姆. 占有还是生存——一个新社会的精神基础. 关山，译. 北京：生活·读书·新知三联书店，1989：24.
② 弗罗姆. 占有还是生存——一个新社会的精神基础. 关山，译. 北京：生活·读书·新知三联书店，1989：9-10.
③ 弗罗姆. 占有还是生存——一个新社会的精神基础. 关山，译. 北京：生活·读书·新知三联书店，1989：10-11.

构,个人乃至单个国家都在资本逻辑的裹挟下不由自主地走向悬崖深渊。明明是一条不归路,但好像舍此又没有其他办法,每个人都"宁愿等待着预期的灾难的降临,也不愿眼下做出一些牺牲"①。除了居住在有限保护圈的所谓的"原始部落"之外,谁还愿意舍弃工业化发展之路?举个人人深受其害的汽车工业的例子吧。如今世界上的汽车已够多了吧,可谁愿意放弃汽车工业的发展呢!世界上的汽车已够用、够好了吧,可谁不是你追我赶地开发下一代产品呢!这种产品开发与生产所服务的已不再是人的需要或人的幸福生活,而是整个经济系统本身。为了支持经济系统的增长,人们的物质消费甚至浪费受到鼓励,一直被前现代社会所压抑的物欲得到空前释放,弗罗姆所说的"自我中心主义、利己和占有欲"被当成与生俱来的人性而得到正当化、合法化。弗罗姆对人类改变自己心灵和生活态度的必要性和紧迫性感受强烈,他说:

> 从根本上改变自身的必要性不仅仅是一种伦理道德或者说宗教上的要求(正确地生活就是按照某种道德或宗教信条去做),也不只是根据我们现今的社会结构的病原性质而得出的一个心理学上的假设,而是人类维持自身生存的先决条件。在人类历史上首次出现这样的情况,即人类肉体上的生存取决于人能否从根本上改变自己的心灵。②

我想,现在世界严峻的经济形势和生态危机已使我们具备了为达到这种转变所需的勇气和想象力。那么什么是重生存的生活方式或人性呢?弗罗姆是这么说的:

---

① 弗罗姆. 占有还是生存——一个新社会的精神基础. 关山,译. 北京:生活·读书·新知三联书店,1989:13.
② 弗罗姆. 占有还是生存——一个新社会的精神基础. 关山,译. 北京:生活·读书·新知三联书店,1989:19-20.

在这种(重生存:本书作者注)的生存方式中人不占有什么,也不希求去占有什么,他心中充满欢乐和创造性地去发挥自己的能力以及与世界融为一体。①

并引用埃克哈特教士的话说:

不要占有什么,要使自己变得开放和"空",不要因为自我而阻碍了自身的发展,这些都是获得力量和精神财富的先决条件。②

获得和占有物质财富,古往今来,被许多人当作人生的意义,甚至是人生的唯一意义,占有和消费被看成一种自然的、唯一可能的生活方式。但埃克哈特(Meister Eckhart)教士认为,人生的意义和价值恰恰在于对这些身外之物的放弃,在于"使自己变得开放和空";只有这样,自我才不会成为自身发展的障碍。

您也许会认为一个教士的话不值得相信。其实,所谓的"放弃""开放""空"等观念是一切超越性的宗教所共有的东西,是一切宗教的价值所在;它也是一种积极的、理想的人生态度,是人生在世的积极可能性,是对有限的、受到物欲遮蔽的人生的解放和超越。由此,我想起我有一次见到富人的别墅外围起来的院子时的感慨:一朵花只有开在自家院子里你才能去欣赏吗?这是多么狭隘、封闭的人生啊!在这里,按照布伯的学说,占有者与花的关系是一种"我—它"的关系,他/她无法遇到真正的花朵。只有在诗意、灵韵、敞亮、澄明之中,在对自我的放弃、遗弃、遗忘当中,才能真正与花朵相遇,才能欣喜若狂、如醉如痴地与花朵展开对话,融

---

① 弗罗姆. 占有还是生存——一个新社会的精神基础. 关山,译. 北京:生活·读书·新知三联书店,1989:23.

② 转引自:弗罗姆. 占有还是生存——一个新社会的精神基础. 关山,译. 北京:生活·读书·新知三联书店,1989:19-20.

为一体。人在占有物的同时也被物占有,正如马克思所说的:

> 你的生存越微不足道,你表现你的生命越少,那你占有的就越多,你的生命异化的程度也就越大。①②

3. 翻译如何"在":加达默尔的回答

我们应该尽可能多地生存,而不是占有;但不管是字字对等或句句对等的死译,还是随心所欲的改译,都是缺乏"在"的翻译。也就是说,在这种翻译中译者其实是不存在的。在这里,翻译只是一个外在的任务,或流水线上的一道工序,译者本人或他/她内在的精神状态并不会因自己的翻译活动而得到改变或改观;用加达默尔的话来说就是没有得到"教化"。

加达默尔在《真理与方法——哲学诠译学的基本特征》一书中正是从"教化"概念入手来阐述自己的哲学诠释学,并探讨与翻译问题息息相关的阐释和理解问题的。"教化",顾名思义,就是教而化之,落脚点在"化"上。他说:"在教化(Bildung)概念里最明显地使人感觉到的,是一种极其深刻的精神转变。"③又说:"教化的根本是人性的转化。"如果说人类的本性是自私自利、以自我为中心,那么人性的转化就是自我中心或自私自利之心的去除,就是对自我的放弃和克服,与孔子所说"克己复礼"或朱熹所谓的"存天理,灭人欲"大意相同。加达默尔是这么表述的:"人类教化的一般本质就是使自身成为一个普遍的精神存在。谁沉湎于个别性,谁就

---

① 转引自:弗罗姆. 占有还是生存——一个新社会的精神基础. 关山,译. 北京:生活·读书·新知三联书店,1989:题记。

② 这个翻译是成问题的,把因果关系弄反了。马克思的逻辑应该是:你占有的财产越多,你异化的生命就越大,你表现你的生命就越少,你的生存也就越微不足道。英语原文见 *To Have or to Be?* 一书题记:The less you are and the less you express of your life—the more you have and the greater is your alienated life. 。

③ 加达默尔. 真理与方法——哲学诠释学的基本特征. 洪汉鼎,译. 上海:上海译文出版社,1999:15.

是未受到教化的。人之为人的显著特征就在于,他脱离了直接性和本能性的东西……人按其本性就不是他应当是的东西——因此人就需要教化。"①又说:"舍弃特殊性是否定性的,即对欲望的抑制,以及由此摆脱欲望对象和自由地驾驭欲望对象的客观性。"②还说:"教化的一切要素,即放弃欲望的直接性、放弃个人需求和私有利益的直接性,以及对某种普遍性的追求。"③最后,他说:

> 我们追随黑格尔正是把这一点强调为教化的普遍特征,即这样地为他者、为其他更普遍的观点敞开自身。在这更普遍的观点中,存在着一种对于自身的尺度和距离的普遍感觉,而且在这一点上存在着一种超出自身而进入普遍性的提升。保持距离地看待自身和自己的个人目的,就是指看待这些东西如同其他东西看待这些东西一样……受到教化的人为其敞开自身的普遍观点对这个人来说,并不是一个适用的固定标准,对他来说,这个普遍的观点只作为可能的他者的观点而存在。④

舍弃、放弃或超越自己的直接性、主观性、个别性或特殊性,与之保持距离,也即放弃或超越自身的目的、欲望、利益、需求、计划、观点等,向普遍性、客观性或他者敞开自身,这就是加达默尔所理解和坚持的传统人文教化的命意。

这一教化观念与加达默尔后面所要阐释的诠释、翻译以及整个精神科学都有着非常重要的关系。他说:"精神科学也是随着教

① 加达默尔. 真理与方法——哲学诠释学的基本特征. 洪汉鼎,译. 上海:上海译文出版社,1999:14.
② 加达默尔. 真理与方法——哲学诠释学的基本特征. 洪汉鼎,译. 上海:上海译文出版社,1999:15.
③ 加达默尔. 真理与方法——哲学诠释学的基本特征. 洪汉鼎,译. 上海:上海译文出版社,1999:15.
④ 加达默尔. 真理与方法——哲学诠释学的基本特征. 洪汉鼎,译. 上海:上海译文出版社,1999:14.

化一起产生的,因为精神的存在是与教化观念本质上联系在一起的。"①

"教化"一词的拉丁语是"formatio",英语是"form"或"formation";这就意味着,教化总是让被教化者处于不断的形成、成形、变化当中。在西方宗教和人文主义传统里,人是按照上帝的形象塑造、创造的,或者说人类在灵魂深处带有上帝的影子。因此,人生的目标和意义就是去努力体现、表现作为真善美化身的上帝的形象。这一目标应该是人类一切精神活动和与之相关的精神科学所共有和分享的总目标。德里达在《翻译的神学》一文中也提到了人类的这一总体性(totality, uni-totality),认为翻译的神圣维度就是对这一总体性的分享和参与。

如果说前见或偏见是有限的、终有一死的人类无法摆脱的宿命——因为人不是全知全能的无限的上帝,那么对自身偏见、前见的不断克服或超越就是人类责无旁贷的神圣使命。如此一来,在加达默尔的哲学解释学里,解释、理解不再只是解读文本的方法或技艺,而是人生的存在方式,每一次的理解行动都是人生中的一个事件,是人生的展开、实现。他说:"此在的结构就是被抛的筹划,此在按其自己存在实现而言就是理解。"②

对存在论而非认识论意义上的理解(包括翻译),加达默尔用画作与原型之间的关系来加以说明。画作不同于摹本,更不是镜像。镜像是缺乏实在性的假象,摹本也只是原型的简单模仿或复制;而画作则是原型的表现,"它表现了那种如果没有它就不是如此表现的东西",也就是说,"它挖掘出了一些在其单纯外观上并不

---

① 加达默尔. 真理与方法——哲学诠释学的基本特征. 洪汉鼎,译. 上海:上海译文出版社,1999:14.

② 加达默尔. 真理与方法——哲学诠释学的基本特征. 洪汉鼎,译. 上海:上海译文出版社,1999:342.

是作为艺术看待的东西"①。因此,画作对原型的表现既不是对原型一五一十的摹写,更不是对原型的削弱和简化,而是对原型的丰富和发现,使"原型通过表现好像经历了一种在的扩充"②。

画作的表现对于原型并不是某种消极的东西,而是原型生命的展现、呈现和延续;画作与原型之间的这种生命关系存在于一切艺术形式之中,自然也存在于以"本文"③形式存在的历史流传物之中。比如,一个音乐乐谱的生命也只能存在于它的每一次表现或演奏当中;或者说,每一次的演奏都是乐谱的扩充和丰富,都让乐谱由"存在者"的领域进入"存在"的领域。在翻译中,关于原文与译文的这种生命联系,本雅明在《译者的任务》一文中做了最晦涩,也最有影响的阐述(见本书第五章第一节"译者的任务:德里达对话本雅明")。其结论也是:翻译不是原文的复制和再现,不是原文信息的传达;翻译与原文的关系是一种生命的联系,翻译是原文生命的实现、扩大和丰富;"翻译是原文生长过程中的一个真正时刻"④⑤。

展现、表现、丰富、扩大原文的生命,让原文通过译文活得更好更长久;这一翻译结果或翻译任务并不是在一切翻译中自动实现或完成的。也就是说,并非所有的翻译都是原文生长过程中的一个真正时刻。那么,为了让译文成为原文的"在的扩充",成为"原文生长过程中的一个真正时刻",译者到底该怎么做、怎么译呢?

---

① 加达默尔. 真理与方法——哲学诠释学的基本特征. 洪汉鼎,译. 上海:上海译文出版社,1999:182.

② 加达默尔. 真理与方法——哲学诠释学的基本特征. 洪汉鼎,译. 上海:上海译文出版社,1999:184.

③ 本书中的"本文",指的是未被描写、记录、创作的对象,未进入阐释环节、有待读者阐释的文字。

④ The translation will truly be a moment in the growth of the original.

⑤ Derrida, J. *Acts of Religion*. London & New York: Routledge, 2002: 121.

或者说,翻译本真的存在方式是什么呢？这显然不单是一个翻译的技术问题,而且是有关"怎么活"的人生大课题。对人的终极关怀是所有人文科学或"精神科学"研究者共有的和应有的情怀,翻译学者当然不能置身事外;而且在全球化背景下,随着语言、文化、翻译之间的关系问题变得异常重要、突出、尖锐和令人不安,翻译或许是思考这一问题的最理想场所。这或许是众多思想家讨论翻译或理解问题的一个重要原因。

一方面,翻译是原文的呈现方式、存在方式,原文通过翻译而存在;另一方面,译者的存在也受到自己的翻译的规定,在这个翻译事件中得到呈现、展现,所谓"一切理解都是自我理解""理解是理解者返回自身的运动"。总之,翻译不仅是原文的存在方式,还是译者的存在方式,两者都是通过翻译事件来表现、展现、呈现自身的。翻译的存在方式问题也是艺术作品的存在方式问题;因此,我们先来看一下加达默尔关于艺术存在方式的讨论。

艺术的真正存在方式是什么,或者,艺术作品的真理是什么？这是一个有关整个精神科学的真理与方法的重大问题,也是加达默尔整个哲学诠释学——尤其是在《真理与方法——哲学诠释学的基本特征》一书中力图解决的一个中心问题。加达默尔是从游戏的存在方式出发来探讨文本、艺术作品、历史流传物的存在方式的。

游戏存在方式的性质可以概括为:一种独立于人(游戏者)的、没有目的和意图的自为存在,一种纯粹的自我表现。对此,加达默尔是这么说的:

> 游戏具有一种独特的本质,它独立于那些从事游戏活动的人的意识。所以,凡是在主体性的自为存在没有限制主体视域的地方,凡是在不存在任何进行游戏行为的主体的地方,

就存在游戏,而且存在真正的游戏。①

稍后又说:

> 游戏根本不能理解为一种人的活动。对于语言来说,游戏的真正主体……是游戏本身……属于游戏的活动不仅没有目的和意图,而且没有紧张性(指游戏的轻松性,本书作者注)。它好像是从自身出发而进行的……游戏的秩序结构好像让游戏者专注于自身,并使他摆脱那种造成此在真正紧张感的主动者的使命。这也表现在游戏者自身想重复的本能冲动中,这种本能冲动在游戏的不断自我更新上表现出来,而游戏的这种不断的自我更新则铸造了游戏的形式……我们不能说动物也在游戏……人的游戏的意义才是一种纯粹的自我表现。②

结构主义把游戏抽象为共时的规则系统,而从生存论的角度来看,游戏只能存在于它不断重复更新的历时表现之中。这种表现是它自身的、独立于人的意识的生命运动。这种摆脱了目的、意图和功利的自我表现、展现、呈现是自然界的普遍状况,如四时更替、风起云涌、花开花落,等等,无一不是轻松自在的自我呈现。对于自然的游戏性质或游戏的自然性质,加达默尔如是说:"就自然不带有目的和意图,不具有紧张感,而是一种经常不断的自我更新的游戏而言,自然才能呈现为意识的蓝本。"③

游戏的存在方式就是艺术的存在方式,这是加达默尔全部哲

---

① 加达默尔. 真理与方法——哲学诠释学的基本特征. 洪汉鼎,译. 上海:上海译文出版社,1999:133.

② 加达默尔. 真理与方法——哲学诠释学的基本特征. 洪汉鼎,译. 上海:上海译文出版社,1999:135-136.

③ 加达默尔. 真理与方法——哲学诠释学的基本特征. 洪汉鼎,译. 上海:上海译文出版社,1999:136.

学诠释学的出发点。如果说艺术作品的真正存在就在于它无目的、无功利的自我表现，那么人或者人的主体性、创造性从中又起着怎样的作用呢？细心的读者也许已注意到上文有两处说法看似相互矛盾。加达默尔在一处说"游戏根本不能理解为一种人的活动"①，而在另一处却说"人的游戏的意义才是一种纯粹的自我表现"②。这里的矛盾又如何解决呢？

从常识来看，人显然是游戏活动的主体，也是艺术创作和阐释活动的主体，因为它们都是通过人才得以完成的。这一点加达默尔显然是不能也不会否认的，他说，"游戏根本不能理解为一种人的活动"，或者"凡是不存在任何进行游戏行为的主体的地方，就存在游戏，而且存在真正的游戏"，无非是要说明游戏（艺术作品）的真正存在不在主体性中，游戏（艺术作品）的真理不是主观体验的交汇或一致。与此相反，游戏（艺术作品）的真理和客观性是由主体性因素的放弃、去除来保证的。只有作为活动或行为主体的人尽量放弃自己的主体意识，尽量避免把自己的目的、意图、计划、功利等主体性因素带进游戏或艺术创造和再创造中去，才能确保游戏或艺术作品的自为、自在性质；否则就是对游戏或艺术作品的破坏。

加达默尔把这么一个自为自在的无目的、无功利的世界看作一个神圣领域，他是这么说的：

> 游戏领域的界定，完全就像神圣区域的界定一样，把作为一种封闭世界的游戏世界与没有过渡和中介的目的世界对立起来……游戏的人好像只有通过把自己行为的目的转化到单

---

① 加达默尔. 真理与方法——哲学诠释学的基本特征. 洪汉鼎, 译. 上海：上海译文出版社, 1999:135.
② 加达默尔. 真理与方法——哲学诠释学的基本特征. 洪汉鼎, 译. 上海：上海译文出版社, 1999:136.

纯的游戏任务中去,才能使自己进入表现自身的自由之中……游戏行为轻快和放松,因为游戏任务的完成并没有指向一种目的关系。①

众所周知,加达默尔承认并肯定前有、前见或偏见在理解活动中的存在和积极作用,认为它是构成理解的条件和基础;但这并不意味着理解者对自身视域或"前把握"的坚持和封闭的合理性和合法性。与对自己的坚守、维护和强化恰恰相反,理解者的任务是把自己暴露出来,或者说把自己交出去,让异己的东西能够进来,以此形成视域之间的对话和融合。随着理解在时间中的推进,理解者不断地放弃、调整和扩大自己的视域,不断地"筹划"自身。正是在这种意义上,加达默尔说:理解总是自身的理解;或者,理解是理解者返回自身的运动。

忘我地投入、卷入到游戏(艺术作品)中去,忘掉其他一切,专注于游戏(艺术作品)本身,这是游戏(艺术作品)自为自在地呈现、生长的条件和保证,也是游戏者(艺术作品的阐释者、观赏者、读者等)自身获得解放和真正存在的条件和保证。游戏和游戏者的解放是同一过程。

至此不难看出,对自身意图、目的、计划等主体性因素的放弃并不是消极的无所作为,而是人生在世的积极可能性,因为只有放弃原有自我,才能忘乎所以地卷入到游戏(艺术作品)中去,才能专注于事物本身,与事物同在。而且,就在这种与对象的同在中获得自身的新的存在,即游戏者的存在是"由他'在那里的同在'(Dabeisein)所规定的"②。加达默尔对"同在"(Dabeisein)与"共

---

① 加达默尔. 真理与方法——哲学诠释学的基本特征. 洪汉鼎,译. 上海:上海译文出版社,1999:139-140.

② Derrida, J. *Acts of Religion*. London & New York: Routledge, 2002.

在"(Mitanwesenheit)进行了区分:

> "同在"的意思比起那种单纯的与某个同时存在那里的他物的"共在"要多。同在就是参与。谁同在于某物,谁就完全知道该物本来是怎样的。同在在派生的意义上也指某种主体行为的方式,即"专心于某物"……希腊的形而上学还把Theoria(理论)和Nous(精神)的本质理解为与真实的存在物的纯粹的同在,并且在我们看来,能从事理论活动的能力是这样被定义的,即我们能在某个事物上忘掉我们自己的目的。Theoria是实际参与,它不是行动(tun),而是一种遭受(Pathos),即由观看而来的入迷状态。[①]

忘却自身、如醉如痴、无知无识地卷入到游戏的世界或艺术作品的世界中去,与之对话,与之交流,与之共在,这是与自然科学方法相对的精神科学的方法。只有这一方法才能保证以文本或历史流传物为研究对象的精神科学的真理。精神科学方法与自然科学方法的区别主要在于前者是卷入的(attached),后者是疏离的(detached);前者是寻求意义的,后者是寻求(客观)知识的;采用人类学的术语,前者是深描的,后者是浅描的。

在加达默尔的哲学解释学里,解释或理解不再是一个方法论概念,而是人生在世的实现和完成方式。人的存在(此在)不是一个具有固定本质的现成之物,而是一种有待实现的可能性。因此,如何最大限度地、创造性地实现人生的意义和价值,这是哲学解释学的落脚点。在加达默尔之前,海德格尔把此在的结构规定为"被抛的筹划"。人总是无可选择、命中注定地被抛入具有一定"偏见"的历史传统之中,但人的能动性就在于他摆脱前见的干扰、突破偏

---

① 加达默尔. 真理与方法——哲学诠释学的基本特征. 洪汉鼎,译. 上海:上海译文出版社,1999:162-163.

见的局限,根据已获得或已完成的理解去做出进一步筹划的可能性。海德格尔对理解的这种筹划性质是这么描述的:

> 对前筹划的每一次修正是能够预先做出一种新的意义筹划;在意义的统一体被确定之前,各种相互竞争的筹划可以同时出现;解释开始于前把握,而前把握可以被更合适的把握所代替;正是这种不断进行的新筹划过程构成了理解和解释的意义运动。①

前见或偏见作为筹划的开端,包含一种积极意义;但理解的任务不是对某个前见的坚持、维护、强化,而是相反,即对前见的认识、克服和修正。海德格尔是这么说的:

> 解释(Auslegung)理解到它首要的经常的和最终的任务是不让向来就有的前有、前见和前把握以偶发奇想和流俗之见的方式出现,而是从事情本身出发处理这些前有、前见和前把握,从而确保论题的可行性。②

接下来又说:

> 谁试图去理解,谁就面临了那种并不是由事情本身而来的前见解的干扰。理解的经常的任务就是作出正确的符合事物的筹划,这种筹划作为筹划就是预期,而预期应当是由"事情本身"才得到证明。③

理解的经常的任务就是排除前见的干扰,为文本筹划出一种

---

① 转引自:加达默尔. 真理与方法——哲学诠释学的基本特征. 洪汉鼎,译. 上海:上海译文出版社,1999:344.
② 转引自:加达默尔. 真理与方法——哲学诠释学的基本特征. 洪汉鼎,译. 上海:上海译文出版社,1999:343.
③ 转引自:加达默尔. 真理与方法——哲学诠释学的基本特征. 洪汉鼎,译. 上海:上海译文出版社,1999:344.

与事物本身相符的正确的意义;这种言论、这种声音在充斥着功能目的论的狂妄叫嚣("目的为手段提供合法性")的当前翻译界是十分微弱而弥足珍贵的。对此,加达默尔非常认同。他十分坚定地说:

> 任何人都没有理由去动摇所谓认识的内在固有标准。即使对于海德格尔来说,历史认识也不是有计谋的筹划,不是意愿目的的推断,不是按照愿望、前见或强大的事物的影响对事物的整理,而永远是某种与事物相适应的东西,这个事物在这里不是 factum brutum,即不是单纯的现成东西,单纯的可确定和可量度的东西,而首先本身是具有此在的存在方式。①

按照此种观点,适当的、确切的翻译在于与原文相适应。原文作为历史流传物和译者作为历史存在,都不是现成事物,都是具有生存论结构的不断生成的事物。因此,原文与译文的适应就不是某种单一的、固定的、僵化的对应,而是一种动态的适应。但根据不同目的或不同读者来进行不同的翻译,这难道不正是一种动态适应吗!加达默尔所坚持的与原文相适应的正确翻译或正确理解究竟是什么呢?海德格尔所谓的"事情本身"又是什么呢?对前一问题,加达默尔的回答是:

> 所有正确的解释都必须避免随心所欲的偶发奇想和难以觉察的思想习惯的局限性,并且应凝目直接注意"事情本身"(这在语文学家那里就是充满意义的本文,而本文本身则又涉及事情)。的确,让自己这样地被事情所规定,对于解释者来说,显然不是一次性的"勇敢的"决定,而是"首要的、经常的和

---

① 加达默尔. 真理与方法——哲学诠释学的基本特征. 洪汉鼎,译. 上海:上海译文出版社,1999:338.

最终的任务"。因为解释者在解释过程中必须克服他们所经
常经历到的起源于自身的精神涣散而注目于事情本身。①

显然,正确的解释或理解是反操控的,既反随心所欲、为所欲
为的有形操控,又反"思想习惯"、思维定式的无形操控。什么是正
确的理解? 下文说得更明白、更具体:

> 我们不能盲目地坚持我们自己对于事情的前见解,如果
> 我们想理解他人的见解的话。当然,这并不是说,当我们倾听
> 某人讲话或阅读某本著作时,我们必须忘掉关于内容的所有
> 前见解和我们自己的所有见解。我们只是要求对他人的和本
> 文的见解保持开放的态度……谁想理解,谁就从一开始便不
> 能因为想尽可能彻底地和顽固地不听本文的见解而圈于自己
> 的偶然的前见解中——直到本文的见解成为可听见的并且取
> 消了错误的理解为止。谁想理解一个本文,谁就准备让本文
> 告诉他什么。因此,一个受过诠释学训练的意识从一开始就
> 必须对本文的另一种存在有敏感。但是这样一种敏感既不假
> 定事物的"中立性",又不假定自我消解,而是包含对我们自己
> 的前见解和前见的有意识同化。我们必须认识我们自己的先
> 入之见,使得本文可以将自身表现在另一种存在中。并且因
> 而有可能去肯定它实际的真理,以反对我们自己的前见解。②

这一长段的要点是:不坚持我们自己对事情的前见解,对他人
和本文的见解保持开放的态度,愿意倾听他人的见解,认识并反对

---

① 加达默尔. 真理与方法——哲学诠释学的基本特征. 洪汉鼎,译. 上海:上海译
文出版社,1999:343-344.
② 加达默尔. 真理与方法——哲学诠释学的基本特征. 洪汉鼎,译. 上海:上海译
文出版社,1999:347-348.

自己的先入之见以"使得本文可以将自身表现在另一种存在中"①,对本文的其他解读("另一种存在")有一种敏感的心灵。其实,这里反反复复强调的不外乎一个意思,那就是放弃自己的见解,向他人的见解开放;也就是打开城门,让他人进来,即斯皮瓦克所谓的"投降"。

所谓克己、投降或自我放弃,并不是说有某种毫无偏见、前见的心灵,它能直接接触本文,轻而易举地达到本文的真理或事情本身;而是说不能固执己见,囿于成见。相反,要对自己的见解或偏见有一种认识或意识,意识到自身的局限性,非但不是坚持一己之见,反而是坚信本文中一定有与我的预期不相符合的东西,因而对异己的见解有开放、敏感的心灵,对他人或本文的其他可能见解保持开放的态度。简单说来,我所提倡的利他性翻译,就是反对对白我的坚持、维护、固守和强化。这不仅是一种翻译方法,更是一种人生态度。我坚信,翻译的意义和人生的意义都在于对自身的超越,而绝不在于对自身的固守和坚持。

据加达默尔所说,米施曾经从狄尔泰出发,把"自由地远离自身"看作人类生命的一种基本结构,所有理解都依赖这一结构;海德格尔继承这一思路,把作为此在的理解活动设想为超越运动,即超越存在者的运动。② 不断超越和突破自身原有的局限和界限,不断地从旧我走向新我,这就是包括翻译在内的理解活动的生存意义。对此,加达默尔说:

> 谁"理解"一个文本(或者甚至一条法律!),谁就不仅使自己取得对某种意义的理解,而且——由于理解的努力——所

---

① 此处意思是:使得本文可以在一种不同于"我"自己的理解和期待中存在、表现。

② 加达默尔. 真理与方法——哲学诠释学的基本特征. 洪汉鼎,译. 上海:上海译文出版社,1999:337-338.

完成的理解表现了一种新的精神自由的状态……所有这种理解最终都是自我理解。①

一切理解最终都是自我理解,哪怕是通晓、理解一台机器,会操作一台机器,也是生命存在中的一个事件,这一事件为后来的筹划开辟了多种可能性;因为"我"现在知道了"我"以前所不知道的东西,"我"能够在这个新的基础上筹划出更好、更丰富的人生。理解对自身的这种提升作用是人人都能感受到的,但我想这种感受在走出国门、去异国他乡的游子身上是最为强烈的。

如此看来,与原文相适应的正确翻译就应该是使存在得到丰富和扩大的翻译,它不仅使原文的生命得到表现,而且使译者通过本次翻译事件达到一种新的精神自由状态。同所有事物一样,翻译也是一把双刃剑:既可以为恶,也可以为善。如果我们放弃对自我的维护和坚持,向他人、差异敞开城门,敞开心扉,那么翻译将为我们提供一个绝佳的由存在者进入存在的机会,提供一个绝佳的实现人生价值的场所。

---

① 加达默尔. 真理与方法——哲学诠释学的基本特征. 洪汉鼎,译. 上海:上海译文出版社,1999:337-338.

第五章 "想到上帝的虚己":德里达的寄望

我始终认为,翻译伦理研究应该放弃规劝,相反要给出铁的事实或足够的理由,即寻找规范的根据。本章中,我通过对与列维纳斯有着极深渊源的德里达的三个直接论述翻译或与翻译相关的文本的分析,来为利他性翻译伦理模式寻找支撑和依据。也可以说,本章从利他性伦理的理论视角,对德里达三个有关翻译的文本进行分析和解读。

第一节 译者的任务:德里达对话本雅明

这一节分析的是德里达的《巴别塔》。《巴别塔》是德里达直接谈论翻译问题的少数文章之一,它的重要性在于:(1)德里达在此文中详细讨论了另一篇著名的关于翻译的论文——本雅明的《译者的任务》;(2)德里达从本雅明的可译性法则中看到了他的绝对好客法则,两位哲学大儒透过翻译现象看到的却是世道人情,这无疑极大地拓宽了翻译研究的视界。

"译者的任务"似乎是个浅显的话题,但本雅明却谈得云遮雾罩,晦涩难懂;在他艰难的言说中究竟包含怎样的深意,这是翻译界、文学界乃至哲学界无数"仁人志士"竞相探讨的。此中情形,真可谓:"江山如此多娇,引无数英雄竞折腰。"保罗·德曼感叹道:

"在我看来,本雅明论《译者的任务》一文如此著名,不仅在于它广泛流传;还在于你不对它说点什么,你在这个专业领域就无足轻重。"①

译者的任务到底是什么? 这个问题的解决有赖于下一问题的解决:文本作为遗产或历史流传物,它的真理究竟是什么? 如果说历史流传物的真理既不是一个统一的源头或历史事实本身,也不是读者对它的接受和反应;那么译者的任务既不在于对一个固定的客观意义的发现和传达,也不在于对主观意义或目的的相对主义或功利主义的满足和实现。

《巴别塔》一开篇,德里达就说,有关巴别塔的叙事或神话至少为我们讲述了语言与语言之间、语言与事物本身之间、语言与意义之间、书中记载的地方与实际的地方之间、一个地方的习惯用语与另一地方的习惯用语之间的非确切性或非对应关系。既然存在这些及更多不对应之处,既然闪族人建立一种普遍语言的努力归于失败,那么翻译就既是必要的又是不可能的。翻译的必要性在于语言、文化的多样性,翻译的不可能性也正在于此,多样性、非对应性、歧义性似乎是人类无法克服的宿命。②

翻译的不可能性还意味着翻译的未完成性或开放性——非但任何一次翻译都不可能一劳永逸地穷尽文本的真理,而且前后相继的翻译也不能纳入一种"进步"或"连贯"的序列中去;也就是说,不断的重译不能保证对原文的不断接近。"'巴别塔'所表明的还不仅仅是语言之间不可化约的多样性,它还展示一种非完成(或圆

---

① It seemed to me that this text by Benjamin on "The Task of the Translator" is a text that is very well known, both in the sense that it is very widely circulated, and in the sense that in the profession you are nobody unless you have said something about this text. See: Paul de Man: *The Resistance to Theory*. Minneapolis & London: The University of Minnesota Press, 1986: 73.

② Derrida, J. *Acts of Religion*. London & New York: Routledge, 2002: 104.

满)状态,即完成、结束、饱和、整体化(形成一个封闭整体)的不可能性……实际上地方习语的多样性所限制的不仅仅是一个'真正'的翻译,一个透明的、确切的对应语,而且还是一种结构顺序,一种结构的连贯性。"德里达如是说。①

语言问题和翻译问题确实是一个十分根本的问题。首先,在巴别塔建造和拆毁之初,人们使用的是哪一种语言呢?作为一个专名的"巴别塔"何时具有了"混乱"(confusion)的意思?伏尔泰(Voltaire)在《哲学词典》(*Dictionaire philosophique*)中表达了这种困惑不解:"我不知道为什么在《创世纪》(*Genesis*)中用 Babel 表示混乱的意思,因为在各种东方语言中,Ba 表示父亲,Bel 表示上帝,Babel 表示上帝之城或圣城——古人都给自己的首都起这个名字。但现在不容置疑的是,Babel 的意思是混乱;也许是因为工匠们把塔建到八万一千犹太尺(Jewish feet)高之后就不知所措了,也许是因为众人的语言变乱了;显然从那以后,德国人就再也听不懂中国人说话了。根据学者波沙特(Bochart)所说,中文与高地德语原本分明是同一语言。"②

在伏尔泰这段略带揶揄的浅显文字中,德里达读出了深意:Babel 不仅意味着混乱,而且意味着这种混乱或混沌是世界的本源或原初状态,是比秩序(order)更根本、更无限的东西。"Babel 不仅意味着双重含义的混乱,而且意味着父亲之名;说得更确切、更通俗一点,它意味着作为父亲之名的上帝之名。"③

不再满足于自己漂泊和无名的混沌状态,闪族人来到一个叫作"Schinear"的平原,要为自己造一座城和一座通天高塔,还要为自己起个名字,以便不再分散到世界各地。《创世纪》中是这么记

---

① Derrida, J. *Acts of Religion*. London & New York: Routledge, 2002: 104.

② 转引自:Derrida, J. *Acts of Religion*. London & New York: Routledge, 2002: 105.

③ Derrida, J. *Acts of Religion*. London & New York: Routledge, 2002: 105.

载的：“他们离开出生地，在一个叫作‘Schinear’的乡间发现一片平原，就定居下来。他们商量说：来呀！我们来制砖烧砖，用砖当石头，用焦油当泥灰。他们又说：来呀！让我们为自己造一座城和一座塔，让塔顶伸到天上去。我们再给自己起个名字，以便不再分散世界各地。”

“制砖烧砖”也许就是人类最初的理性和机巧，“用砖当石头，用焦油当泥灰”也许是人类追求物的有用性的最初功利态度；从此，人类的工具理性导致对物的意义的遮蔽，原本是自然一部分、与自然融为一体的人类开始与自然分离。接下来，建城、造塔、命名的行为自然是人类对自身更进一步的局限和封闭。事实上，人类后来的发展也就是这么一个单一的故事：在自己发明的人造世界里愈走愈远。

往者不可谏，来者犹可追。也许上帝对人类最初理性的阻挠和对巴别塔的解构的启示意义就在当下，就在德里达对“巴别塔”这一带有预言性质的古老《圣经》故事的重新解读中。

根据德里达的分析，上帝后来对闪族人的惩罚不仅是因为他们这些终有一死者试图跨越此岸与彼岸的鸿沟；更为主要的是，因为他们追求同一性和封闭性。他是这么说的：“……但是，毋庸置疑的是，因为他们想要为自己安（make）一个名字，为自己取这个名字，为他们自己并由他们自己构造他们自己的名字，把他们自己聚集在那儿（以便不再分散各地）；像在一个地方的同一性中一样，地方既是塔又是语言，语言即塔，塔即语言。上帝惩罚他们，是因为他们想要由他们自己并为他们自己确保一个独一的（unique）、统一的（universal）谱系。”①

德里达的分析是准确的；《创世纪》中与此相关的一段是这么

---

① Derrida, J. *Acts of Religion*. London & New York: Routledge, 2002: 107.

说的："耶和华(YHWH)下来看到人的子孙们建造的城市和高塔，说：'是啊！同一样的人，同一样的语言：这就是他们如今要做到的！来！我们下去！变乱他们的语言，人将不再听懂邻人的话。'"由此可以看出，上帝的愤怒和惩罚是由"同一样的人，同一样的语言"直接引起的。

在自然界，多样性是繁荣和稳定的基础和条件，作为自然之一分子的人类遵守同样的法则；因此，这种对同一谱系、同一语言、同一国家、同一民族的追求和维护是人对自然的背离和背叛。

对同一性的寻求是对世界的背离，也是对世界的遮蔽和简化。德里达说："在寻求'给自己安一个名'的过程中，在寻求建立一个统一的普遍(universal)语言和独一(unique)谱系的过程中，闪族人想要把世界交给理性；而这种理性既可以表示殖民暴力，因为他们会因此把他们的个别语言(idiom)普遍化，同时又可以表示人类群体毫无冲突(peaceful)的透明性。"[①]

虚假的同一性和透明性只能是暴力和简化的结果，人的这种理性的透明性(rational transparency)、殖民的暴力(colonial violence)及语言的帝国主义霸权(linguistic imperialism)是上帝从一开始就十分警惕的。如何克服虚假的同一性的霸权，如何克服这个理性的动物身上自我中心主义的狂妄和傲慢？巴别塔之后，上帝把这个沉甸甸的任务交给了既必不可少又不可能或无法完成的翻译。

译者的任务到底是什么？可以说，自有翻译以来，人们对与翻译任务有关的翻译标准、翻译原则、翻译方法、翻译策略的思考和探讨就从未停止过。在很长时间里，人们普遍认为忠实地再现原义是译者的主要甚至唯一任务；也许在完成这一任务的手段、方

---

① Derrida, J. *Acts of Religion*. London & New York: Routledge, 2002.

法、途径或策略方面还存在分歧,但这一"高尚的"①目标本身是坚定不移的。"忠实论"似乎位于牢固的基础上,坚不可摧;但翻译研究文化转向之后,它在一瞬间被如下断言连根拔起:根本不存在一个超越时空、确定不移的原义。

这是一个重大的理论或哲学命题,是翻译界的一次哥白尼式的革命。正如康德通过逆转知识与对象的关系、限制理论理性,从而为信仰或实践理性留地盘一样,对一个文本或历史流传物的否定存在一个固定不变的超验的意义,因而让它向多种可能性甚至无限性开放,这并非解构主义的游戏之举或虚无主义,而是对道德人心的严肃拷问和对人类未来命运的严重关切。

和传统"忠实论"同样深入人心的还有美国《圣经》翻译家奈达在"翻译科学"时期提出的"对等论";人们往往把两者相提并论,似乎后者就是前者的现代变体。实际上,除了具有与后来出现的"描写翻译学"相对立的共同的规范性或规定性之外,它们存在根本性质的或方向上的不同。与以源语或原作者为中心的"忠实论"相反,"对等论"是以目的语或读者为中心的,其全称是"读者反应对等论"(equivalent reader's response)。

以接受者为中心,从接受者的角度来设定或规定译者的任务,这是本雅明首先予以否定和拒绝的;在他看来,不管是理想的还是现实的接受者,根据他们的反应或意图来进行翻译不仅是错误的,而且是有害的。他认为,任何诗歌都不是有意为读者而写的,任何画作都不是有意为观者而画的,任何交响曲都不是有意为听者而作的。照此推理,如果一篇译作算得上艺术作品,就不是有意为不懂原文的读者而译的。

---

① 纽马克语。参见:申迎丽、仝亚辉. 翻译伦理问题的回归——由《译者》特刊之《回归到伦理问题》出发. 四川外语学院学报,2005(3):94-99.

侧重于向读者传达原文内容或信息的翻译,纽马克称之为"交际翻译"(communicative translation),是与"语义翻译"(semantic translation)相对立的一种重要的翻译方法。传统上也把翻译比作跨文化交流的桥梁,似乎传递信息是翻译的主要功能——如果不是唯一功能。但本雅明认为,这种翻译是坏的(bad)或低下的(inferior);因为首先,信息或内容不是艺术作品的本质东西①;其次,原文并不是为读者而创作的。

既然翻译的本质不在于对原文信息的传达,那么本雅明所谓的可译性(translatability)也就不是信息跨语言传递的可能性。这种非常识意义上的可译性是原文的本质特征,是原文的内在生命,是包含在原文中的制约翻译的法则(the law governing the translation),是原文向作为他者的翻译的呼唤和吁求(call for)②,是一个作品的本质特征③,是原文结构中内在的、先验的、绝对的对翻译的需求和欲望④。

由此可见,原文与译文的联系就不是机械的复制或忠实的再现,而是自然的生命联系;译文是原文生命的体现、展现或实现(manifestation),犹如生长的植物是种子的实现一样。而且,文本的这种生命(life)和再生(afterlife)是比植物性或动物性生命更真实客观、更高的一种生命形态。在此,本雅明叫我们不要把生命概念局限于有机体的肉体存在(organic corporeality),而应该从精神或历史的延续、传承和转化出发来思考生命;实际上"当精神、历史

---

① Benjamin, W. *Illuminations:Essays and Reflections*. Arendt,H. (ed.) Zohn, H. (trans.). New York: Schocken Books,1968:69.

② Benjamin, W. *Illuminations:Essays and Reflections*. Arendt,H.(ed.). Zohn, H. (trans.). New York: Schocken Books,1968:70.

③ Benjamin, W. *Illuminations:Essays and Reflections*. Arendt,H.(ed.). Zohn, H. (trans.). New York: Schocken Books,1968:71.

④ Derrida, J. *Acts of Religion*. London & New York: Routledge, 2002:116.

或(艺术)作品的'生存'(survival)超越生理上的生死时,就有了生命"①。这种生命概念,比从灵魂、感觉、动物性(animality)出发来界定生命,更具合理性和正当性。对此,本雅明说:"只有当一切具有自身历史,而不仅仅是作为历史背景的事物被赋予生命时,这种生命概念才适得其所。归根结底,生命的范围必须由历史而不是自然来划定,更不能由诸如感觉或灵魂之类无关紧要的因素来决定。哲学家的任务在于通过更具包容性的历史生命(概念)去理解所有自然生命。千真万确,艺术作品生命的延续难道不比动物物种生命的延续更清楚可辨吗!伟大的艺术作品的历史向我们讲述着它们的祖先、它们在艺术家时代的实现,以及它们在接下来的时代的潜在的永恒生命。"②

根据这种历史的生命概念,译者作为历史流传物的承继者(heir)而进入它的谱系。作为承继者,译者不仅要让原作活得更长久,而且要让原作活得更好、更丰富并超越原作者的历史局限(beyond the means of the author)。

但译者究竟应该怎么做、怎么译才能让原作活得更好、更丰富呢?对这一问题的回答,无论是本雅明还是德里达,似乎都是顾虑重重、吞吞吐吐、欲言又止。在这种艰难的言说中,两个伟大的痛苦灵魂到底牵挂着怎样的历史和现实,又怀抱着怎样的期待和希望呢?我想,两位哲人所关切的绝不仅仅是具体的翻译问题本身;而是更为宽广的视界,关乎人类命运,直逼世道人心。试论说之。

首先,在本雅明的文章标题("The Task of the Translator")中,德里达注意到本雅明的措辞是"译者的任务",而非"翻译的任务"。这是作为人的译者命中注定的责任、使命、债务,也是他必然

---

① Derrida, J. *Acts of Religion*. London & New York: Routledge, 2002: 114.

② Benjamin, W. *Illuminations: Essays and Reflections*. Arendt, H. (ed.). Zohn, H. (trans.). New York: Schocken Books, 1968: 71.

面对的自身问题。总之,这里讨论的是人的问题,而不是翻译的问题。而且,不容忽视的是,德里达还指出,这是男人(translator)的问题,而不是女人(translatoress)的问题。① 根据生态女性主义观点,好征服、控制、争斗及以自我为中心的男性思维和性格倾向是世界的病源,而与此相反的女性的和平、爱心和顺从②也许是克服全球社会危机的另一种选择。我不能确保这种生态女性主义解读的合法性,因为德里达在此只是顺便一提;但我确信德里达绝不是在玩文字游戏或钻牛角尖,因为我坚信这种解构策略和命意是深深浸含伦理意蕴而与浅薄的虚无主义无缘的。

其次,根据德里达的分析和解读,原文对翻译的绝对的生命渴望,或者说,译者作为原文谱系的后继者,对原文的命中注定的任务、使命、责任、义务、债务和承诺只有"想到上帝"(a thought of God)才能与之对应或响应。德里达如是说:"在这种狭隘的语境中,也有物的语言与人的语言、沉默与言说、无名与有名之间的关系问题,但毫无疑问,这个公理是适应一切翻译的,'翻译的客观性是在上帝那里得到保证的';从一开始,这种债务就是在'想到上帝'的虚己中形成的。"③

至此,云遮雾罩、欲言又止的主旨和命意似乎要显山露水了:原文对翻译充满渴望,这是一种对生命的渴望;原文的这种渴望又构成译者必须服从或做出回应的命令。译者在对原文的回应不应该是对自我的坚持,即不是坚持自我对原文的理解、认识、把握、操控、改写,而是对自我的放弃。因为译者作为人,是一个终有一死的有限的历史存在,无法保证翻译的客观性。他如果像闪族人那样要修建通天塔,企图跨越人与上帝之间的鸿沟,傲慢地用人的语

---

① Derrida, J. *Acts of Religion*. London & New York: Routledge, 2002: 114.

② 参见:本书第二章第二节"意义在别处:他者伦理学的意蕴"。

③ Derrida, J. *Acts of Religion*. London & New York: Routledge, 2002: 117.

言僭越物的语言,用言说僭越沉默,用有名僭越无名,那么这无非是用有限去框限和遮蔽无限。如果他宣称自己的客观性和真理性,这只能是强取中心的霸权和帝国主义行径。

对自我的放弃和否定反而是翻译客观性和真理性的保证。德里达说:"上帝的名字就出没在一切否定句中,与此同时,上帝和上帝的名字之间的区别就敞开了这一谜样的空间,如果在话语和命题中有否定性在起作用,那么这种否定性就创造了神性。"①②

上帝的观念与无限的观念、上帝的观念与他人的观念是同一的。列维纳斯认为,无论出于什么动机来说明这些相反的情境,最重要的是,他人的控制和贫乏,以及我的服从和富有。

放弃自我,就是对原文独一无二的生命和灵魂承担一份绝对责任,而不是把原文纳入自我的整体中。原文对翻译的渴望、译者对原文的绝对责任和服从,以及翻译的客观性和真理性,都是由克己、投降或上帝来保证的;也就是说,所有这些如果停留在人的世界里就是不可想象的、不可能的,只有超越自我人性而臻于神性才是可能的。这就是德里达所谓的"不可能的可能性":不管是翻译还是好客,它们的不可能性是由于人的私心和局限,它们的可能性只能由上帝来保证。

这里言说的译者与原文的关系显然就是列维纳斯所牵挂的自我与他人的关系。根据列维纳斯的观点,与他人的关系就是对他人负担一种绝对责任,一种不求回报、不求补偿的责任,这种责任是存在于自我与他人之间的一种非对称、非互惠关系;而这种放弃

---

① 转引自:Budick, S. & Iser, W. *Language of the Unsayable*:*The Play of Negativity in Literature and Literary Theory*. Stanford:Stanford University Press,1987:6-7.
② 转引自:胡继华.后现代语境中伦理文化转向——论列维纳斯、德里达和南希.北京:京华出版社,2005:92.

机心、算计、功利、"比死亡更强大"的与他人的关系就是"神圣正义"①。

对自我目的、计划、功利、有用性等的放弃意味着让物按照自己的本性,是其所是地生长、扩展、丰富、实现自身。这一点本雅明在"纯语言"(pure language)概念中也表达得十分清楚。

纯语言就是未被意图化或主题化的语言。我们在语言的使用中总是赋予语言一定的内容、意图、主旨或中心思想,这么一种人为赋予意味着对语言的绑架、囚禁和放逐。德里达在分析本雅明文章标题中的"任务"一词时说:任务既意味着命中注定的对于他人的使命、承诺、义务、债务、责任,意味着译者必须遵守的法则和必须服从的命令,也意味着他必须免去的瑕疵、错误、堕落,甚至罪恶。② 之后,德里达又补充道:"如果说原文呼唤补充(complement),那是因为它在本源处就不是没有瑕疵的,就不是圆满的、完全的、完整的、与自身同一的,从呼唤翻译的原文的本源处就有堕落和流放。"③对于人类的堕落和对纯语言的囚禁和框限,连上帝也毫无办法,他只能对着自己的最初命名哭泣。"上帝面对他自己起的名字(Babel)哭泣。他的文本(话,text)是最神圣的、最富诗意的、最原初的,因为这个名字是他亲自造的,是他亲自起的;然而,面对自己的权力和财富,他却是如此贫乏和无助。他向译者求助。"④

人使用语言的目的性、有用性或局限性,造成了对纯语言的遮蔽和框限,这个连上帝也无力解决的难题或许只有通过语言、文化

---

① 胡继华. 后现代语境中伦理文化转向——论列维纳斯、德里达和南希. 北京:京华出版社,2005:52.

② Derrida, J. *Acts of Religion*. London & New York:Routledge, 2002:112.

③ Derrida, J. *Acts of Religion*. London & New York:Routledge, 2002:121.

④ Derrida, J. *Acts of Religion*. London & New York:Routledge, 2002:118.

间的翻译、交流和对话来缓解——只能是缓解,它不可能一劳永逸地被解决,因此翻译承担的是永远无法偿还的债务——因为它通过解构或重置(transpose)打破原文内容与形式的安稳状态,从而让原文或纯语言摆脱目的、意图或有用性的遮蔽和框限,获得新生(survival,afterlife)。"可以说,在翻译中原文升到一个更高、更纯的语言境界。诚然,它不可能永远定格(live,生活)在那儿,当然也没有实现(reach,达到)其全部;然而,它至少以一种令人印象深刻的独特方式指向通达这个领域的途径,即命中注定的、此前无法抵达的语言之间的实现与和解的领域。翻译转换不可能是完全的,但抵达这个领域的是翻译中超越了主题(subject matter)传递的因素。这种主题(nucleus,核心,中心思想)被最好地定义为没有把自身交给翻译的因素……与原文中的词语不同,它是不可译的,因为原文中内容与语言的关系跟译文中内容与语言的关系完全不同。在原文中,内容同语言形成一个整体,像果肉与果皮一样,而译文中包裹内容的语言则像一个宽松的大皇袍(a royal robe with ample folds)。"①

通过翻译,原文中被囚禁的像果皮一样的纯语言得到解放,成了一件大皇袍。诚然,每一次的翻译都只具有临时性质,新的重译总会不断出现,但这正是原文生长和实现自身的过程。所以,"用自己的语言救赎流放在外语中的纯语言,通过(形式和内容的诗

---

① Benjamin, W. *Illuminations:Essays and Reflections*. Arendt, H. (ed.). Zohn, H. (trans.). New York: Schocken Books, 1968: 75.

意)重置"①,"解放被囚禁在原文中的纯语言,这就是译者的任务"②③。

任务明确之后,又如何完成这一"永远无法完成的""不可能的"任务呢?在回答这个问题之前,我们先重拾前文涉及的另一问题,即本雅明要讨论和解决的问题:为什么是译者的任务,而不是翻译的任务?这在德里达看来是一个必须予以区分和明确的问题。

对原文中纯语言的释放或解放并不必然蕴含在一切翻译之中,也就是说,这一任务并不是一切翻译自动完成的。根据德里达的分析,本雅明所使用的"任务"一词中,包含译者做出的承诺和译者面对的问题,它们的实现或解决以译者自身的自由解放为先决条件。"翻译是诗意地重置。我们必须考察它所解放的'纯语言'的本质,但现在让我们注意这一事实:这种解放本身以译者的自由为先决条件,而译者的自由本身无非是与那个'纯语言'的关系;译者的自由所运作(operate)的这种解放在超越译语界限的过程中,在反过来使译语发生变形的过程中,最终必须让语言得到延伸、扩大和生长。"④

译者只有首先让自我得到解放,即从自我的功利、目的、算计或物的有用性中解放出来,才能解放纯语言,遇见纯语言,与纯语言发生关系,才能使自己的翻译成为原文生长的真正时刻。这个生长的时刻不仅属于源语,还属于译语。对此,本雅明说:

---

① Translation is a poetic transposition. See: Benjamin, W. *Illuminations: Essays and Reflections*. Arendt, H. (ed.). Zohn, H. (trans.). New York: Schocken Books, 1968: 121.

② Derrida, J. *Acts of Religion*. London & New York: Routledge, 2002: 121.

③ Benjamin, W. *Illuminations: Essays and Reflections*. Arendt, H. (ed.) Zohn, H. (trans.). New York: Schocken Books, 1968: 73.

④ Derrida, J. *Acts of Religion*. London & New York: Routledge, 2002: 121.

正如伟大的文学作品隔几个世纪就会发生完全变形一样，译者的母语也会产生变形。只要（原）作者（诗人）的语言存留在他自己的语言之中，即便最伟大的翻译也注定成为译语生长过程的一部分，并最终被新的重译所吸收。这种翻译与两种僵死语言之间缺乏生命力的对等是如此格格不入，差别巨大，以致在所有的文学形式中，它是唯一被赋予呵护源语的生长过程和它自己语言的阵痛这一特殊使命的文学形式。①

"呵护语言的阵痛"自然就是呵护语言新生命的诞生，这是翻译的特殊使命、神圣使命；正是在这个意义上，德里达十分肯定翻译的价值和地位。他说：没有什么是比翻译更严肃的事情，翻译的地位绝不是从属的或次要的。② 在这里，还必须明确的是，翻译所呵护的是超越了主题内容的纯语言。文字创作或文学作品，同音乐、绘画等其他艺术作品一样，重要的是形式，而不是内容。试想一曲交响乐，除了丰富、独特的形式之外，还剩下什么呢？即便是有歌词的歌曲，它向听众传递的内容也很少很少。文学作品也是如此，它向理解它的人说得很少，它所具有的本质不是信息的传递。"在一个文学——更严格地说，诗性文本中，它（原文对翻译的呼唤结构）不是通过所说（the said）、所言（the uttered）、所传（the communicated）、内容（the content）或主题（the theme）来传递的。"③

原文内在的对翻译的需求、要求、渴望、命令不是表现在内容上的，而是表现在形式上的；或者说，原文的生命或语言的种子不

---

① Benjamin, W. *Illuminations:Essays and Reflections*. Arendt, H. (ed.). Zohn, H. (trans.). New York: Schocken Books, 1968:73.

② Derrida, J. *Acts of Religion*. London & New York: Routledge, 2002:118.

③ Derrida, J. *Acts of Religion*. London & New York: Routledge, 2002:116.

是通过内容,而是通过形式来传递的。德里达认为,这就是本雅明的"翻译是一种形式"(Translation is a form.)①所具有的意义。

翻译不是原文的复制和再现,不是原文信息或主题内容的传达。相反,翻译与原文的关系是一种生命联系——翻译是原文生命的实现、扩大和丰富。这么一种理想或神圣的翻译是由上帝来保证的,也就是由摆脱自身目的、意图、计划和功利等自私的人性的译者来保证的。只有摆脱了自身局限和有限性的遮蔽和框限,只有首先让自身得到解放,译者才能让翻译重拾在功利的翻译中消失的诗意和灵韵,才能通过诗意的重置,打破原文内容与形式的安稳状态,从而让囚禁在原文中的纯语言得到救赎或解放;只有这样,才能让翻译成为原文生长过程中的一个真正时刻。②

第二节　翻译与好客:德里达的深情

解构主义因其激进的怀疑姿态,长期被定义为反理性主义、反人道主义的虚无主义和不负责任、玩世不恭的犬儒主义,其伦理色彩直到 20 世纪 90 年代初才为研究者所关注和重视。德里达本人并不愿意承认他的解构思想和策略存在着一个伦理学的转向,而更乐意把他的思想看成始终如一的。如果德里达的说法能够当真,那么,我们就要重新审视解构的那些修辞游戏中所暗含的伦理意味。从德里达的思想深处,从他的立场和解构的出发点来理解,就可以看出解构的逻辑和语言游戏是如何深深地浸含伦理学内容的;也许更准确的表达是,解构浸含在伦理学的品质之中。从对宽恕、好客、友爱、正义的谈论中可以看出,德里达并没有放弃以人为

---

① Derrida, J. *Acts of Religion*. London & New York: Routledge, 2002: 116.
② Derrida, J. *Acts of Religion*. London & New York: Routledge, 2002: 121.

中心的古典德性伦理命题。解构其实要求更真实、更真诚地面对他者,解构的伦理性就是对他者的无限责任、对他者的整全性和独特生命的尊重。对于解构之被误解为全然的"否定",德里达辩解说:"在我它总是伴随着一种肯定的渴求。我甚至愿意说若是没有爱,它从来就不能进行……"①

这简单的一个"爱"字触动了我。我非常好奇,这非常感性的爱在非常理性的哲学家笔下是如何用非常的解构策略表达的。我在此分析的是德里达短小精悍的一本书——《论好客》。

谈论好客的问题,无疑是谈论如何对待他人的问题。把他人作为他人来对待,具有尊重他人的能力和欲望,而不是对他人进行吞并、同化、吸收,列维纳斯认为这是人类未来伦理文化的特殊意蕴。德里达对此显然抱有相同看法,他说:"未来是作为从他者向我们走来的东西而被给定的,是作为从绝对令我们吃惊的东西向我们走来的东西而被给定的。"(The future is given as being what comes to us from the other, from what is absolutely surprising.)②杜弗勒芒特尔(Anne Dufourmantelle)对德里达的《论好客》做了一篇同样艰深晦涩的题为《论邀请》的评价。她说:"如果说在希伯来语中,'创造时间'等同于'邀请',那语言的这种奇特智慧——这种智慧要说明创造时间必须成双,或不如说必须有他者,有原始他人的闯入——是什么? 将来是作为他者来到我

---

① 转引自:金惠敏. 理论没有"之后"——从伊格尔顿《理论之后》说起. 外国文学,2009(2):78.

② Derrida, J. & Dufourmantelle, A. *Of Hospitality:Anne Dufourmantelle Invites Jacques Derrida to Respond*. Bowlby, R. (trans.). Stanford:Stanford University Press,2000:76.

们这里的东西,作为绝对意外的发生而被给定的。"①②

　　在"世界可能再也不存在"之后,人类的未来在于自己"创造";
而开创未来等同于邀请他人,等同于好客。列维纳斯说:对他人的
谋杀就是让他不能够说"我是"(The murder of the other human
being is the impossibility for him of saying 'I am'.)。对此,德里
达解释说:"我是"(I am)的意思就是"我来了"(Here I am),就是
客人前来打扰时说的"我来了"。拒绝他人(客人)的存在(I am),
拒绝他人(客人)的到来(here I am),拒绝他人(客人)对自我的舒
适安稳状态和同一性的打搅;或者说,对他人的他性或差异性的取
消或谋杀。这是西方思想的典型特征和一贯做法。结束过去的唯
我论、开创和平与爱的未来的可能性和条件,对列维纳斯来说,在
于与他者相遇;对德里达来说,在于好客。两者是同一个意思,两
人的心思是相通的。

　　好客是一个难题,一个悖论,一个不可能的任务,似乎好客法
则本身就规定了好客的不可能性,似乎好客的实现就在于对好客
法则的违犯。③ 之所以如此说,是因为德里达区分了大写的好客
"法则"(The Law of hospitality)与众多的、复数的好客"法则"
(laws of hospitality)。前者是无条件的、绝对的、无限的对于他人
的接纳,后者是有条件的、划定界限的、规定权利和义务的、遵循一
定法律或道德规范的对于他人的接纳。两者不可调和的矛盾在
于,一方的实现以对另一方的违犯为条件:一方面,"好客的绝对命
令要求违犯所有的好客法则(复数的),即施加在主人和客人身上

① 贾江鸿的译文直接从法语译出,与我的英语译文有一定出入。

② 德里达,杜弗勒芒特尔. 论好客. 贾江鸿,译. 桂林:广西师范大学出版社,
2008.

③ Derrida, J. & Dufourmantelle, A. *Of Hospitality*: *Anne Dufourmantelle Invites Jacques Derrida to Respond*. Bowlby, R. (trans.). Stanford: Stanford University Press, 2000: 75.

的条件、规范、权利和义务";另一方面,"好客的法则(复数),在标明界限、权力、权利和义务的时候,恰恰挑战和违犯了要求向'新来之人'提供无条件欢迎的绝对好客法则"①。两者的区别相当于德里达此前在"正义"与"法律"之间所做的区分。

法律是一套人为的或为人制定的、具有可操作性和针对性的、具体的权衡尺度或体系;它是可以被解构的,因为它是一种以工于算计的解释的暴力为基础的人为构造。与此相反,正义则是不可解构的,因为它是一种指向无限和未来的观念,是一种许诺,一种期盼,一种信念,一种欲望,一种没有宗教的宗教情怀,一种对他人的到来保持开放的虚己以待的柔软心灵,一种对神圣领域保持可能性和敬畏心的虔敬态度。就像"弥赛亚"——或者更确切地说,就像"没有弥赛亚的弥赛亚精神",它没有在我们的世界上出现或实体化;但是,对正义的期待却是人类未来的特殊意蕴——如果人类还有未来的话。

同不可解构的正义一样,无条件的好客也是面向未来的责任,是"解构"对终极价值的许诺,是一种近似于"绝境"的体验,一种不可能的体验,一种"不可能的可能性":"让我们对出现的人或物说是(say yes),在做出任何决定之前,在怀抱任何期待之前,在做出任何辨认之前,不管那是外国人(foreigner)、移民、应邀之客,还是不速之客,不管新来的是别国的公民、人类、动物还是神圣之物,也不管是死是活,是男是女,是公是母。"②

什么是无条件、无限的好客?这已经说得足够清楚了。但德

---

① Derrida, J. & Dufourmantelle, A. *Of Hospitality*: *Anne Dufourmantelle Invites Jacques Derrida to Respond*. Bowlby, R. (trans.). Stanford: Stanford University Press, 2000: 75-77.

② Derrida, J. & Dufourmantelle, A. *Of Hospitality*: *Anne Dufourmantelle Invites Jacques Derrida to Respond*. Bowlby, R. (trans.). Stanford: Stanford University Press, 2000: 77.

里达生怕自己说得不到位,还继续谆谆告诫世人:"把自己的家、自己本人、自己拥有的、我们拥有的给新来的,不问姓名,不计报偿,不提出哪怕一丝一毫的条件。"①

对他人的邀请、接纳和款待,如果是出于自身目的的考量或出于自我利益的算计,如果投"桃"是为了"李"的回报,这不是真正的、绝对的好客。好客是不求回报的对于他人的绝对、无限责任,是与他人的一种非互惠、非对称关系,是自我的放弃,是"退出自身",是"自我遗忘",是向他人"投降"。德里达如是说:

> 好客是否在于向来者提问? 好客是从向来者(这对于肯定要连接好客和爱这个我们姑且持保留态度的谜来说,显得非常人性,有时显得很可爱)提出"你叫什么? 能告诉我你的名字吗? 你怎么称呼? 我用你的名字称呼你吗? 我可以要求用你的名字称呼你吗? 我将如何称呼你?"等问题开始的吗? 这也通常是我们温柔地向孩子或亲朋提出的问题。或者,好客始于没有问题的接待——问题和名字双重消除? 提问还是不提问,哪一个更加合适,更加富有人情味? 用名字还是不用名字称呼、提供还是得知一个名字孰优孰劣? 人们是否赋予主体——有身份的主体,有名字的主体,有权利的主体——以好客? 或者,客人在他人有身份之前,甚至在成为主体——法律主体或用姓氏可命名的主体——之前承认他人,向他人投身?②

我们与外人或生人的接触或结识,总是从"你叫什么、从哪里

① Derrida, J. & Dufourmantelle, A. *Of Hospitality: Anne Dufourmantelle Invites Jacques Derrida to Respond*. Bowlby, R. (trans.). Stanford: Stanford University Press, 2000: 77.

② 德里达,杜弗勒芒特尔. 论好客. 贾江鸿,译. 桂林:广西师范大学出版社,2008:27.

来"等问题或提问开始的;所以德里达说:好客的问题其实是个问题的问题,或者说,是个提问的问题。这样的好客套路或规范,当然是德里达所要解构的。因为被要求提供的这样一个"专名永远都不是纯粹个体的"①,而总是涉及一个家庭、一个家族、一个族群;而"这样提供给作为家庭或家族成员的外人的好客权利在使好客成为可能的同时,也是对好客的限制和阻止,因为在这种情况下,好客不会提供给无名的——没有姓名、没有家庭、没有社会身份,因此被当作非人(barbarian)的人……我要提供给无名无姓的绝对他者的绝对或无条件好客,要求与普通意义的好客、有条件的好客、好客的权利或协议决裂……换言之,绝对的好客要求我打开家门;要求我不仅给表明姓名和社会身份的外人,也给绝对的、无名的、匿名的他者打开家门;要求我给他们腾出地盘;要求我让他们进来;要求我让他们来占据我提供的地方;不求回报,甚至不问姓名"②。

在此,我们不能认为德里达有关好客、友爱、友谊的话题谈论的是个人之间的私密关系,实际上他处理的是有关人类美好价值理想的重大哲学命题。这种不问对方姓名和身份、不计回报的好客也就是放弃自我身份——包括自我的目的、计划、利益以及一切的一切——的好客,也就是对敌友界线的消解或抹除——不管你来自哪个阵营!在德里达反复的——简直是喋喋不休的——呢喃和叮咛中,我们看到的不仅是这位思想巨擘对于人类未来和美好价值理想的寄望和期许,而且是这位骨子里铭刻着弥赛亚精神的

---

① Derrida, J. & Dufourmantelle, A. *Of Hospitality: Anne Dufourmantelle Invites Jacques Derrida to Respond*. Bowlby, R. (trans.). Stanford: Stanford University Press, 2000: 23.

② Derrida, J. & Dufourmantelle, A. *Of Hospitality: Anne Dufourmantelle Invites Jacques Derrida to Respond*. Bowlby, R. (trans.). Stanford: Stanford University Press, 2000: 23.

犹太后裔对西方理性主义传统——尤其是政治哲学——无力达到超越种族、血缘和地域界线的好客的隐忧和悲伤。说得简单明白些，德里达反复强调、念念不忘的"绝对好客"（absolute hospitality）是对西方传统中挥之不去的"绝对敌意"（absolute hostility）的隐忧，是对"绝对好客"战胜、超越"绝对敌意"的可能性的隐忧。

与海德格尔同时代的德国政治哲学家施米特（Carl Schmitt）从"人性恶"的观点出发，认为世界本质上是人与人的对抗和战争；因此，区分敌友是作为整体的政治共同体的永恒存在状况或宿命。他说："以为不设防的民族便只有朋友，极其愚蠢；设想敌人或许能因为没有遇到抵抗而大受感动，则无异于精神错乱。"①因此，划定界线、区分敌友、构筑堡垒的政治活动便是强者自立于世的现实态度。非但如此，为了自保或自强，没有敌人就得制造敌人；有了敌人就得把敌人妖魔化。他说：政治意识是由绝对敌意（absolute hostility）唤醒的，没有敌人，就没有政治，就没有存在的理由，没有人性，没有世界。②

对于这种与"绝对好客"对立的"绝对敌意"的逻辑，胡继华在解读德里达的《友爱的政治学》时说："这是一种疯狂的政治决断，是战争的现实可能性，它使一切'中立'成为妄谈，使一切友善成为有条件的交易，使一切共同体形式的人类组织都成为不可认可的东西。所以，历史上的和平、平等、自由、博爱，不管外部包装何等诱人，都无法隐去其'土地与血缘'的底色和'暴力与恐怖'的意

① 施米特. 政治的概念. 刘宗坤，朱雁冰，等译. 上海：上海人民出版社，2003：124.
② 胡继华. 后现代语境中伦理文化转向——论列维纳斯、德里达和南希. 北京：京华出版社，2005：125.

蕴。"①稍后,他引用德里达的话说:绝对的敌意"是西方思想逻辑被推向极端之后呈现的残酷、疯狂的'真理',亦是形而上学—神学—本体论的'真理'。这种'真理'——在现实中是敌对、暴力冲突和流血战争——先行于一切共同体而被铭刻在语言之中。一切兄弟关系、一切有关博爱的经典话语、一切有关自由平等民主的许诺,都是这一'真理'的显示。西方宏大的历史叙述中关于人性化的历史、关于作为博爱化的人性化的历史、关于作为友爱历史的博爱化和人性化的历史,都是这一独裁'真理'的历史。通过关于友爱的独裁语言,西方精神写出了一部霸权的友爱历史,一部友爱的'王道历史'"②。

要从这部铭刻在西方语言、传统和血液中的独裁和霸权的封闭历史中走出来,想象一种超越地域、血缘和种族的自然之爱的可能性,这又谈何容易! 德里达承认:"对友爱的伟大而且标准的沉思……属于痛苦的体验,属于失去的时刻——失去朋友或者失落爱。"③

从蒙田(Michel de Montaigne)的遗产中,德里达痛苦地体验到人们常常挂在嘴边的"友爱"无处可寻;它不存在于人们的普通交往之中,也不存在于父子、兄弟或情侣关系之中。在父子、兄弟关系中,有的是法律或伦理道德强加的权利和义务,没有选择与自由;在情侣关系中,外在的美感和性感激起的是狂热和欲望的幻象;在普通关系中,那些礼尚往来——恩惠、义务、祈求、感激等都会占据整个灵魂,并且以绝对的权力统治着全部情感,因而,在普

① 胡继华. 后现代语境中伦理文化转向——论列维纳斯、德里达和南希. 北京:京华出版社,2005:125.

② 转引自:胡继华. 后现代语境中伦理文化转向——论列维纳斯、德里达和南希. 北京:京华出版社,2005:126.

③ 转引自:胡继华. 后现代语境中伦理文化转向——论列维纳斯、德里达和南希. 北京:京华出版社,2005:117.

通关系中,存在着"自由正义的重要藩篱"①。

对好客的沉思也是这么一个痛苦、失落和无望的时刻。在痛苦的沉思中,德里达脑海中呈现出人们好客的画面:"我们走着,我们走动着,从违犯到违犯,从偏离到偏离。不管是对应邀之客还是不速之客,如果跨越门槛总是——甚至不得不是违犯,那么这多出的一步意味着什么呢?这种违犯,这种迈向另一边的脚步意味着什么呢?好客的这些陌生的过程、这些没完没了的无法跨越的门槛、这些难题会引向何处呢?我们似乎是从一个困难走向另一个困难;更严肃地说,不管是好是坏,是从不可能走向不可能。似乎好客是不可能的,似乎这种不可能性正是好客的法则所规定的,似乎只能违犯好客的法则,似乎绝对的、无条件的、夸张的好客法则,似乎好客的绝对命令要求我们违犯所有的好客法则(复数)……"②

对友爱的沉思让我们发现我们没有朋友,对好客的沉思让我们发现我们没有客人或外人。这不仅是德里达或蒙田的个人痛苦,而且是整个西方思想唯我论的痛苦和悲哀。如何让西方走出痛苦的历史和思想传统,这是解构的命意和良苦用心。如果说这一重大命题在德里达早期迂回曲折的文字游戏中还有些扑朔迷离,那么在德里达的后期著述里,如《友爱的政治学》和《论好客》中,就越来越清晰可辨和明白无误了。

德里达后期越来越直接和正面论说的"至尊的友爱"(sovereign friendship)和"无条件的好客"(unconditional hospitality),分别作为对"普通的友爱"(ordinary friendship)和"有条件的好客"(conditional

---

① 胡继华. 后现代语境中伦理文化转向——论列维纳斯、德里达和南希. 北京:京华出版社,2005:117.

② Derrida, J. *Politics of Friendship*. Collins, G. (trans.). London & New York: Verso, 1997: 75-76.

hospitality)的解构和超越,是不为西方思想所熟悉的;或者说,对西方思想来说它们是不可能的。但出路恰恰在于这种"不可能的可能性"。德里达把话说得有点绕,但道理是非常简单的,也就是说,唯我论的出路就在于对"我"的放弃——放弃自我的目的、功利和算计。正是在这种意义上,德里达说:"好客的行为只能是诗意的。"(An act of hospitality can only be poetic.)

对此,安娜·杜弗勒芒特尔评论道:德里达关于诗意的好客这种哲学进路不属于白天的秩序(the order of the day),而属于黑夜;不属于言语的秩序,而属于沉默。① 所谓"白天的秩序"(the order of the day),我想是指列维纳斯所说的西方理性传统中那道恐怖的"孤独之光"。在它的烛照下,世界被照亮了,被理解了,被认识了,被把握了。被这道光照亮的世界因为光的照耀——或者说,因为主体的先天认识形式而成为一个整体。在这道主体之光所不能及的地方则是茫茫黑夜。无边的、无限的茫茫黑夜自然不是并不存在的虚无——非但不是虚无,而且是比白天更为根本的东西,在无边的、无限的、神秘的、不可知的黑暗中,白天、知识只是其中非常有限的一部分,一个过渡阶段而已;犹如在生死的对立中,死亡是更为根本的东西,更原初的存在,生是死的一个有限阶段,所谓"匆匆过客"是也——但狂妄和傲慢的西方理性传统的偏差和谬误就在于不能理解、想象和容忍这个无限的未知世界,而把有限的自我看成世界的全部。这也就是列维纳斯的代表作之一《整体与无限》所讨论的主题。

"言说"(discourse, speech)与"沉默"(silence)之间的对立可做同样的理解,相当于列维纳斯在"所说"(le Dit)与"说"(le Dire)

① Derrida, J. & Dufourmantelle, A. *Of Hospitality: Anne Dufourmantelle Invites Jacques Derrida to Respond*. Bowlby, R. (trans.). Stanford: Stanford University Press, 2000: 2.

之间所做的区分。"所说"较容易理解和分析,它是人们相互交流时所表达的观点、观念或主题。"说"难以捉摸,"因为它从未完全出现在'所说'中,它在'所说'上留下踪迹,但绝对不会在其中得到揭示,它不是一个主题"①。如果说"所说"是自我观点、立场的表达,那么"说"是毫无观点、想法、认识或见解地与他人相遇的时刻或场所。列维纳斯认为,传统哲学关注"所说",而"所说"的优先性必然导致不能遇见真正的他者;只有放弃自我——自我的观点、想法、认识、目的、计划、利益等,一切的一切——与他者的真正相遇才有可能,因为观念或思想本质上是一股操控、同化的力量。安娜·杜弗勒芒特尔在给德里达《论好客》的评价中如是说:"思想本质上是一股控制的力量,它总是不停地把陌生的还原成熟悉的,打破陌生之物的神秘性以便占有它,把光线投射到陌生之物身上以便揭示它,为它命名。"②

放弃操控、揭示、命名而真诚地走向他人,这表现在好客中就是对自己的家的放弃,毫无保留地把自己真诚地暴露在他人面前,承担对他人的无限责任,成为他人的人质。德里达在《论好客》中反复想到的物象可能是把自我与他人分隔开来的"门槛"(threshold)。对客人、生人、外人的欢迎和好客,门槛是必要的吗?对此,德里达表示怀疑。他喃喃地自问自答:"要好客,必须先有一个居所吗?还是只在无家的、无遮蔽的场所,真正的好客才能开启?也许只有那些忍受了丧失家园体验的人才能好客。"③

---

① 戴维斯. 列维纳斯. 李瑞华,译. 江苏人民出版社,2006:82-83.
② Derrida, J. & Dufourmantelle, A. *Of Hospitality*: *Anne Dufourmantelle Invites Jacques Derrida to Respond*. Bowlby, R. (trans.). Stanford: Stanford University Press, 2000: 28.
③ Derrida, J. & Dufourmantelle, A. *Of Hospitality*: *Anne Dufourmantelle Invites Jacques Derrida to Respond*. Bowlby, R. (trans.). Stanford: Stanford University Press, 2000: 56.

曾经听说我国的一个城市对年度好人好事进行统计,发现80％以上的好人好事为外地人所为。此乃道听途说,当不得真;但我真诚地相信,身处异地的不安稳的、对周围环境感到惊异的感觉一定比待在家里有恃无恐的感觉更有利于增进道德和人性。杜弗勒芒特尔说:"在哪里"的地理问题其实是人或人性问题。① 它当然也是个好客的问题:好客的态度或精神必然来自一个确定地方的一个确定居所,还是只能来自无家可归、无处容身的漂泊的路人?

不固守自己的疆域或堡垒,放弃自己的精神和物质的一切去漂泊和流浪,将自己从一切束缚中解放出来,从而去接近无限、他者和神圣;这种自我超越几乎是一切宗教的主题和要求。在《圣经·旧约》中,上帝对亚伯拉罕说:"你要离开本地、本族、父家,往我所要指示你去的地去。"摩西引领人们离开家园,到大沙漠去"庆祝一个节日"。

沙漠是彻底放弃的象征,是自由和解放的象征,相当于佛教中"四大皆空"的境界。佛教徒的放弃则更为彻底:放弃家庭、亲情,即所谓"出家";放弃男女之爱,即终身独身;放弃口腹之欲,即吃斋或吃素。总之,放弃或摆脱与尘世的一切关系或牵绊,把自己交给空灵的境界。这种超越自我的空灵的境界是好客的条件,也是翻译的条件;否则,就只能是自我友好,自我翻译。

第三节　翻译的神学:德里达的深意

对翻译的神圣维度的探讨,德里达后来还写过一篇文章,即《翻译的神学》,这次他是结合大学教育来谈的。大学,英语拼写为

---

① Derrida, J. & Dufourmantelle, A. *Of Hospitality*: *Anne Dufourmantelle Invites Jacques Derrida to Respond*. Bowlby, R. (trans.). Stanford: Stanford University Press, 2000: 52.

university(法语 université），由三部分构成：uni(一)，vers(转向)，ity(名词后缀)。前两部分的意思大致相当于我们所说的"万物归一"，三部分合起来的意思应该就是：追求某种普遍性(universalness)、统一性、整体、全体(universe，unitotality)的学术团体或学术机构。与这个原初的普遍性、统一性(originary unity)相对的是现代大学制度的片面性(one-sidedness)。各个学科自成一体，彼此隔离。按照沃尔夫的说法，这种西方印欧语产物的科学理论(dialectics)说着各自的方言(dialects)①。

彼此隔绝、条块分割的各个学科在追求着各自"真理"的过程中，却忽视甚至遗忘科学研究对于人的意义，以及对于美好人类生活的意义；而生活世界正是知识的统一性源泉，是可译性的源泉，是各个学科相互交流、沟通、翻译的源泉。换句话说，生活世界正是知识所由开始的地方，各个学科之间的差异都是这个原初的统一性(原初知识)在不同领域的反映、投射和翻译。大学必须用这种原初统一性的逻辑来思考②，这是德里达在对谢林发表于1903年的《大学研究方法讲稿》的分析中所得出的初步结论。

大学或大学教育的(最终)目的是什么？一般的回答大致是：传承知识，培养社会所需要的人才。表述得详细、正规一点则是：教育是指一定社会或阶级根据自己的要求，有目的、有计划、有组织地对受教育者的身心施加影响，把他们培养(驯化、归化、同化)成一定社会或阶级所需要的人。在按照自己的目的和计划对他人进行培养、改造、改写、同化、归化、驯化、简化这一方面，教育与翻译相通了。这引发了德里达对教育目的和翻译目的(译者的任务)

---

① 沃尔夫. 论语言、思维和现实：沃尔夫文集. 卡罗尔，编，高一虹，等译. 长沙：湖南教育出版社，2001：294.

② Derrida, J. *Eyes of the University：Right to Philosophy* 2. Plug, J., et al. (trans.). Stanford：Stanford University Press，2004：69.

的深层思考,或者说,对教育和翻译神圣目的的思考,即一个本体论—神学思考。

当代法国翻译理论家和翻译实践家贝尔曼在《他异的体验:德国浪漫时期的文化与翻译》(*The Experience of the Foreign*: *Culture and Translation in Romantic Germany*)一文中,把教化、教育或翻译的这个目的论法则与深藏在德国浪漫时期翻译和文化中的"绝对精神"离开并返回自身的运动联系起来。他说:"精神离开并返回自身的运动,正如谢林和黑格尔——还有施莱格尔,如我们所见的那样——所定义的那样,实际上也是对古典教育(教化)法则的理论重构:自身的东西只有通过体验,即通过对他异的体验返回自身。"①黑格尔的"绝对精神"是一个自我演化的过程,在外化为自然之后——或者说,在把自身投射到或翻译成他物之后,最终又回到自身(精神)。这正是翻译的运动轨迹——"自身的东西"(what is one's own),自我的目的、计划、意识形态、价值观念等,在经过对他者或他异的体验之后非但没有离开自身,反而得到维护和强化。贝尔曼在对德国浪漫时期的翻译和文化进行深入研究之后指出,这一我族中心主义(ethnocentrism)主导了大约从歌德(Johann Goethe),经由谢林,一直到黑格尔的德国浪漫主义时期的翻译思维;但荷尔德林(Johann Hölderlin)是个例外,他要打破翻译和文化教育的这种简化模式。② 德里达对贝尔曼的这部著作给予很高评价,谦虚地认为自己的文章《翻译的神学》只是对贝尔曼观点的一点补充和对贝尔曼本人表达的敬意;但他所分析的则

---

① Derrida, J. *Eyes of the University*: *Right to Philosophy* 2. Plug, J., et al. (trans.). Stanford: Stanford University Press, 2004: 66.

② Derrida, J. *Eyes of the University*: *Right to Philosophy* 2. Plug, J., et al. (trans.). Stanford: Stanford University Press, 2004: 66.

是贝尔曼著作中几乎没有提及的另一个人——谢林。①

把教育的目的表述为:培养社会所需之人;这种有关教育的传统表述或蕴含在这一表述中的思想原则所采用的显然是比生活观点狭窄得多的社会观点。对于社会观点与生活观点之间的关系和差异,赵汀阳说得甚是明白,引述如下:

> 尽管生活总是需要社会这一形式,但却不是为了服务于社会。恰恰相反,社会必须服务于生活。为社会而进行社会活动是背叛生活的不幸行为。令人遗憾的是,伦理学理论尽管不是故意遗忘生活但却往往深陷于社会观点之中。以社会观点看问题的伦理学与其说它关心人类的生活,还不如说它是希望以社会的观点限定生活,希望把生活规定为某种社会中的生活。如果这样,生活就萎缩成为属于某种社会的生活。虽然一个好的社会与好的生活往往是一致的,但好的社会并不是好生活的目的,相反,好生活必定是好社会的目的。②

尽管赵汀阳在此论证的是生活观点对于建构或组织伦理学的有效性和合法性;但我认为,当谢林在两百年之前提出应该按照生活和艺术的观点来重组大学的时候,他的意思同赵汀阳的这个意思是一致的,即反对把大学办成统治阶级或主流意识形态的工具,反对国家政治对学术自由的干涉。"大学存在于它企图思考的世界之中。……抵抗一切(政治、司法、经济等)(对大学)的重占企图,抵抗一切其他形式的主权形态。"③在"翻译的神学"这个题目下,德里达延续着他一贯的主题:对西方逻各斯中心主义和独我论

---

① Derrida, J. *Eyes of the University: Right to Philosophy* 2. Plug, J., et al. (trans.). Stanford: Stanford University Press, 2004:65.
② 赵汀阳. 论可能生活. 北京:生活·读书·新知三联书店,1994:9.
③ 德里达. 德里达中国讲演录. 杜小真,张宁,译. 北京:中央编译出版社,2003:134.

的批判和解构。① 文章一开篇德里达就隐隐约约道出这一意图，他说：

> "翻译的神学"，这样一个题目会让我走上一条无法避免且总体而言相当熟悉的道路。在欧洲，翻译的历史和问题意识（problematics）实际上很早就是建立在《圣经》这个神圣文本的身体（body）和语料（corpus）之上的。欧洲各个国家的自然语言就是在《圣经》翻译这一事件中得到确立的，换句话说，就是扎根于，再扎根于这一事件之中的。限于篇幅，我只提路德这个人名，有了这个象征性的名字就够了。②

本雅明在《译者的任务》一文结尾指出：《圣经》之类的神圣文本的逐字逐行对译（interlinear version）是一切翻译的原型、典范，是一切翻译的原初形式、原初形象。对此，德里达是完全认同并高度赞赏的③④；在此，他又引用歌德的一段大意相近且能为本雅明上述言论提供注解的话：

> 旨在与原文同一的翻译最终一般都会接近逐字逐行对译，这给理解原文提供了极大便利。通过这种方式，我们发现自己被不知不觉地引回到原始文本（the primitive text）上来了；如此一来，这个圈就被画圆了，从外国到本国，从已知到未

---

① 详见：蔡新乐. 相关的相关：德里达"'相关的'翻译"思想及其他. 北京：中国社会科学出版社，2007：261."通过以上论证，我们很清楚地看到，德里达实际上做到的就是，如何启动对任何概念化、单一化的倾向的怀疑。也就是说，他的怀疑主义，可以认为，是自笛卡儿以来的怀疑主义的'登峰造极'。之所以如此，我们所能看到的，就是对理性主义的单一化、逻各斯中心主义根本上的怀疑。"

② Derrida, J. *Eyes of the University*：*Right to Philosophy* 2. Plug, J., et al. (trans.). Stanford：Stanford University Press，2004：64.

③ Derrida, J. *Difference in Translation*. Graham, J. F. (trans.). New York：Cornell University Press，1985：165-205.

④ Derrida, J. *Acts of Religion*. London & New York：Routledge，2002：104-133.

知的翻译也由此完成了。①

采用逐字逐行对译这种极端的翻译形式显然是一种拒绝简化的姿态——拒绝把原文主题化,拒绝用某一种意义对原文进行限制,拒绝利用原文来实现自我的意图、目的、计划和功能等——而不是提倡一种通行的翻译模式。通过把原文自身原原本本展现在读者面前,让大家平等地参与到对这个"身体"或"语料"的解读和对话中来,相互替换,相互补充,永无止境。在《圣经》翻译这一历史事件中,正是因为打破了教会阶层对《圣经》解释权的垄断,才有了今天欧洲各国语言的多样性,才不会让拉丁语霸权遮蔽和窒息各民族语言的生机。路德当然是这一宗教改革运动的象征。他倡导用民族语言举行宗教仪式;坚持《圣经》这一文本是信仰的最高权威,不承认教皇、教会解释教义的绝对权力;强调信徒因信称义(得救),教皇和赎罪券无效;坚持信徒能直接与上帝对话,而无须经由教会中介。

如果说用生活的观点来组织大学是目的,那么艺术的观点则是实现这一目的的途径和保障。什么是艺术或艺术的观点?康德在《学科之争》一书中,按照与国家权力的关系的紧密程度,把学科分成高等学科和低等学科;前者包括神学、法学和医学,后者指哲学。在此,康德没有谈及艺术;这意味着艺术是独立于国家之外的,是不受外在权力控制和摆布的自由学科。德里达在对谢林的文本进行分析时说:

> 在康德的(学科)体系中,哲学系仍然受到外在的国家权力的摆布和限制,而艺术——康德在《学科之争》中没有谈及艺术——绝不会受到外在权力的限制,它独立于国家,与之没

① Derrida, J. *Acts of Religion*. London & New York: Routledge, 2002: 64-65.

有(外在)关系,不让自己受到国家的压制和操控,也不接受国家赋予的特权。①

这种学术自由是哲学所最应当享有的,因为,如谢林所说,就知识以自身为目的这一点而言,哲学是知识的灵魂和生命。② 他还更直白地说:"只有哲学有权向国家要求无条件的自由。"③对此,德里达是认同的,他说施莱尔马赫也有类似观点:"施莱尔马赫也会说,在与国家的关系问题上,哲学系应该保持私营企业的地位。"④

哲学系应该是独立、自由的学术机构,然而它却堕落了,遗忘了自身的崇高使命。"用艺术的,因而也是诗意翻译(poetic translation)的眼光来看,这个组织已不再是一个自由的学术团体。"⑤德里达如是说。

谢林把哲学的堕落归咎于它的组织的行政化、官僚化。⑥ 要摆脱这一处境和状况,只有让哲学隶属于自由的、独立于国家的艺术系。"哲学只有在艺术中才能得到真正完整的体现。"⑦谢林如是说。

把哲学安放到艺术系显然出于政治考量,但谢林做出的却是学术论证。他论证哲学的艺术属性,或者论证艺术尤其是诗的哲学属性;或者说,他论证两者之间的不可分割性、共通性或可译性。这成为德里达分析的重点和落脚点。

一方面,艺术是一种世界观。像音乐、美术、诗等艺术形式一

---

① Derrida, J. *Acts of Religion*. London & New York: Routledge, 2002: 73.
② Derrida, J. *Acts of Religion*. London & New York: Routledge, 2002: 69.
③ Derrida, J. *Acts of Religion*. London & New York: Routledge, 2002: 74.
④ Derrida, J. *Acts of Religion*. London & New York: Routledge, 2002: 74.
⑤ Derrida, J. *Acts of Religion*. London & New York: Routledge, 2002: 74.
⑥ Derrida, J. *Acts of Religion*. London & New York: Routledge, 2002: 74.
⑦ Derrida, J. *Acts of Religion*. London & New York: Routledge, 2002: 73.

样,都是对世界的感性理解,对世界的想象,对世界的虚构性和独特性呈现,独特的看世界的方式;总之,是一种世界观。另一方面,哲学是一种艺术。哲学是关于世界观的学问,是系统化、理论化的世界观,而世界观无非是对世界的看法和想象。在哲学和艺术都是关于世界的想象或图像这一点上,两者相通了,可译了。德里达分析道:"又是这个图像(image)确保了艺术,尤其是诗,与哲学之间的可比性、可译性。"①接着,德里达引用谢林的原话说:"诗与哲学,在另一类(一些)浅薄艺人(dilettantism)看来水火不容的两个东西,其实是相同的,两者都要求对世界进行独创、自创、独特的呈现(两者都要求提供关于世界的独创、独特的图像)。"②

据德里达分析,这就是谢林所说的"用生活和艺术的观点去重组大学"所包含的丰富内涵。如果说按照社会观点设置的大学和提供的大学教育是用某一种世界观或意识形态对世界(包括人)进行限定、同化或简化,那么按照生活和艺术观点重组之后的大学则不去设定世界,而让世界通过各个学科所提供的原创、独特的世界观之间的交流、对话和翻译以其自身的方式是其所是地显现出来,让世界的丰富性和神秘性不断地显露出来。在这样的大学里,各门学科,尤其是艺术学科或人文学科之间打破学科界限和相互隔绝的状态而走向融合;如此一来,整个学校就成为一门广义的翻译的艺术(an art of generalized translation)。③

德里达和谢林在这里所使用的"翻译"或"可译性"概念,并非指严格意义上的语言转换或语言之间的可转换性,而是一个广泛的转换、置换、替换、补充、转移或呈现的问题。坚持广泛的可转换性或可译性,也是出于政治考量;因为对广泛的可转换性或可译性

---

① Derrida, J. *Acts of Religion*. London & New York: Routledge, 2002: 73.
② Derrida, J. *Acts of Religion*. London & New York: Routledge, 2002: 73.
③ Derrida, J. *Acts of Religion*. London & New York: Routledge, 2002: 73.

的坚持,实际上是对知识原初统一性的坚持,是对虚无主义和极端自由主义的限制和克服。德里达如是说:

> 显然是政治考量把我们引向这种翻译的泛修辞。根据一种矛盾的逻辑,用以反对康德所提出的极度自由主义总是带有集权化——我所说的不一定是集权主义——的诱惑的危险,其后果可以把自由的要求反过来。①

谢林把生活世界的这种统一性、整体性称为"活的整体性",这种"整体性"是知识和大学演化、衍生的地方,是青年学生的第一课。德里达在对他的第七、第八、第九讲的文本分析中说:

> 学生的职业教育、专业教育必须以有关这种活的整体性、统一性的知识为前提,为先决条件,学生必须首先能够接近、了解、认识大学的这种有机整体性、这棵知识的"大树"……在求学之初,年轻男生(自然不是女生)②本来对这个整体性有感觉,有渴求,但很快他就失望了,功利的职业和专业训练阻隔了他通往大学原初理想的途径。③

由此,谢林提议:大学必须向学生提供进行学术研究的方法和目的方面的通识教育。④ 那么大学教育和学术研究的最终目的,它究竟是什么呢? 在德里达对谢林第十一讲的分析中,这个答案终于揭晓了:

> 这个最终目的,大学的最终目的,也是知识的最终目的不亚于与神圣本质的交往、交流。所有知识都倾向于与神圣存

---

① Derrida, J. *Acts of Religion*. London & New York: Routledge, 2002: 78.

② 参看德里达在《巴别塔》中对"translator"和"translatoress"所做的区分。详见: Derrida, J. *Acts of Religion*. London & New York: Routledge, 2002: 114.

③ Derrida, J. *Acts of Religion*. London & New York: Routledge, 2002: 79.

④ 转引自:Derrida, J. *Acts of Religion*. London & New York: Routledge, 2002: 80.

在共在。作为大学学科的哲学知识就是这么一种争取与神同在的努力，它倾向于参与到这种原初的统一知识当中去的。各门知识都是作为一分子参与到这个活的整体中去的。那些思想不受此种活的、有活力的共同体规定和命令的人就像无性的蜜蜂，因为他们被剥夺了创造和繁育的权力，而只能在蜂巢外制造无机的排泄物，以证明自身的陈腐，以此种方式证明自己的无精打采。缺乏与神圣本质交流和联系的这一缺陷也使他无法担任伟大的翻译，伟大的翻译使原初知识的意义在整个体内循环。①

我觉得有传统中国文化背景的人很容易理解这段话。② 儒家四大经典之首的《大学》开篇有云："大学之道，在明明德，在亲民，在止于至善。"儒家相信，人性本善，但"为气禀所拘，人欲所蔽，则有时而昏"。因此大学的目的就在于让学者"去其旧染之污""自明其明德"，最终达到"尽夫天理之极，而无一毫人欲之私"③的境界。中国古代的大学体制与西方的大学体制不同，也许您会认为我的解释有牵强附会之嫌；但无论如何，这个意思是十分明确的：大学的目的、知识的目的、翻译的目的绝不是去为人的动物性做出合理化、合法化论证，而是对恶的人性的克服、放弃和超越。

---

① Derrida, J. *Acts of Religion*. London & New York: Routledge, 2002: 80.
② 这种亲近感和熟悉感可能跟包括解构主义在内的后现代思想到中国文化思想中寻找智慧和出路的做法不无关系。据王治河在《全球化与后现代性》一书中记载，霍伊教授在为《后现代主义辞典》撰写的序言中讲过一段很耐人寻味的话："从中国人的观点看，后现代主义可能被看作从西方传入中国的最近思潮。而从西方的观点看，中国则常常被看作后现代主义的来源。"王认同这种说法；他说："一个不争的事实是，几乎所有后现代思想家（不论是建构性的还是结构性的），从尼采、海德格尔，到德里达、福柯、博德、罗蒂里拉、怀特海、科布、格里芬、霍伊和斯普瑞特奈克都对中国和中国文化有一种天然的亲近。这绝非历史的巧合，而是有某种必然性在其中。"
③ 朱熹. 四书集注. 长沙：岳麓书社，1987：5.

人不是动物,作为唯一具有理性和享有自由的存在,超越和放弃自身的动物性,增进和弘扬自己的德性,不断向神性靠近,这是人类的使命或宿命。在第十二讲的文本分析中,德里达和缓地说:

> 人不是蜂。作为理性存在,他被注定、被置于、被任命承担替换和补充世界的实现的任务。他实现整体的现象化。他在世以便世界能够如此呈现,以便帮助它在知识中如此呈现。如果完成和替换是必不可少的,那是因为存在缺陷。没有人,上帝的启示无法完成。正是通过自身的活动,人将展现上帝总的启示中缺失的东西。这就是所谓的翻译,这就是所谓的大学的目的。①

大道不言,然人能弘道。人,作为理性存在,其在世的目的就是体现、实现这个大道。我们称之为"道"或"天理"的东西,西方人叫"上帝的启示";且不管叫什么,也不管这些概念背后的思想文化体系的巨大差异,但这是谁也无法否认的存在,一个高于人的存在。它也不是什么神秘存在,只不过就是人的超越向度罢了。人对自身的动物性或"人欲"的放弃,就是向神性的靠近,就是"与神圣本质发生联系"或"与神同在"。"上帝"或"天"本来就是人在自己的内心所能体验到的那种至高无上的价值的象征,对上帝的启示或天理的信仰,不过是人内心中对自我神圣的性格特征的体验,所谓"基督诞生在我们心中"。这种信仰是一个持续的积极的自我创造过程,是一个克己、忘我而臻于无我的修养过程,是一个以身载道、以身弘道的生命过程。《大学》中有一段最能体现中国学人在这方面的无懈追求和崇高境界的话,试引之:

> 汤之《盘铭》曰:"苟日新,日日新,又日新。"《康诰》曰:"作

---

① Derrida, J. *Acts of Religion*. London & New York: Routledge, 2002: 80.

新民。"《诗》曰:"周虽旧邦,其命维新。"是故君子无所不用其极。

这一节是对《大学》开篇"大学之道,在亲民"一句的解释和阐发。大学的目的就是造就剔除了旧污的新民("亲"当"新"解)。当然,这个目的不能在某一个时间节点一劳永逸地得到解决或实现——大学与其说是实现这个目的的地方,不如说是实现这个目的的方法论。对受教育者来说,这种自我革新是一个终身的、不能间断的、努力向上(善)的过程。为了革除心中之恶,弘扬心中之善,"君子无所不用其极"。

这是何等严格和真诚的道德自律,但中国学人大多把它看成稀松平常的事。金岳霖在一篇未刊的手稿中指出,中国哲学家都能够在不同程度上把知识和德性统一于一身。他说:

> 中国哲学家都是不同程度的苏格拉底……知识和德性在他身上统一不可分。他的哲学需要他生活于其中,他自己以身载道。遵守他的哲学信念而生活,这是他的哲学组成部分。他要做的事就是不断修养自己,连续、一贯地保持无私、无我的纯粹经验,使他能够与宇宙合一。显然这个修养过程不能中断,因为一中断就意味着自我复萌,丧失他的宇宙。①

强调通过"修养自己"或"克己"来达到"无私、无我的纯粹经验"和"与宇宙合一",这种"向里用力"的做法被梁漱溟看成中国文化的要义。② 中国人在这种努力通过"修身""克己"而成为好人、"君子""仁者"甚至"圣人"的伦理生活中,深刻品尝到人生的趣味。如孟子所说:

---

① 转引自:冯友兰. 三松堂全集(第六卷). 郑州:河南人民出版社,2000:12-13.
② 梁漱溟. 中国文化要义. 上海:上海人民出版社,2011.

> 仁之实,事亲是也。义之实,从兄是也。智之实,知斯二
> 者弗去是也。礼之实,节文斯二者是也。乐之实,乐斯二者。
> 乐则生矣,生则恶可已也! 恶可已,则不知足之蹈之,手之
> 舞之!

对孟子来说,幸福生活的内容就是"仁""义"两字,而实现幸福生活的途径就是去践行仁义,就这么简单。在这种中国特色的言简意赅、点到为止的言说方式中包含的却是无尽的人生意味和无穷的人生智慧。对此,梁漱溟稍做论证。他说:

> 人生意味最忌浅薄,浅薄了,便牢拢不住人类生命,而使
> 其甘心送他的一生。饮食男女,名位权利,固为人所贪求;然
> 而太浅近了。事事为自己打算,固亦人之恒情;然而太狭小
> 了……人的生命具有相反之两面:一面是从躯壳起念之倾向;
> 又一面是倾向于超躯壳或反躯壳。两面中间,则更有复杂无
> 尽之变化。宗教正是代表后一种倾向……它超越现实,超越
> 躯壳,不使人生局于浅近狭小而止……中国之家庭伦理,所以
> 成一宗教替代品,亦即为它融合人我泯忘躯壳,虽不离现实而
> 拓远一步,使人从较深较大处寻取人生意义。①

与"超越躯壳""克己复礼""向里用力"的中国文化背道而驰的是西方文化的"向外用力",它致力于对自然界或对他人的认识、理解、把握、控制、征服或吞并。

但不管它如何对外扩张,它始终无法超越自我的界限而走向他者。人是有限的存在,也是理性的存在;而人的理性(区别于工具理性)主要体现在对自我躯壳——自我的权力、名誉、功利、物欲等的克服和超越当中,体现在"融合人我""泯忘躯壳"和对一种更

---

① 梁漱溟. 中国文化要义. 上海:上海人民出版社,2011:85.

大的人生意义的追求当中,体现在与他者的相遇当中,体现在对上帝的启示的完成当中。努力去发展和扩大人的这种与工具理性相对的道德理性,这是大学教育、教化的最终目的,知识的最终目的,也是翻译的最终目的。对于教化和翻译的这个最终目的或神圣目的,加达默尔从"教化"一词的词源说起,分析得十分到位,有助于理解德里达《翻译的神学》一文的命意。我在本书第四章第二节"翻译与人生"中对加达默尔这一内容是这么理解的,试引述以为本章结尾:

> "教化"一词的拉丁语是"formatio",英语是"form"或"formation";这就意味着,教化总是让被教化者处于不断的形成、成形、变化当中。在西方宗教和人文主义传统里,人是按照上帝的形象塑造、创造的,或者说人类在灵魂深处带有上帝的影子。因此,人生的目标和意义就是去努力体现、表现作为真善美化身的上帝的形象。这一目标应该是人类一切精神活动和与之相关的精神科学所共有和分享的总目标。德里达在《翻译的神学》一文中也提到了人类的这一总体性(totality, uni-totality),认为翻译的神圣维度就是对这一总体性的分享、分有和参与。

结　语

　　本书是对"怎么译"问题的较为深入的思考和一定程度的解决。在时空压缩的全球化世界上,作者选择把既不可能又必不可少的翻译看成一种许诺,一种机会,而不是威胁。当代印度学者尼南贾那把翻译定义为一个权力冲突和斗争的场所,而我所希望、所期待的翻译将是语言、文化之间达成和解和成为相互补充的领域。人是有限存在,任何人都不可避免地生活在一定的语言、文化、意识形态、价值观念当中,都不可避免地生活在一定的偏见和局限当中;正因为如此,我们需要聆听不同的声音和见解,需要交往和对话,需要他者来挑战和质疑自我或同者的权威。而翻译是最能够提供机会接近他者、突破自我界限和局限的地方,因为跨越两种语言,是它的天然优势。

　　然而,当前翻译研究领域的主流话语、强势话语是形形色色的以自我为中心的操控论,它们把翻译看成对自我当前的需要、目的、意图、计划、政治议程等的实现,或者把对原文的翻译看成实现自我目的和需要的手段和工具,以至于原文本身或原文自身的价值成了无须在意和考虑的。

　　这是狭隘的翻译观——用自身的偏见对原文进行宰制和框限;也是一种狭隘的人生观——把自身目的的实现看成人生的唯一价值和意义。本书所提出的利他性翻译伦理模式是对操控论的反动,提议译者放弃用自我意识形态、价值观念等对原文进行改写,放弃操控原文以实现自身的目的,让原文自由自在地呈现,让原文向多种可能性开放,把原文原原本本呈现在读者面前,让原文与读者直接对话,让不同文化、观点平等地参与到对原文的真理的论证中来。这是达到原文的真理的唯一有效途径,也是对待作为历史流传物的原文的唯一正确态度。人,任何人,都是有限的历史存在;人无法一次性地、一劳永逸地把握原文的真理,每一次的感知、每一次的意义制造都只具有暂时性质,有待他人的补充和对话。因此,放弃自己傲慢的精英立场,放弃用自我的目的、计划或期待等对原文或对世间万事万物进行框限和宰制,让万事万物是其所是地自由呈现。这不仅是好翻译的道理,也是好生活的道理,人之为人的道理。

与停留在自己的世界里、固守着自己的疆界和视域、眼睛里只有自己的目的和需要、对原文的差异性和丰富性视而不见的自我维护和自我坚持不同,采用他人性原则的"克己"翻译伦理模式所设想的不是把自我构筑成一个坚不可摧的堡垒,也不是卑躬屈膝地保全自我,而是把自我交出去,让自我毫无保留地暴露在原文面前,绝对服从原文的权威,对原文独特的生命和灵魂承担一份绝对责任。只有这样,与原文的真正相遇才有可能,原文的丰富性和多样性才会展现出来。克己是对原文的解放,也是对译者自身的解放,原文的解放和译者的解放属于同一过程。

正如哲学解释学不是关于解读、理解的方法论,而是关于人与世界的根本关系一样,利他性翻译伦理模式所构想的也不是具体的翻译方法或翻译策略——因此区别于异化——而是译者与文本、与他人、与事物、与环境、与世界之间的最佳关系或最适宜的相互状态。它是对译者、更多人、所有人的善良心灵和无私人性的诉求。它也许带有理想主义色彩,甚至具有乌托邦性质;但即便如此,它也开拓出一种可能性,一种不可能的可能性。

　　利他性伦理对善良的人性和美好的人类心灵的诉求具有一定的理想色彩——甚至乌托邦色彩,但这正是伦理学所赋予的,或者说,这正是伦理学所需要的。尽管如此,让形而上的利他性伦理观照具体的翻译实践,让它对形而下的翻译实务,如广告翻译、科技翻译、旅游翻译等具有说服力和解释力,这也可以成为翻译学未来发展的一个方向。

参考文献

Andrade, O. *The Cannibalist Manifesto* (Third Text). (2008-07-19)
　　[2018-03-01]. http://dx.doi.org/10.1080/09528829908576784.

Appiah, K. A. Thick translation. In Venuti, L. *The Translation
　　Studies Reader*. London & New York: Routledge, 2004.

Baker, M. *Translation and Conflict: A Narrative Account*.
　　London & New York: Routledge, 2006.

Baker, M. & Chesterman, A. Ethics of renarration: Mona Baker
　　is interviewed by Andrew Chesterman. *Cultus*, 2008 (1):
　　10-33.

Bassnett, S. & Trivedi, H. *Post-colonial Translation: Theory
　　and Practice*. London & New York: Routledge, 1999.

Benjamin, W. *Illuminations: Essays and Reflections*. Arendt, H.
　　(ed.). Zohn, H. (trans.). New York: Schocken Books, 1969.

Bennett, P. Book views: *Scandal of Translation*. *The Translator*,
　　1998(1): 127-134.

Berman, A. Translation and the trials of the foreign. In Venuti,
　　L. *The Translation Studies Reader*. London & New York:
　　Routledge, 2004.

Bhabha, H. K. *The Location of Culture*. London & New York: Routledge, 1994.

Buber, M. *I and Thou*. Smith, R. G. (trans). New York: Scribner, 2000.

Chesterman, A. Ethnics of translation. In Snell-Hornby, M, Jettmarová, Z. & Kaindl, K. (eds.). *Translation as Intercultural Communication*. Amsterdam: John Benjamins, 1997:147-157.

Chesterman, A. From 'is' to 'ought': Translation laws, norms and strategies. *Target*, 1993(1): 1-20.

Chesterman, A. *Memes of Translation: The Spread of Ideas in Translation Theory*. Amsterdam & Philadelphia: John Benjamins Publishing Company, 2000.

Chesterman, A. Proposal for a Hieronymic oath. *The Translator*, 2001 (2): 139-154.

Cheyfitz, E. *The Poetics of Imperialism: Translation and Colonization from the Tempest to Tarzan*. New York & Oxford: Oxford University Press, 1991.

Critchley, S. *The Ethics of Deconstruction: Derrida and Levinas*. Edinburgh: Edinburgh University Press, 1999.

Davidson, D. *Essays on Truth and Interpretation*. Oxford: Clarendo Press, 1984.

Davis, C. *Levinas: An Introduction*. Cambridge: Polity Press, 1996.

Davis, K. *Deconstruction and Translation*. Shanghai: Shanghai Foreign Language Education Press, 2004.

Delabastita, D. Histories and Utopias: On Venuti's *The Translator's Invisibility. The Translator* , 2010(1): 125-134.

Derrida, J. *Acts of Religion*. London & New York: Routledge, 2002.

Derrida, J. Des Tours de Babel. Graham, J. F. (trans.). *Difference in Translation*. New York: Cornell University Press, 1985.

Derrida, J. *Eyes of the University: Right to Philosophy 2*. Plug, J. (trans.). Stanford: Stanford University Press, 2004.

Derrida, J. How to avoid speaking: Denials. In Budick, S. & Iser, W. *Language of the Unsayable: The Play of Negativity in Literature and Literary Theory*. Stanford: Stanford University Press, 1987.

Derrida, J. *Politics of Friendship*. Collins, G. (trans.). London & New York: Verso, 1997.

Derrida, J. What is a "Relevant" Translation?. *Critical Inquiry*, 2001 (2): 174-200.

Derrida, J. *Writing and Difference*. Bass, A. (trans.). Chicago: University of Chicago Press, 1978.

Derrida, J. & Dufourmantelle, A. *Of Hospitality: Anne Dufourmantelle Invites Jacques Derrida to Respond*. Bowlby, R. (trans.). Stanford: Stanford University Press, 2000.

Escarpit, R. *Sociology of Literature*. Pick, E. (trans.). Totowa: Frank Cass and Company Limited, 1971.

Even-Zohar, I. The position of translated literature within the literary polysystem. In Venuti, L. *The Translation Studies Reader*. London & New York: Routledge, 2004

Fromm, E. *To Have or to Be*. London: Jonathan Cape Ltd, 1976.

Fukuyama, F. *The End of History and the Last Man*. New York: Avon Books, 1992.

Gadamer, H. *Plato's Dialectical Ethics: Phenomenological Interpretations Relating to the Philebus*. Wallace, R. M. (trans.). New Haven: Yale University Press, 1991.

Gadamer, H. *Truth and Method*. Barden, G. & Cumming, J. (trans.). London: Sheed and Ward, 1975.

Gentzler, E. *Contemporary Translation Theories*. Clevedon, Buffalo, Toronto & Sydney: Multilingual Matters Ltd, 2001.

Giddens, A. *The Consequences of Modernity*. Stanford: Stanford Vniversity Press, 1991.

Goodwin, P. Ethical problems in translation: Why we might need Steiner after all. *The Translator*, 2010 (1): 19-42.

Gray, J. *Endgames: Questions in Late Modern Political Thought*. Cambridge: Polity Press, 1997.

Haroldo de Campos. Poetics of Translation. In Bassnett, S . & Trivedi, H. *Post-colonial Translation: Theory and Practice*. London & New York: Routledge, 1999.

Hatim, B. & Mason, I. *The Translator as Communicator*. London & New York: Routledge, 1997.

Heidegger, M. *Being and Time*. Macquarrie, J. & Robinson, E. (trans.). Oxford: Blackwell, 1962.

Heidegger, M. *Poetry, Language, Thought*. Hofstadter, A. (trans.). New York: Harper & Row, Publishers, Inc. , 1971.

Hermans, T. *The Manipulation of Literature: Studies in Literary Translation*. London: Croom Helm, 1985.

Holms, J. S. *The Nature of Translation*. The Hague: Mouton, 1985.

Huntington, S. P. *The Clash of Civilizations and the Remaking of World Order*. New York: Touchstone, 1996.

Jones, F. R. Ethics, aesthetics and decision: Literary translating in the wars of the Yugoslav succession. *Meta*, 2004 (4): 711-728.

Kelly, L. *The True Interpreter: A History of Translation Theory and Practice in the West*. New York: St. Martin's Press, 1979.

Klitgård, I. Review of *The Translator's Invisibility*. *English Studies*, 2009(3): 375-376.

Koskinen, K. Beyond ambivalence: Postmodernity and the ethics of translation. Tampere: University of Tampere, 2000.

Laygues, A. Book Review: *I and Thou*, *Être et Avoir* and *Alterity and Transcendence*. *The Translator*, 2001(2): 315-319.

Lefevere, A. Mother courage's cucumbers: Text, system and fraction in a theory of translation. In Venuti, L. *The Translation Studies Reader*. London & New York: Routledge, 2004.

Levinas, E. *Ethics and Infinite: Conversation with Philippe Nemo*. Cohen, R. A. (trans.). Pittsburgh: Duquesne University Press, 1985: 88.

Levinas, E. *Existence and Existents*. Lingis, A. (trans.). Boston & London: Kluwer Academic Publishers, 1978.

Levinas, E. *Otherwise Than Being: Or Beyond Essence*. Lingis, A. (trans.). Pittsburgh: Duquesne University Press, 1998.

Levinas, E. Simuiacra: The end of the world. In Wood, D. *Writing the Future*. London & New York: Routledge, 1990:11-14.

Levinas, E. *Time and the Other*. Cohen, R. A. (trans.). Pittsburgh: Duquesne University Press, 1987.

Levinas, E. *Totality and Infinity: An Essay on Exteriority*. Lingis, A. (trans.). Pittsburgh: Duquesne University Press, 1969.

Levinas, E. Useless suffering. Benjamin, A. & Wright, T. (trans.). In Bernasconi, R. & Wood, D. *The Provocation of Levinas: Rethinking the Other*. London & New York: Routledge, 1988b.

Lewis, P. The measure of translation effects. In Venuti, L. *The Translation Studies Reader*. London & New York: Routledge, 2004.

Lyotard, J. F. *The Postmodern Condition: A Report on Knowledge*. Minneapolis: University of Minnesota Press, 1984.

MacIntyre, A. *After Virtue: A Study in Moral Theory*. Notre Dame: University of Notre Dame Press, 2007.

Meschonnic, H. *Ethics and Politics of Translation*. Boulanger, P-P. (trans.). Amsterdam & Philadelphia: John Benjamins Publishing Company, 2011.

Miller, J. H. *The Ethics of Reading*. New York: Columbia University Press, 1987.

Monbiot, G. Global villagers speak with forked tongues. *The Guardian*, 1995-08-24 (8).

Nancy, J. *The Birth to Presence*. Holmes, B. , et al. (trans.). Stanford: Stanford University Press, 1994.

Nida, E. A. Science of translation. *Language*, 1969 (47): 483-498.

Nida, E. A. *Toward a Science of Translating: With Special Reference to Principles and Procedures Involved in Bible Translating*. Leiden: E. J. Brill, 1964.

Nida, E. A. & Taber, C. R. *The Theory and Practice of Translation*. Leiden: E. J. Brill, 1969.

Niranjana, T. *Siting Translation: History, Post-structuralism, and the Colonial Context*. Berkeley, Los Angeles & Oxford: University of California Press, 1992.

Nord, C. Function plus loyalty: Ethics in professional translation. *Génesis. Revista Científica do ISAG*, 2007(6): 7-17.

Nord, C. Loyalty revisited: Bible translation as a case in point. *The Translator*, 2001(2): 185-202.

Nord, C. *Translation as a Purposeful Activity: Functionalist Approaches Explained*. Shanghai: Shanghai Foreign Language Education Press, 2001: 109-122.

Paul de Man: *The Resistance to Theory*. Minneapolis & London:

University of Minnesota Press, 1986: 73.

Payne, J. Book reviews: *The Translator's Turn* by Douglas Robinson. *Comparative Literature*, 1995 (Winter): 85-88.

Pym, A. Introduction: The return to ethics in translation studies. *The Translator*, 2001(2):129-138.

Pym, A. *Method in Translation History*. Manchester: St. Jerome, 1998.

Pym, A. Schleiermacher and the problem of "blendlinge". *Translation and Literature*, 1995:5-30.

Pym, A. *Translation and Text Transfer: An Essay on the Principles of Intercultural Communication*. Frankfurt am Main, Berlin, Bern, New York, Paris & Wien: Peter Lang, 1992.

Pym, A. Translation as a transaction cost. *Meta*, 1995(4): 594-605.

Pym, A. Venuti's visibility. *Target*, 1996(1): 165-177.

Rawls, J. *A Theory of Justice*. Cambridge: Harvard University Press, 1971.

Reeves, E. Book reviews: *Pour une éthique du traducteur*. *The Translator*, 2000(1) :125-129.

Robinson, D. *The Translator's Turn*. Baltimore & London: Johns Hopkins University Press, 1991.

Sampson, G. *Schools of Linguistics*. Stanford: Stanford University Press, 1980.

Schaffner, C. *Translation and Norms*. Clevedon, Buffalo, Toronto & Sydney: Multilingual Matters Ltd, 1999.

Shamma, T. The exotic dimension of foreignizing strategies: Burton's translation of the *Arabian Nights*. *The Translator*, 2005(1): 51-67.

Spivak, G. C. *Outside in the Teaching Machine*. London & New York: Routledge, 1993.

Spivak, G. C. The politics of translation. In Venuti, L. *The Translation Studies Reader*. London & New York: Routledge, 2004.

Spivak, G. C. Translating into English. In Berman, S. & Wood, M. *Nation, Language, and the Ethics of Translation*. Princeton & Oxford: Princeton University Press, 2005.

Spivak, G. C. Translator's preface and afterword to Mahasweta Devi: Imaginary maps. In Landry, D. & Macllean, G. *The Spivak Reader: Selected Works of Gayatri Chakravorty Spivak*. London & New York: Routledge, 1996.

Staten, H. Tracking the "native informant": Cultural translation as the horizon of literary translation. In Berman, S. & Wood, M. *Nation, Language, and the Ethics of Translation*. Princeton & Oxford: Princeton University Press, 2005.

Sturge, K. Translation strategies in ethnography. *The Translator*, 1997(1): 21-38.

Tack, L. Book Views: *Beyond Ambivalence: Postmodernity and the Ethics of Translation*. *The Translator*, 2001(2): 297-321.

Toury, G. A handful of paragraphs on "translation" and "norms". In Schaffner, C. *Translation and Norms*. Clevedon, Philadelphia, Toronto, Sydney & Johannesburg: Multilingual Matters Ltd, 1999.

Toury, G. *Descriptive Translation Studies and Beyond*. Shanghai: Shanghai Foreign Language Education Press, 2001.

Toury, G. *In Search of a Theory of Translation*. Tel Aviv: The Porter Institute for Poetics and Semiotics, 1980.

Toury, G. The nature and role of norms in translation. In Venuti, L. *The Translations Studies Reader*. London & New York: Routledge, 2004.

Tymoczko, M. *Enlarging Translation, Empowering Translators*. London & New York: Routledge, 2007.

Tymoczko, M. Translation and political engagement: Activism, social change and the role of translation in geopolitical shifts. *The Translator*, 2000(1): 23-47.

Tymoczko, M. *Translation in a Postcolonial Context: Early Irish* literature in English translation. Shanghai: Shanghai Foreign Language Education Press, 2004.

Venuti, L. *The Scandals of Translation: Towards an Ethics of Difference*. London & New York: Routledge, 1998.

Venuti, L. *The Translation Studies Reader*. London & New York: Routledge, 2004.

Venuti, L. *The Translator's Invisibility: A History of Translation*. London & New York: Routledge, 1995.

Vermeer, H. J. Skopos and commission in translational action. In Venuti, L. *The Translation Studies Reader*. London & New York: Routledge, 2004.

Vermeer, H. J. What does it mean to translate?. *Indian Journal of Applied Linguistics*, 1987(2): 25-33.

Vieira, P. Liberating Calibans: Readings of Antropofagia and Haroldo de Campos' *Poetics of Translation*. In Bassnett, S. & Trivedi, H. *Post-colonial Translation: Theory and*

Practice. London & New York: Routledge, 1999.

Vieira, E. & Pires, R. A post-modern translational aesthetics in Brazil. In Bassnett, S. & Trivedi, H. *Post-colonial Translation: Theory and Practice*. London & New York: Routledge, 1999.

Wallerstein, I. *The Capitalist World Economy*. Cambridge: Cambridge University Press, 1979.

Williams, J. & Chesterman, A. *The Map: A Beginner's Guide to Doing Research in Translation Studies*. Shanghai: Shanghai Foreign Language Education Press, 2004.

艾柯,等. 诠释与过度诠释. 柯里尼,编. 王宇根,译. 北京:生活·读书·新知三联书店,2005.

安乐哲. 和而不同:比较哲学与中西会通. 温海明,编. 北京:北京大学出版社,2002.

鲍曼. 立法者与阐释者:论现代性、后现代性与知识分子. 洪涛,译. 上海:上海人民出版社,2000.

布伯. 我与你. 陈维纲,译. 北京:生活·读书·新知三联书店,2002.

蔡新乐. 相关的相关:德里达"'相关的'翻译"思想及其他. 北京:中国社会科学出版社,2007.

陈福康. 中国译学理论史稿. 上海:上海外语教育出版社,1992.

陈鼓应. 庄子今注今译. 北京:中华书局,1983.

陈浪. 德里达思想对翻译研究的影响——戴维斯的《解构主义与翻译》评介. 外语与外语教学,2007(12):55-57.

陈喜荣. 罗比涅荷-哈伍德的翻译伦理观探析. 外国语文,2012(1):106-110.

陈瑛. 论翻译的伦理之维. 长沙大学学报,2007(4):94-96.

陈瑛. 西方翻译伦理模式探讨. 湖南文理学院学报(社会科学

版),2008(5):98-100.

戴维斯. 列维纳斯. 李瑞华,译. 南京:江苏人民出版社,2006.

德里达.德里达中国讲演录. 杜小真,张宁,译. 北京:中央编译出版社,2003.

德里达. 什么是"确切的"翻译//陈永国,编译. 翻译与后现代性. 北京:中国人民大学出版社,2005.

德里达. 书写与差异. 张宁,主编. 北京:生活·读书·新知三联书店,2001.

德里达,杜弗勒芒特尔.论好客. 贾江鸿,译. 桂林:广西师范大学出版社,2008.

杜维明,卢风. 现代性与物欲的释放——杜维明先生访谈录. 北京:中国人民大学出版社,2009.

杜玉生. 西方当代伦理学的发展与译学研究——翻译研究中的伦理性问题. 广东外语外贸大学学报,2008(1):25-29.

方梦之. 翻译伦理与翻译实践——谈我国部分英文版专业期刊的编辑和翻译质量. 中国翻译,2012(2):92-94.

冯友兰. 三松堂全集. 郑州:河南人民出版社,2000.

冯友兰. 中国哲学史. 上海:华东师范大学出版社,2000.

弗罗姆.占有还是生存——一个新社会的精神基础. 关山,译. 北京:生活·读书·新知三联书店,1989.

福山. 历史的终结. 本书翻译组,译. 呼和浩特:远方出版社,1998.

高玉. 论"忠实"作为文学翻译范畴的伦理性. 外国文学,2004(2):89-95.

格尔茨.文化的解释. 韩莉,译. 南京:译林出版社,1999.

管兴忠. 安东尼·皮姆翻译思想研究. 解放军外国语学院学报,2012(2):86-91.

韩子满. 文学翻译与杂合. 中国翻译,2002(2):54-58.

何芳. 相逢于道路——庄子与海德格尔诗学比较. 北方论丛, 1997(6):40-46.

何卫平. 解释学与伦理学——关于伽达默尔实践哲学的核心. 哲学研究,2000(12):60-67.

胡继华. 后现代语境中伦理文化转向——论列维纳斯、德里达和南希. 北京:京华出版社,2005.

胡塞尔. 欧洲科学危机和超验现象学. 张庆熊,译. 上海:上海译文出版社,1988.

吉登斯. 现代性的后果. 田禾,译. 南京:译林出版社, 2000.

金兵. 论德里达的"确当的翻译". 解放军外国语学院学报,2006(2):75-79.

金人. 论翻译工作的思想性//中国翻译工作者协会,《翻译通讯》编辑部,主编. 翻译研究论文集. 北京:外语教学与研究出版社,1984.

加达默尔. 真理与方法——哲学诠释学的基本特征. 洪汉鼎,译. 上海:上海译文出版社,1999.

加利. 多语化与文化的多样性——在接受南京大学名誉博士学位仪式上的演讲. 南京大学学报(哲学·人文科学·社会科学版),2002(3):8.

姜秋霞,张柏然. 是等值还是再创造? ——对文学翻译的一项调查与分析. 外语教学与研究,1996(4):53-56.

金惠敏. 理论没有"之后"——从伊格尔顿《理论之后》说起. 外国文学,2009(2):78-80,127.

康宁. 切斯特曼伦理模型与德国功能学派的翻译理论. 重庆科技学院学报(社会科学版),2007(5):125-126.

李伟. 保守的解构——关于解构理论的犹太情感渊源和神秘主义

缺陷. 当代外国文学,2002(2):98-103.

梁漱溟. 中国文化要义. 上海:上海人民出版社,2011.

刘克敌,李酉宏,主编. 那些翻译大师们. 北京:金城出版社,2010.

刘卫东. 翻译伦理的回归与重构. 中国外语,2008(6):95-99,104.

刘亚猛. 韦努蒂的"翻译伦理"及其自我解构. 中国翻译,2005(5):40-45.

罗蒂. 实用主义之进程//艾柯,等. 诠释与过度诠释. 柯里尼,编. 王宇根,译. 北京:生活·读书·新知三联书店,2005.

吕俊. 跨越文化障碍——巴比塔的重建. 南京:东南大学出版社,2001.

吕俊. 论翻译研究的本体回归:对翻译研究"文化转向"的反思. 外国语(上海外国语大学学报),2004(4):53-59.

吕俊,侯向群. 翻译学——一个建构主义的视角. 上海:上海外语教育出版社,2006.

马尔库斯,费彻尔. 作为文化批评的人类学:一个人文学科的实验时代. 王铭铭,蓝达居,译. 北京:生活·读书·新知三联书店, 1998.

倪梁康. 译者的尴尬. 读书,2004(11):90.

彭富春. 什么是物的意义? ——庄子、海德格尔与我们的对话. 哲学研究,2002(3):50-57.

乔颖. 趋向"他者的翻译"——德里达翻译思想的伦理指向研究. 开封:河南大学博士学位论文,2007.

萨义德. 东方学. 王宇根,译. 北京:生活·读书·新知三联书店,1999.

塞尔登. 文学批评理论:从柏拉图到现在. 刘象愚,陈永国,等译. 北京:北京大学出版社, 2000.

上海外语学院外国语言文学研究所. 中西比较文学手册. 成都:
　　四川人民出版社,1987.

申连云. 翻译研究的实然世界与应然世界. 外语学刊,2007(4):
　　100-102.

申连云. 翻译研究中的"真"、"善"、"美". 中国翻译,2011(3):11-
　　16,96.

申连云. 语言相对论——对待文化他者的正确伦理态度. 浙江外
　　国语学院学报,2011(6):45-50,105.

申连云. 怎么译:从"操控"到"投降". 外国语(上海外国语大学学
　　报),2010(2):44-52.

申连云. 尊重差异——当代翻译研究的伦理观. 中国翻译,2008
　　(2):16-19.

申连云,冯亚玲. 翻译领域语言研究层面与文化研究层面的相对
　　独立性. 长沙理工大学学报(社会科学版),2007(3):117-122.

申连云,高春天. 翻译伦理批评的理论审视. 浙江教育学院学报,
　　2010(6):35-41.

申迎丽,仝亚辉. 翻译伦理问题的回归——由《译者》特刊之《回归
　　到伦理问题》出发. 四川外语学院学报,2005(2):94-99.

施米特.政治的概念. 刘小枫,编. 刘宗坤,等译. 上海:上海人民
　　出版社,2003.

孙会军,郑庆珠. 翻译与文化"杂合". 外语教学与研究,2003(4):
　　296-300.

孙淑奇. 诗意、此在、栖居——解读海德格尔《人诗意的栖居》. 理
　　论界,2008(7):134-135.

孙致礼. 译者的职责. 中国翻译,2007(4):14-18,94.

孙致礼. 中国的文学翻译从归化趋向异化. 中国翻译,2002(1):
　　40-44.

汤君. 翻译伦理的理论审视. 外国语(上海外国语大学学报), 2007(4):57-64.

汤姆林森. 全球化与文化. 郭英剑,译. 南京:南京大学出版社,2002.

唐培. 从翻译伦理透视文学翻译中的文化误读. 解放军外国语学院学报,2006(1):64-68.

唐人. 翻译的艺术 //中国翻译工作者协会,《翻译通讯》编辑部. 翻译研究论文集. 北京:外语教学与研究出版社,1984.

万俊人. "和谐社会"及其道德基础. 马克思主义与现实,2005(1):6-8.

王大智. 关于开展翻译伦理研究的思考. 外语与外语教学,2005(12):44-47.

王大智,于辉. 中国传统翻译伦理思想的基本特点及其启示. 外语与外语教学,2012(2):70-73.

王东风. 译学关键词:abusive fidelity. 外国语(上海外国语大学学报),2008(4):73-77.

王克明. 翻译与伦理学. 外语与外语教学,2009(5):45-48.

王莉娜.析翻译伦理的四种模式. 外语研究,2008(6):84-88.

王诺. 欧美生态批评——生态文学研究概论. 上海:学林出版社,2008.

王诺,封惠子. 从表现到介入:生态文学创始人卡森的启示. 温州大学学报(社会科学版),2010(3):18-25.

王述祖. 经济全球化与文化全球化——历史的思考与求证. 北京:中国财政经济出版社,2006.

王治河. 全球化与后现代性. 桂林:广西师范大学出版社,2003.

沃尔夫. 论语言、思维和现实:沃尔夫文集. 卡罗尔,编. 高一虹,等译. 长沙:湖南教育出版社,2001.

吴建国,魏清光. 翻译与伦理规范. 上海翻译,2006（2）:1-6.

吴赟. 中国当代文学译介伦理探讨——以白睿文、陈毓贤英译《长恨歌》为例. 中国翻译,2012(3):98-102.

吴志杰. 和合翻译研究刍议.中国翻译,2011(4):5-13,96.

吴志杰,王育平. 以诚立译——论翻译的伦理学转向. 南京社会科学,2008(8):136-142.

西美尔. 生命直观. 刁承俊,译. 北京:生活·读书·新知三联书店,2003.

谢天振. 翻译本体研究与翻译研究本体. 中国翻译,2008(5):6-10,95.

谢天振. 翻译研究新视野. 青岛:青岛出版社,2003.

谢天振,陈浪. 在翻译中感受在场的身体——读道格拉斯·罗宾逊《译者登场》.外语与外语教学,2006(9):60-62,64.

徐普. 安托瓦纳·贝尔曼翻译理论中的"伦理"问题. 法国研究,2011(2):67-75.

许钧. 论翻译活动的三个层面//张柏然,许钧,主编. 面向21世纪的译学研究. 北京:商务印书馆,2002.

许渊冲. 谈中国学派的翻译理论——中国翻译学落后于西方吗?. 外语与外语教学,2003(1):52-55.

叶维廉.道家美学与西方文化. 北京:北京大学出版社,2002.

余纪元. 德性之镜:孔子与亚里士多德的伦理学. 林航,译. 北京:中国人民大学出版社,2009.

于艳华. 宏观与微观翻译伦理视角下译者的主观和客观操控. 外语与外语教学,2011(3):69-72.

乐黛云. 多元文化与比较文学的发展,江苏社会科学,2003(1):95-100.

臧夏雨. 从翻译伦理视角论译者有意识的"不忠"——以电影《叶

问 I》和《翻译风波》为例. 中国翻译,2012(2):95-97.

张宝珍. 经济全球化需要研究的十大问题. 世界经济,1998(9):27.

张居正. 张居正讲评《论语》皇家读本. 陈生玺,主编. 上海:上海辞书出版社,2007.

张立文. 和合学:21 世纪文化战略的构想. 北京:中国人民大学出版社,2006.

曾记. "忠实"的嬗变——翻译伦理的多元定位. 外语研究,2008(6):79-83.

赵汀阳. 论可能生活. 北京:生活·读书·新知三联书店,1994.

赵汀阳. 我们和你们. 哲学研究,2000(2):25-34.

郑敏宇. 翻译伦理对误译评价的启示. 中国比较文学,2012(3):88-97.

朱熹. 四书集注. 长沙:岳麓书社,1987.

祖志. "忠实"还是"叛逆"——与倪梁康先生商榷. 外语与外语教学,2007(12):58-59,65.

图书在版编目(CIP)数据

全球化背景下翻译伦理模式研究 / 申连云著.—杭州：
浙江大学出版社,2018.10(2019.5重印)
(中华翻译研究文库)
ISBN 978-7-308-18646-9

Ⅰ.①全… Ⅱ.①申… Ⅲ.①翻译学—伦理学—研究
Ⅳ.①H059-05

中国版本图书馆 CIP 数据核字(2018)第 218589 号

中华译学馆 真言题

全球化背景下翻译伦理模式研究

申连云　著

出 品 人	鲁东明	
总 编 辑	袁亚春	
丛书策划	张　琛　包灵灵	
责任编辑	黄静芬	
责任校对	田　慧	
封面设计	程　晨	
出版发行	浙江大学出版社	
	(杭州市天目山路 148 号　邮政编码 310007)	
	(网址:http://www.zjupress.com)	
排　　版	浙江时代出版服务有限公司	
印　　刷	浙江新华数码印务有限公司	
开　　本	710mm×1000mm　1/16	
印　　张	18.5	
字　　数	234 千	
版 印 次	2018 年 10 月第 1 版　2019 年 5 月第 2 次印刷	
书　　号	ISBN 978-7-308-18646-9	
定　　价	58.00 元	